Milagres Acontecem

CHAVE PARA O ENTENDIMENTO
DA INTERVENÇÃO DIVINA

Carolyn Miller

Milagres Acontecem

CHAVE PARA O ENTENDIMENTO
DA INTERVENÇÃO DIVINA

Tradução
CARMEN FISCHER

EDITORA PENSAMENTO
São Paulo

Título do original:
Creating Miracles
Understanding the Experience of Divine Intervention

Copyright © 1995 by Carolyn Miller.
Publicado originalmente nos Estados Unidos por
H.J. Kramer, Inc.

Edição	Ano
1-2-3-4-5-6-7-8-9	97-98-99-00

Direitos de tradução para a língua portuguesa
adquiridos com exclusividade pela
EDITORA PENSAMENTO LTDA.
Rua Dr. Mário Vicente, 374 – 04270-000 – São Paulo, SP – Fone: 272-1399
E-MAIL: pensamento@snet.com.br
http://www.pensamento-cultrix.com.br
que se reserva a propriedade literária desta tradução.

Impresso em nossas oficinas gráficas.

Enquanto a pessoa não se entrega, haverá sempre hesitação, a possibilidade de recuar, a ineficácia. Com respeito a todos os atos de iniciativa (e criação), há uma verdade elementar cuja ignorância destrói inúmeras idéias e planos excelentes: no momento em que a pessoa se entrega definitivamente, a Providência também passa a agir.

Ocorrem coisas que do contrário jamais ocorreriam para ajudar a pessoa. Toda uma torrente de eventos resulta da decisão, provocando em favor da pessoa todos os tipos de incidentes e encontros imprevistos para prestar-lhe a ajuda material que nenhum ser humano poderia sonhar obter.

O que quer que você possa fazer, ou sonha que pode, comece. A ousadia traz consigo o talento, a capacidade e a magia.

Comece agora.

— Goethe

Sumário

Prefácio 9

Agradecimentos 13

Introdução: A Descoberta dos Milagres de Livramento. 15

PRIMEIRA PARTE: OS MILAGRES SÃO REALMENTE POSSÍVEIS?

1. Acreditar no Impossível 25
2. Sobreviventes de Acidentes 34
3. Mas Milagres Não Existem! 46
4. Mudar a Percepção Pode Salvar Sua Vida 57
5. Agressões, Parte I: O Poder Neutralizador do Amor 71
6. O Que Dizem os "Especialistas" Sobre os Milagres 83
7. Por Que os Milagres São Tão Raros? 91
8. Agressões, Parte II: Salvos Pela Graça Divina 100
9. Por Acaso! 115
10. Boa Sorte. 127

SEGUNDA PARTE: A CRIAÇÃO DE SOLUÇÕES MILAGROSAS

11. O Cultivo da Intuição 139
12. Apalpando o Elefante Cósmico 150
13. O Que é Deus? 161
14. O Senhor Proverá! 170
15. A Invulnerabilidade Milagrosa. 181
16. Curas Milagrosas 188
17. Ter ou Não Ter Esperança? 202
18. Preferindo os Milagres ao Espírito de Vítima. 213
19. O Poder Milagroso do Amor Incondicional 224
20. Como os "Profissionais" Fazem Milagres 234
21. A Cura dos Relacionamentos. 247
22. Como Reconhecer a Voz de Deus. 257
23. Teste a Sua Capacidade de Fazer Milagres. 274

Notas 284

Posfácio da Autora. 287

Prefácio

As religiões de todo o mundo pregam que a pessoa "virtuosa" será milagrosamente protegida de todo o mal. A Bíblia, por exemplo, diz: "Nenhuma calamidade te surpreenderá, nenhum flagelo atingirá a tua tenda; Ele deu ordens a Seus anjos para que te protejam em todos os teus caminhos" (Salmos 91:10-11). Muitas outras tradições espirituais são igualmente explícitas com respeito à proteção divina à qual o fiel tem direito.

Entretanto, encontramos pessoas boas sofrendo em toda a parte, e nenhuma religião conseguiu assegurar saúde, segurança e prosperidade para seus fiéis. Será que todos os líderes espirituais do mundo estão simplesmente equivocados quanto à existência de uma verdadeira força sobrenatural protegendo-nos? Será que Deus exige de nós um nível desmesuradamente alto de desempenho antes de julgar-nos merecedores de ajuda? Ou haverá um outro passo que mesmo uma pessoa de muita fé terá que dar antes de Deus intervir a seu favor — um convite sem o qual o próprio Amor Divino não pode ou não quer interferir nos assuntos humanos?

Por mais extraordinário que possa parecer, creio ter descoberto sinais desse "convite" por meio do estudo do comportamento de dezenas de pessoas comuns que conseguiram escapar por um triz de situações aparentemente sem saída. *Em cada um dos casos, a pessoa fez aquilo que muitas tradições espirituais afirmam que é preciso fazer quando se deseja um milagre, e descobriram que uma situação desesperadora reverteu-se inesperadamente para o melhor.* Um acidente automobilístico iminente acabou sem danos, um assassino decidiu poupar sua próxima vítima, uma doença "terminal" desapareceu sem deixar vestígios. Creio que as pessoas que me contaram suas experiências depararam com uma fórmula antiga de acesso a milagres e que, examinando essa técnica, você e eu podemos aprender a fazer o mesmo.

Quem tem acesso aos milagres e por quê?

As pessoas que acreditam em milagres parecem muitas vezes considerá-los como favores especiais que Deus concede àqueles que são especialmente merecedores. Minhas pesquisas, entretanto, me convenceram de que isso não é verdade. Os milagres são possíveis para todos. O problema é que temos de torná-los possíveis, pedindo por eles da maneira certa. Consideremos o caso de Charles.

Charles

Recentemente participei, como "expert" em psicologia, de um programa de TV que tratava de milagres. Entre os convidados havia um homem chamado Charles, que acredita ter sido salvo milagrosamente de vários acidentes de trabalho que tinham muitas vezes sido fatais às pessoas trabalhando a seu redor. Charles é um dos "trabalhadores sujos" que escavam os túneis sob a cidade de Nova York. Esse trabalho tem sido considerado como o segundo mais árduo dos Estados Unidos (o primeiro é a pesca de salmão no Alasca). O salário é alto, mas o trabalho é extremamente exigente e arriscado.

Charles relatou que se salvou de maneira incrível de um acidente quando um andaime ruiu e fez despencar dezesseis toneladas de aço de uma altura de quase cem metros sobre a plataforma subterrânea onde ele estava trabalhando. Ao ouvir um barulho no alto, Charles contou que teve apenas o tempo suficiente para encolher-se e pedir em voz alta: "Que Deus me proteja!".

Nesse desastre, como em muitos outros anteriores, Charles escapou da morte por um triz. Seu melhor amigo, Anthony, que trabalhava a seu lado na plataforma, morreu. Meu colega de programa contou que descalçou imediatamente as botas e desfez-se das roupas pesadas para deslizar por um cabo de cerca de dez metros até a água gelada para procurar por seu colega. Charles sabia perfeitamente que, se algum fio elétrico tivesse atingido a água, ele seria eletrocutado; mas seu único pensamento era encontrar Anthony e ajudá-lo se possível. Encontraremos essa mesma devoção destemida a outrem em muitas experiências de livramento que relataremos.

Sabendo de meu interesse pelas razões da ocorrência de milagres, Charles procurou-me nos bastidores depois do programa para expor sua teoria. "Vou lhe dizer por que algumas pessoas são salvas por milagres e outras não. Trata-se de ser uma boa pessoa. Procuro ajudar os outros sempre que possível, e acho que é por isso que Deus me protege. Não sou particularmente religioso, mas procuro ser uma pessoa bondosa."

"O único problema dessa teoria", respondi, "é dar a idéia de que as pessoas que não são salvas milagrosamente não foram boas. O que você diz de seu amigo Anthony, por exemplo? Ele não era um pessoa generosa? Não ajudava aos outros?"

Charles pareceu surpreso. "Nunca pensei no fato dessa maneira", ele disse. "Anthony era a melhor pessoa do mundo!"

"É por isso que eu não acho que ser alvo de milagres depende de você ser ou não especialmente merecedor. Muita gente maravilhosa sofre injustiças e agruras terríveis. Acho que Deus ama a todos e ajudaria a todos sem exceção. Mas temos que fazer a nossa parte para tornar os milagres possíveis."

Qual é a natureza do convite que conjura a intervenção divina? Minhas investigações me fizeram compreender que é a mudança de consciência para um estado mental sereno, destemido e de amor incondicional, no qual a pessoa obedece às incitações intuitivas sem questioná-las. O comportamento de Charles evidencia que ele passou por essa mudança. Qualquer temor que ele possa ter sentido com respeito à sua própria segurança foi totalmente eclipsado por sua preocupação amorosa pelo amigo.

Como veremos, os milagres não ocorrem necessariamente a cada vez que imploramos ajuda a Deus, mas parece que eles procedem naturalmente sempre que entramos em um estado mental de serenidade e amor e seguimos a orientação interna. É só então que nós "entregamos a situação para o nosso poder superior" — para usar uma frase cunhada pelos programas de doze passos, como o dos Alcoólicos Anônimos.

Até com os ateus acontecem milagres

Mas talvez você não acredite em um poder superior. Não tem problema. Minhas investigações indicam que a intervenção divina é experienciada por pessoas de todas as religiões ou mesmo sem nenhuma religião. A única diferença é que os crentes tendem a reconhecer as surpreendentes mudanças de sorte como "milagrosas", enquanto os incrédulos as atribuem erroneamente à "sorte". A palavra "sorte" implica que essas escapadas por um triz sejam ocorrências ocasionais, mas como veremos, há boas razões para acreditar que elas de fato ocorrem sempre que alguém segue o procedimento apropriado.

Os religiosos sempre chamavam de "Deus" o poder sobrenatural que torna os milagres possíveis. Mas alguns físicos modernos estão hoje encontrando sinais de uma dimensão causal invisível a partir da qual nossas mentes criam as coisas que ocorrem no mundo físico. Esse plano de conhecimento não-manifesto em que futuros possíveis são codificados como potenciais lembra muito aquilo que os místicos chamam de "mente de Deus". E como esse plano não está sujeito às leis naturais que controlam os eventos do nosso universo tridimensional, ele é literalmente "sobrenatural".

Se você prefere metáforas científicas às espirituais, tudo bem. Enquanto estivermos de acordo quanto aos fatos, não haverá necessidade de discutir a terminologia. Creio que existe uma inteligência condutora do universo que é capaz de mudar a "realidade" física sob certas condições. Podemos não ser capazes de enxergar "a mão de Deus", mas se existir realmente um poder sobrenatural, será possível observar seus resultados.

O caminho da comprovação dos milagres

Este livro está dividido em duas partes principais. Na Primeira Parte, vamos explorar os notáveis relatos factuais de pessoas que escaparam de catástrofes iminentes depois de passar para um estado meditativo de consciência e seguir a orientação interior. Consideraremos então a possibilidade de os resultados positivos que se seguiram serem milagrosos. Faremos um exame das objeções científicas à possibilidade de ocorrerem milagres e consideraremos explicações alternativas, não-milagrosas, para aquilo que eu chamo de "fenômeno de livramento".

Na Segunda Parte, vamos descer aos fundamentos básicos da recepção de orientação superior e da realização de milagres, preparando-o para testar a técnica à qual nos referimos. Enquanto a Primeira Parte fornece as provas racionais e empíricas dos milagres, a Segunda prepara o terreno para a experiência direta da ajuda e orientação divinas.

Você não precisa esperar por uma grave ameaça física para exercitar essa técnica milagrosa. Todos os problemas difíceis se dissolvem rapidamente quando damos os passos que atraem a intervenção divina para nossos problemas. Acho que você vai ficar maravilhado com a facilidade com que ocorrem milagres quando você sinceramente busca essa ajuda. Como um poder invisível em seu interior realizará o "levantamento de peso", ter acesso aos milagres será na verdade muito simples, uma vez que você tenha compreendido a essência da coisa. Uma criança pode fazer isso — de fato, muitas crianças o fazem. E, afinal, se existem realmente soluções milagrosas à disposição, não está na hora de você fazer uso delas?

Agradecimentos

Este livro é em grande parte um esforço coletivo uma vez que se baseia nas experiências de livramento que me foram relatadas por dezenas de amigos, alunos e colegas. A coragem, a criatividade e a compaixão extraordinárias dessas pessoas foram de grande inspiração para mim e acredito que serão igualmente impressionantes àqueles que lerem seus relatos. Para preservar a privacidade de minhas testemunhas, alterei os detalhes identificadores e, pela mesma razão, não agradeço aqui a cada colaborador pelo nome. Contudo, quero expressar minha profunda gratidão a todos os que compartilharam suas experiências milagrosas comigo. Cada uma dessas pessoas proporcionou uma peça indispensável do quebra-cabeça.

Tenho também uma enorme dívida para com os seguintes amigos que trabalharam nas primeiras versões do manuscrito e guiaram sua criação com estímulos, sugestões e críticas: Dee Davis, Geri-Ann Galanti, Laurel Gord, Holly Harp, Eleanor Rolston, Hayden Schwartz, M.J. Shooner, Aviva Spann e Caveh Zahedi. E Geri-Ann Galanti merece meus agradecimentos especiais por seu trabalho minucioso sobre as diferentes versões e por ter tido a audácia de ser brutalmente franca quando necessário.

Por ter-me ajudado e acreditado em mim, quero também agradecer ao meu professor particular de redação, Stuart Miller; a minha agente, Candice Fuhrman; a meus editores, Hal e Linda Kramer; e a minha meticulosa redatora, Nancy Grimley Carleton. Sem o estímulo e a orientação experiente dessas pessoas, este livro não existiria na sua presente forma.

E, acima de tudo, quero agradecer a meu marido, Arnie Weiss, que contribuiu para a realização desta obra em cada etapa do processo e cujo amor inesgotável é o maior milagre que já conheci ou que poderia esperar conhecer.

Permissões

Agradeço igualmente a permissão para reproduzir excertos das seguintes obras: Cartoons de Sidney Harris. Copyright © 1995 by Sidney Harris. Reprodução autorizada.

Excerto de *A Book of Angels* (Nova York: Ballantine Books, 1990), de Sophy Burnham. Copyright © 1990 by Sophy Burnham. Reprodução autorizada pela Ballantine Books, divisão da Random House, Inc.

Excerto de Terry Dobson em *How Can I Help?* (Nova York: Alfred A. Knopf, 1985), de Ram Dass e Paul Gorman.

Excerto de *Autobiography of a Yogi* de Paramahansa Yogananda. Publicado pela Self-Realization Fellowship, Los Angeles, EUA. Reprodução autorizada.

Citações de *A Course in Miracles* (Tiburon, CA; Foundation for Inner Peace, 1975). Usadas com autorização.

Introdução:

A Descoberta dos Milagres de Livramento

Não há nada que (os milagres) não possam fazer, mas eles não podem ser operados em estado de dúvida ou medo. Quando você tem medo de algo, você está permitindo que esse algo o fira.

— *A Course in Miracles*

E se houvesse uma maneira de você se proteger dos danos físicos e resolver problemas interpessoais difíceis apenas pela mudança da mente? E se seus pensamentos estivessem invisivelmente programando os acontecimentos incômodos que parecem "apenas acontecer" com você? E se você pudesse invocar um milagre para suavizar sua passagem mesmo através das situações mais difíceis?

Este é um livro sobre pessoas que podem ter usado espontaneamente uma antiga técnica espiritual para fazer isso. Mediante uma determinada mudança de atitude, elas parecem ter interrompido o fluxo de eventos à sua volta, salvando-se — e às vezes salvando outros — de danos ou morte iminentes. Creio que esses incidentes foram verdadeiros milagres e que, pela destilação das características comuns de muitos desses incidentes, podemos aprender a ter acesso à "graça do livramento" em nossa própria vida.

Talvez eu deva começar explicando como uma psicóloga experimental como eu chegou a interessar-se pelo estudo dos milagres. Meu interesse pelo assunto teve início com minha própria escapada por um triz do que parecia morte certa. Eis o que ocorreu.

A descoberta do livramento

Eu tinha ido de carro para as montanhas próximas de Los Angeles para desfrutar o clima de inverno. O ar da cidade estava morno, mas enquanto eu subia a Angeles Crest Highway começou a esfriar. Montes de neve começaram a aparecer e eu saí do carro para fazer bolas de neve e saborear a estação.

De volta à estrada, eu contornava uma curva estreita quando ouvi um barulho e subitamente perdi o controle do carro. Ao recordar os fatos depois, percebi que um dos pneus traseiros tinha furado exatamente numa curva em que a estrada estava coberta de gelo. Devia estar dirigindo a 55 ou 60 km por hora.

O carro desgovernou-se. Por um instante, senti-me grata pelo fato de não haver ninguém vindo na direção oposta quando derrapei para a outra pista. Entretanto, logo ficou evidente que meu sentimento de gratidão tinha sido prematuro. Além da pista de trânsito, havia um estreito mirante. E além dele um precipício. Eu estava agora derrapando de lado pela pista vazia em uma trajetória que inevitavelmente levaria meu carro para o precipício.

É difícil de explicar o que aconteceu em seguida, especialmente porque é difícil perceber como pode ter havido tempo para tantos pensamentos e reações. Tudo o que posso dizer é que o tempo pareceu expandir-se.

Primeiro, apesar de não me considerar uma pessoa corajosa, eu não senti nenhum medo. A magnitude do perigo pareceu colocar-me além do medo. Que sentido havia em sentir medo, uma vez que o pior era inevitável? A preocupação com minha segurança desapareceu diante da necessidade de preparar-me para a morte.

Lembro-me de me surpreender pelo fato de estar prestes a morrer. Esperando estar enganada, examinei de novo a situação, mas ficou claro que era mais do que provável que eu rolaria pelo precipício abaixo. "Ei, você não acha que saberia se estivesse prestes a morrer?", refleti. "É óbvio que ninguém sobrevive a uma queda dessas, mas mesmo assim não sinto que vou morrer. Mas talvez todo mundo sinta-se surpreso e ninguém faça idéia de que vai morrer antes de morrer de fato. Ainda assim, você não acha que saberia?" Eu me perguntava como seria morrer. Talvez eu sofresse. Talvez o carro explodisse em chamas, como acontece com os carros nos filmes quando batem nos rochedos. Mas então pensei: "Não importa. Estarei fora do meu corpo a essa altura". E outra parte de mim sussurrou: "Ah, claro! Como se você soubesse tudo sobre isso!".

Eu lamentava vagamente o fato de ter de morrer naquela hora. Queria poder fazer alguma coisa para sair daquela situação. E então outra parte de minha mente disse: "Bem, então por que você não tenta?".

Então, vasculhei a memória para ver se encontrava algo que pudesse ser útil. Mas tudo o que me ocorria era que, quando se está derrapando, é preciso virar as rodas dianteiras na direção para a qual se está indo. Será que eu tinha lido isso no manual para o teste de habilitação de motorista? Não tinha certeza da fonte, mas lembrava-me de que era isso que os peritos diziam.

"Bem, isso não tem nenhuma utilidade aqui", disse para mim mesma. "Já estou bem perto do precipício. Se eu girar o volante naquela direção, só vou chegar mais rápido."

Mas então eu pensei: "Bem, o que você tem a perder com a tentativa? Você não tem muitas opções". Então concluí: "Ou vai, ou racha!", e girei o volante na direção da derrapagem.

Nessa altura eu já estava quase à beira do precipício. Percebi que, se quisesse ainda ter alguma chance, eu teria que avançar naquele rumo até o último instante e então girar o volante para o lado oposto. E, quando girasse, teria de ser rápida, mas não demasiadamente rápida para não derrapar novamente. Como eu reconheceria o último instante, até quando ainda seria possível girar o volante? Provavelmente já era tarde demais.

Criou-se em mim uma concentração incrível nas condições do carro e na visão do precipício próximo. Era como se o mundo inteiro estivesse resumido nesse problema. Eu estava perfeitamente calma, como se aquilo fosse algum tipo de exercício intelectual totalmente abstrato — procurando perceber exatamente quando e como girar o volante. E o tempo todo eu me observava com um sentimento de ironia, já que o que quer que eu fizesse acabaria não fazendo nenhuma diferença. Nem mesmo Mario Andretti poderia sair dessa!

Estive ali sentada manobrando na direção do rochedo pelo que pareceu ser um tempo muito comprido, enquanto a beira do precipício aproximava-se como que em câmara lenta. O chão tinha desaparecido da minha vista quando uma voz na minha cabeça exclamou: "Agora!".

Com essa ordem, eu girei o volante suavemente para a direita de modo rápido, mas não abrupto. E, para meu espanto, o carro obedeceu ao comando. Parei de derrapar, afastei-me graciosamente da beira do precipício, e o carro voltou para a pista. Já sem impulso, o carro sacolejou sobre algumas pedras na base do rochedo do outro lado, e tudo acabou.

Eu saí do carro para examinar os danos. O pára-choque estava um pouco amassado pela passagem sobre as pedras e, evidentemente, o pneu estava furado, mas no mais o carro estava bem. Então, atravessei a pista e examinei as marcas da derrapagem no barro. A distância entre a estrada e a beira do precipício era de cerca de dez metros. No lugar onde eu tinha girado o volante, as marcas dos pneus chegaram a cerca de um metro do precipício.

Quanto tempo levou a derrapagem? Um carro andando a 50 km por hora percorre cerca de 15 m por segundo. Se eu iniciei a derrapagem a cerca de 55 km por hora e a beira do precipício estava a cerca de dez metros, ela não pode ter levado mais do que um segundo. Entretanto, foi o segundo mais longo de minha vida. Eu sentia como se tivesse todo o tempo do mundo para pensar nas coisas, tomar decisões e executá-las.

Passados alguns instantes, apareceram carros de ambas as direções e pararam para ajudar. Dois homens retiraram meu carro das pedras e trocaram o pneu furado pelo estepe. Em alguns minutos, eu estava voltando para casa como se nada tivesse acontecido.

Quando pensava no incidente durante a volta para Los Angeles, fiquei surpresa ao constatar que tinha recorrido a uma manobra que nenhum piloto de acrobacias tentaria. Reconheci também que jamais conseguiria fazê-la no estado normal de consciência. Algo em meu estado estranhamente sereno me dera a concentração total no ato de dirigir. Juntamente com o efeito de câmara lenta, esse algo permitiu-me calcular minhas reações em uma fração de segundo. O destemor que tinha sentido naquele estado também tinha sido de importância crucial. Se eu tivesse sentido medo enquanto me aproximava da beira do precipício, não teria conseguido pensar claramente nem manter o carro em movimento como era necessário, e teria inevitavelmente despencado no precipício.

Ainda intrigada com esse incidente, mencionei-o alguns dias depois à minha amiga Carmela. "É curioso", ela respondeu, "também tive uma experiência exatamente igual a essa nesta semana!" Eis o que aconteceu com Carmela dois dias depois do meu acidente.

Carmela

Carmela estava andando com seu amigo Fred pela costa íngreme perto de sua casa em Encinitas, Califórnia. O dia estava perfeito, e o caminho proporcionava uma vista espetacular das ondas batendo contra as rochas bem abaixo. Quando eles chegaram a um caminho mais estreito que'descia serpenteando pelo despenhadeiro, Fred sugeriu que eles descessem a encosta, e Carmela concordou prontamente.

"Bem, eu sabia que não devia fazer aquilo. Todos os anos há notícias de pessoas que morrem escalando as encostas. O terreno é muito instável, e estão sempre caindo pedras no mar. Há avisos em toda a parte advertindo as pessoas a não se aproximar das beiradas, mas acho que, por vê-los tantas vezes, deixei de percebê-los.

"De qualquer modo, começamos a descer a trilha. Ela era tão estreita que éramos obrigados a andar um atrás do outro, e Fred ia na frente. Chegamos a um lugar onde ela voltava a subir, e estávamos caminhando para cima quando a trilha subitamente dissolveu-se entre os lugares em que Fred e eu estávamos. Então, o caminho cedeu atrás de mim. Eu estava empoleirada sobre um pequeno pedaço de terra que evidentemente também não permaneceria ali por muito tempo! Eu podia ouvir a terra batendo nas rochas lá embaixo e lembro-me de ter pensado: 'Cara, que péssima idéia!'.

"Essa situação deveria ser assustadora, mas estranhamente não foi. Vi-me totalmente calma. Percebi que tinha feito uma grande besteira ao descer até ali, mas ainda assim parecia que tudo ia acabar bem. Entrei imediatamente em meditação e pedi ajuda."

Carmela era uma mulher de mais ou menos quarenta anos e, embora estivesse em boa forma física, jamais chegou a considerar-se uma atleta. Fred gritava lá de cima tentando incutir-lhe coragem e oferecer sugestões, mas não tinha como alcançá-la diretamente. Parecia óbvio que ela não podia continuar parada onde estava, de modo que ela começou imediatamente a subir.

"Estendi os braços para cima e encontrei uma pequena cavidade para apoiar o pé e algumas para firmar as mãos. Assim que ergui meu peso do pedaço de terra, ele também despencou no mar. Agora não havia outra alternativa senão continuar subindo.

"Toda a subida foi assim. A cada vez que retirava o meu peso de um lugar, ele se desintegrava e ruía. Cada cavidade para apoiar o pé resistia pelo tempo que eu necessitava dela e nem um segundo a mais. Eu apenas continuava subindo."

Carmela relatou que, na verdade, sentia-se bastante animada à medida que escalava a superfície quase vertical da encosta.

"Era uma aventura — um desafio. Eu estava totalmente absorvida na tarefa, constantemente esquadrinhando lugares para me apoiar no rochedo. De alguma maneira, sempre parecia haver outro lugar justamente ao alcance. Nunca permiti que minha mente fosse tomada pela idéia de que poderia chegar a algum lugar de onde não pudesse prosseguir ou que pudesse rolar com as pedras. Eu não sentia medo de morrer, mas eu não queria, de modo que afastei totalmente essa possibilidade. Supliquei pela ajuda divina e confiei que me seria indicado o que fazer. E foi.

"Fred precipitou-se para o alto da encosta e estava ali para segurar-me e puxar-me enquanto eu me arrastava com dificuldade pela borda. Agarramonos um ao outro e rimos aliviados quando tudo acabou."

Fiquei muito impressionada pelo fato de Carmela ter tido uma experiência tão parecida apenas alguns dias depois da minha. Ela também tinha corrido o perigo de cair de um rochedo, o que parecia significar morte certa. E ela também tinha entrado num estado de consciência sereno, destemido e intensamente concentrado e, então, descoberto capacidades e habilidades que não sabia que possuía. Algum aspecto superior de sua própria consciência a tinha protegido e orientado também. A coincidência era tão impressionante que não pude deixar de pensar que tinha algum significado. Mas qual?

Ainda elaborando esses incidentes em minha mente, mencionei-os em uma de minhas aulas do curso de graduação de psicologia. Uma estudante chamada Karen procurou-me após a aula e observou em tom confidencial: "A propósito, Carolyn, estaria tudo bem mesmo se você tivesse caído do rochedo. Foi o que aconteceu comigo". Intrigada, eu quis saber os detalhes. E ela relatou a seguinte experiência.

19

Karen e Mike

Acompanhada de seu namorado, Mike, Karen tinha ido fazer uma visita à família nas montanhas do Colorado. Como a estrada era mal sinalizada, o irmão dela foi encontrá-los numa cidade próxima para indicar o caminho até sua casa nova. Já era tarde da noite quando eles começaram a subir a montanha.

Como a estrada lhe era familiar, o irmão de Karen dirigia rápida e confiantemente. Muitas vezes Mike viu os faróis traseiros do carro dele desaparecerem na escuridão à frente e teve que apressar-se para não perdê-lo completamente de vista. Em conseqüência disso, ele estava indo rápido demais para manobrar em uma curva estreita que pareceu surgir do nada. No segundo seguinte, Mike havia saído da pista e, junto com Karen, estava mergulhando escuridão abaixo.

Karen lembra-se de sentir-se tranqüila e distraída enquanto voavam abismo abaixo. De um lado, ela sabia que as pessoas que caem dos rochedos das Montanhas Rochosas não vivem por muito tempo, mas, de outro, ela estava convencida de que tudo acabaria bem. Ela relatou que pareceu ter entrado em um estado alterado de consciência que era sereno e até mesmo brincalhão.

O tempo pareceu dilatar-se, e muitos pensamentos vagavam preguiçosamente por sua mente. "Bem", ela pensou ironicamente, "imagino que seja por isso que se recomenda o uso de cintos de segurança!" Karen percebeu que nem ela nem Mike os estavam usando, mas essa constatação foi imediatamente seguida da reflexão de que isso provavelmente não teria nenhuma importância no caso de uma queda dessa magnitude. Apesar de a lógica indicar-lhe que ela e Mike estavam prestes a morrer, ela permaneceu absolutamente confiante em que tudo acabaria bem.

Por mais estranho que pareça, foi o que aconteceu. O carro caiu no meio de um reservatório de água para castores profundo o suficiente para amortecer a queda. Quando a água se acalmou após a agitação provocada pela queda, Karen e Mike descobriram que ela só chegava até a base das janelas. Quando um pouco de água fria começou a vazar através das portas, os dois subiram para a capota do carro, onde se aconchegaram um no outro, rindo e cantando para passar o tempo.

Um motorista notou as marcas de derrapagem perto da beira do rochedo e parou para verificar o que tinha acontecido. Os dois o chamaram com grande alarde quando ele olhou para baixo, e ele foi socorrê-los. Não demorou para que o carro fosse puxado para fora da lagoa. Ele não tinha sofrido nenhum estrago e deu a partida sem qualquer dificuldade.

As pessoas do local que se reuniram à volta do acidente ficaram duplamente surpresas. Primeiro, porque era difícil acreditar que Karen e Mike tivessem sobrevivido a uma queda tão espetacular sem nenhum arranhão. Mas havia outro motivo de surpresa. Embora todos passassem pelo lugar diariamente, ninguém nunca tinha notado ali a existência de um reservatório de água para castores.

Esses fatos são mesmo milagres?

A coincidência desses três incidentes extraordinários, porém extremamente semelhantes, causou-me uma impressão profunda. Eles pareciam pertencer a uma mesma espécie. Quando comecei a mencioná-los a outros grupos e classes, descobri que com freqüência alguém interrompia para dizer: "Foi exatamente o que aconteceu comigo!". E era. Constatei que um grande número de pessoas tinha enfrentado o que parecia ser um grave risco, apenas para entrar num estado de consciência alterado estranhamente sereno e descobrir que tudo acabava dando certo.

Às vezes, como no meu caso e no de Carmela, o final feliz parecia depender da maneira habilidosa com que a pessoa lidava com a situação de emergência. Outros casos seguiam o padrão do acidente de Karen e Mike, onde os indivíduos envolvidos não podiam fazer outra coisa senão permanecer em um estado de serenidade e aguardar os acontecimentos. Algumas das pessoas com quem conversei atribuíram significado espiritual ao seu livramento, enquanto outras jamais consideraram a possibilidade de ser algo mais do que simples boa sorte.

Mas todas elas reconheceram instantaneamente o estado de consciência estranhamente sereno e despreocupado. Algumas descreveram-no como dotado de uma qualidade jocosa, ao passo que para outras ele era caracterizado pela autoconfiança, compaixão ou uma sensação de estarem sendo guiadas por um poder superior benevolente. Contudo, todas concordaram que haviam experienciado uma sensação peculiar de distanciamento emocional, acompanhada pela convicção de que, de alguma maneira, tudo acabaria bem. Em alguns poucos casos, o medo ou a raiva era uma consciência alternativa que parecia competir com a sensação de paz, mas, para a maioria, o que mais chamava a atenção era a ausência total de medo.

Por mais intrigantes que eu tenha achado esses relatos, não creio que poderia ter reconhecido seu significado profundo se não tivesse estudado metafísica, além de ser psicóloga. Por um lado, eu estava estudando vários sistemas espirituais que ensinam como fazer milagres. Por outro, eu estava ouvindo vários relatos de experiências reais de pessoas comuns que pareciam ter seguido espontaneamente os procedimentos recomendados por esses sistemas espirituais, apenas para constatar que uma situação de extremo perigo acabava bem. Seria possível que se tratasse de verdadeiros milagres? Seria possível que a "fé que move montanhas" fosse apenas uma compreensão muito ampla do poder criativo da consciência? Será que as soluções miraculosas estão ao alcance de todos?

Primeira Parte

Os Milagres São
Realmente Possíveis?

1

Acreditar no Impossível

*Você acredita realmente que pode planejar sua segurança e fe-
licidade melhor do que Ele? Você não precisa ser nem cuidadoso
nem descuidado; precisa simplesmente entregar suas preocupações a Ele, porque Ele cuida de você.*

— *A Course in Miracles*

Brian

Brian tinha acabado de concluir o doutorado em psicologia e estava exer-
cendo o primeiro cargo na profissão, numa prisão de segurança máxima. Alguns meses depois, irrompeu a violência. Os prisioneiros apoderaram-se de
armas e reféns e começaram a fazer exigências impossíveis, tendo ocupado
o prédio da biblioteca. A tensão aumentou durante o dia enquanto a Guarda
Nacional chegava para cercar o presídio. Todas as pessoas aguardavam ansiosamente a resposta do diretor às exigências dos detentos.

No final da tarde, o administrador irrompeu na sala de Brian gritando:
"Para o inferno, você é o psicólogo! Entre lá e convença os prisioneiros a se
renderem!" Brian, em retrospecto, só conseguiu concluir que deve ter tido
mais medo de seu chefe do que dos detentos rebelados. Alguns minutos depois, ele se viu sendo encaminhado para a biblioteca para informar a um
grupo de assassinos armados e desesperados que o diretor tinha se recusado
a cumprir todas as suas exigências e que o melhor que eles tinham a fazer
era depor as armas e libertar os reféns, ou então...

"Ou então o quê?", Brian se perguntava, incomodamente consciente do
que costuma acontecer com o portador de más notícias. "Ou então atira, em
mim, suponho."

Brian sentia que havia armas apontadas para ele de todas as direções
enquanto percorria o longo caminho através do pátio. O silêncio era tão profundo que ele podia ouvir o sangue pulsando em suas veias, e parecia que
todo mundo no presídio estava aguardando ansiosamente para ver o que aconteceria com ele. Estava claro que, o que quer que acontecesse, ele estaria no

meio. Parecia que a questão principal se resumia a saber se ele receberia um tiro acidental dos guardas ou intencional dos prisioneiros, uma vez iniciado o tiroteio.

Incapaz de entender como tinha caído nessa situação, Brian começou a experimentar uma sensação cada vez maior de irrealidade. Apenas alguns minutos antes, ele era um bom rapaz de classe média tentando ganhar honestamente seu sustento. Agora, de súbito, ele tinha passado a ser Gary Cooper em *High Noon*.* Como, exatamente, ocorria uma coisa dessas?

Apesar de seu estado mental opressivo, ou possivelmente por causa dele, Brian viu-se entrando em uma incrível fantasia na qual ele representava um papel ridículo na melhor tradição hollywoodiana. Começou a ver-se como o personagem de Gary Cooper naquele bangue-bangue — a figura do justiceiro solitário, entrando cautelosamente na rua principal deserta de uma cidade da fronteira. Os guardas do presídio transformaram-se no povo da cidade que observava de seus esconderijos enquanto Brian avançava para o combate em defesa deles. Muito bem — xerife Brian, que enfrentaria seu medo numa disputa que só poderia ser vencida na fantasia de um roteirista. Porque um homem tem de fazer o que ele tem de fazer!

Quando se deu conta, Brian tinha começado a parodiar-se e parodiar sua fantasia grandiosa. Fazendo uma pausa dramática, ele se posicionou diante da biblioteca com as mãos prontas para sacar os revólveres imaginários que pendiam de seus quadris. Começou a andar com passos largos e solenes na direção do prédio numa farsa ridícula do clássico atirador valentão. Sentindo a necessidade de acompanhamento musical, ele quebrou o silêncio tenso assobiando alto "Do Not Forsake Me, Oh My Darling", o tema musical de *Matar ou Morrer*.

Por um minuto, guardas e prisioneiros assistiram ao comportamento bizarro de Brian num silêncio aturdido. Em seguida, começaram a entender. Brian era Gary Cooper. Todos estavam agindo como se aquele rapaz tonto fosse capaz de suster com audácia e imprudência um bando de assassinos armados. De repente, todo mundo percebeu o quanto a situação tinha se tornado absurda.

Risadas irromperam de todos os lados. Nutridas pela tensão que tinha se acumulado por todo o dia, elas atingiram dimensões histéricas. Tanto os guardas como os prisioneiros ficaram impotentes diante da hilaridade que se manifestava em batidas de pé, pancadas nos joelhos e gargalhadas. As pessoas riram até começarem a chorar — até mal conseguirem ficar de pé.

Quando acabou, Brian entrou na biblioteca e expôs o impasse e a resposta do diretor aos prisioneiros, que, a essa altura, já o viam como um cara terrivelmente corajoso. Alguns minutos depois, ele presidia à rendição pacífica dos prisioneiros.

---

* No Brasil, esse filme recebeu o título de *Matar ou Morrer*. (N. da T.)

A questão que vamos tentar responder neste livro é a seguinte: Esse caso pode ser considerado um exemplo de verdadeiro milagre? É possível que, sem perceber, Brian tenha feito algo que permitiu a intervenção divina? O final feliz foi apenas um caso de boa sorte ou pode ter sido algo mais?

É verdade que, quando consideramos o caso de Brian isoladamente como fizemos aqui, não há nenhuma razão particular para suspeitar de envolvimento do sobrenatural. O mesmo pode ser dito dos três casos relatados na Introdução e, na verdade, das dezenas de relatos que exploraremos neste livro. Tomados isoladamente, todos ele parecem não ser nada mais do que uma saída feliz. O perigo ameaça, mas felizmente as coisas acabam bem.

"Grande coisa!", posso ouvir você objetar. "Nem todos os acidentes, assaltos e doenças acabam em desgraça. O que há de tão misterioso no fato de as pessoas com quem você falou terem escapado ilesas? Por que recorrer a 'milagres' para explicar algo que pode ser perfeitamente entendido sem eles?"

Meu argumento em favor dos milagres baseia-se nas estranhas reações emocionais demonstradas pelas pessoas que me relataram suas escapadas por um triz. Como Brian, todas elas pareceram entrar num estado mental extraordinariamente despreocupado e comportar-se como se ignorassem o perigo. Recordando o que lhes ocorrera, essas pessoas ficaram elas próprias surpresas com sua sensação de bem-estar. Um vago pesar parece ter sido a emoção mais forte que as pessoas relataram sentir diante da possibilidade de morte iminente.

Essa surpreendente equanimidade lembra-me o desligamento sereno que a pessoa experimenta quando em meditação. Não pude deixar de me perguntar se, quem sabe, esses sobreviventes não teriam na realidade entrado em um estado de meditação. Essa idéia tornou-se ainda mais intrigante pelo fato de eu saber que entrar em meditação é exatamente o que recomendam as tradições espirituais de todo o mundo quando se quer obter um milagre. Repetidas vezes, as pessoas relataram que fizeram exatamente aquilo que os místicos afirmam tornar possível que os milagres aconteçam, para acabar vendo uma situação altamente perigosa passar inesperadamente por uma mudança positiva. Será que foram mesmo milagre?

O que são milagres?

O escritor C. S. Lewis definiu "milagre" como a intervenção de uma força sobrenatural no mundo natural, definição que usarei neste livro.[1] Quando a maioria de nós pensa em intervenção milagrosa, pressentimos um evento totalmente inexplicável — que *não poderia* ter sido causado por qualquer meio natural e que, portanto, teria sido necessariamente causado pelo poder de Deus, talvez atuando por meio de um intermediário, como um anjo, profeta, santo ou curador. Por exemplo, se o mar Vermelho interviu em favor dos hebreus quando eles fugiam do exército do faraó, e um corpo que estava totalmente morto levantou-se do túmulo três dias depois, não pode haver nenhuma explicação "perfeitamente normal" do que ocorreu. Os céticos podem argumentar que tais coisas nunca ocorreram realmente, mas se ocorreram foram sem dúvida por obra de um poder sobrenatural.

O problema é que, embora os prodígios dessa magnitude sejam fascinantes, não são comprováveis. Se chamamos um acontecimento de "milagroso" apenas naqueles raros casos em que podemos excluir *conclusivamente* qualquer causa possível salvo a de um poder sobrenatural, estaremos restringindo nossa atenção a um conjunto de circunstâncias tão singular que a maioria de nós nunca teria nenhuma experiência direta com ele. Além do mais, as provas só parecerão "conclusivas" na medida em que dermos crédito ao relato de um estranho quanto ao que realmente ocorreu. Tomemos, por exemplo, o seguinte relato de minha amiga Hayden e de sua mãe, Doris, de um livramento supostamente milagroso durante uma viagem da família à praia.

Hayden e Doris

Quando Hayden tinha doze anos de idade, sua família foi de férias para a praia de Daytona, na Flórida. Uma dia, o pai de Hayden tinha saído para ir à cidade por uma hora mais ou menos, deixando a menina e sua mãe, Doris, desfrutando uma enorme praia deserta fora de temporada. Doris brincava na água dentro de uma câmara-de-ar enquanto Hayden mantinha-se agarrada do lado de fora da bóia. As duas conversavam animadamente, saboreando o agradável contraste da água fria e do sol quente.

Hayden acha que elas devem de alguma maneira ter perdido a noção de tempo, porque a água de repente encapelou-se. As duas ficaram surpresas ao perceber que tinham se afastado da praia, que era agora apenas uma linha no horizonte, e o vento as estava conduzindo rapidamente para a rota dos navios. Quando perceberam, duas enormes ondas passaram por cima delas vindas do nada. Hayden foi arrancada da câmara-de-ar e levada pelas ondas.

Sendo um péssima nadadora, para começar, a menina de doze anos debateu-se para chegar à superfície e voltar para junto da mãe e da câmara-de-ar. Doris também tentava desesperadamente agarrá-la, mas apesar de todos os seus esforços a distância entre elas aumentava cada vez mais. Então, agitando-se em pânico, Hayden começou a afogar-se. Uma onda após outra passava por cima dela. Ele foi arrastada muitas vezes para baixo, apenas para debater-se debilmente de volta à tona.

Por fim, exaurida por sua luta desigual com o mar, Hayden percebeu que não podia continuar. Quando estava prestes a abandonar seus esforços inúteis e deixar que as ondas a submergissem, apareceu um homem a alguns metros de distância na água. Embora não houvesse ninguém à vista por todo o tempo em que estiveram na praia, eis de repente um grande nadador bem perto dela!

Doris e Hayden estão de acordo em que o homem tinha cabelos escuros e parecia ter por volta de trinta anos, embora não tivessem tido tempo de perceber muito mais ou perguntar de onde ele tinha vindo. Hayden arremeteu-se na direção de sua mão estendida, mas não conseguiu alcançá-la. Como não tinha conseguido pela distância de apenas alguns centímetros, ela reuniu suas últimas forças para tentar novamente. E de novo não conseguiu, mas apenas por muito pouco.

"O que eu não percebi", Hayden diz hoje, "é que o homem estava na verdade rebocando-nos para a praia. Minha mãe e eu fazíamos o que podíamos para alcançar o cara e, de alguma maneira, ele estava nos puxando com ele ao permanecer por uma distância mínima fora do alcance. Apesar de estarmos em alto-mar e apesar de eu não conseguir alcançar sua mão estendida, estávamos indo na direção da praia. E rapidamente! De repente, olhei em volta e me vi na água rasa bem perto da praia. Naquela altura, o homem agarrou-me em seus braços e carregou-me pelo resto do caminho até a praia.

"Ele me deitou na areia, e imediatamente eu comecei a vomitar a água que tinha engolido. Minha mãe correu até a praia atrás de nós e caiu de joelhos ao meu lado, segurando-me enquanto eu vomitava."

As duas acham que Hayden levou cerca de um minuto para acabar de vomitar a água que tinha engolido. Então, acomodaram-se e olharam em volta à procura do salvador para agradecer-lhe. Mas não havia ninguém ali.

"E quero dizer ninguém mesmo", Hayden enfatiza. "Exatamente como antes, a praia e a água estavam desertas até onde os olhos conseguiam enxergar. E os olhos conseguiam ver nitidamente até a distância de mais ou menos um quilômetro em cada direção!

"Você tem que compreender que aquela praia era totalmente plana e sem acidentes, margeada de um lado por um mar plano e calmo e, de outro, por um estacionamento deserto. Eu não estivera vomitando por mais do que um ou, no máximo, dois minutos, e nem mesmo um corredor olímpico poderia ter desaparecido de vista nesse tempo. Simplesmente não havia nenhum lugar para onde ele pudesse ter ido.

"Minha mãe e eu temos ambas certeza de que não havia ninguém a menos de quinhentos metros de nós antes de eu começar a afundar, e era evidente que também agora não havia ninguém. O homem tinha aparecido do nada e depois desapareceu no nada. Ele, de alguma maneira, nos rebocou até a praia contra o vento e a corrente sem tocar em nós, transportou-me para fora da água e, então, simplesmente desmaterializou-se.

"Tenho certeza que algumas pessoas diriam que estávamos simplesmente confusas e distraídas, mas nós duas vimos o que aconteceu, e ambas sabemos, fora de qualquer possibilidade de erro, que não era um ser humano comum. Minha mãe e eu acreditamos que fomos salvas por um anjo!"

Acreditar no impossível

Nos últimos anos tem havido uma torrente de publicações que relatam incidentes extraordinários em que anjos parecem ter salvo seres humanos. Penso que uma pessoa imparcial tem que pelo menos contemplar a possibilidade de que essas coisas realmente tenham acontecido. No entanto, é óbvio que elas não acontecem todos os dias. E a não ser que elas aconteçam com você, como você pode saber no que acreditar?

Se o livramento realmente ocorreu como Hayden e Doris relataram, então algum poder sobrenatural interveio em favor delas. Como pode um ser humano comum materializar-se e desmaterializar-se? Se elas se equivocaram ao pensar que isso ocorreu, teremos que explicar como um homem comum pôde rebocá-las até a praia sem nenhum contato físico. E se ele era apenas uma alucinação e elas realmente nadaram por suas próprias forças, quem retirou Hayden da água e carregou-a até a praia?

É difícil ver como a impressão desses eventos poderia ter resultado da confusão mental ou de um equívoco honesto. Se eles tivessem sido testemunhados apenas por uma pessoa, poderíamos desacreditá-los como uma aberração momentânea, mas tanto Hayden como Doris estão de acordo em que viram as mesmas coisas. E embora os psicólogos usem por vezes termos como *alucinação grupal* para referir-se a eventos inexplicáveis testemunhados por mais de uma pessoa, o termo não tem nenhum valor explicativo. A ciência não conhece nenhum mecanismo capaz de explicar como duas ou mais pessoas poderiam ter uma alucinação com respeito à mesma coisa ao mesmo tempo.

A explicação mais simples é, obviamente, que ambas estão mentindo. Entretanto, eu conheço essas mulheres pessoalmente, e para mim a idéia de que elas pudessem ter inventado e repetido essa história por todos esses anos parece não menos incrível do que a possibilidade de elas realmente terem sido salvas por um anjo. É evidente que, como você não as conhece, o que me convenceu pode não convencê-lo.

E é esse precisamente o meu argumento. Se o argumento em favor dos milagres baseia-se em relatos de ocorrências improváveis narrados por estranhos, ele jamais será convincente. Quem sabe se a testemunha merece crédito? E, mesmo que ela seja confiável, o que isso significa de fato?

A maioria das pessoas hoje tem consciência das limitações inerentes às testemunhas oculares. Mesmo os jurados assistindo a um suposto crime apresentado diante deles em uma fita de vídeo muitas vezes não conseguem estar de acordo quanto ao que estão vendo, apesar da oportunidade de rever o material dezenas de vezes. Se é assim, quanta confiança podemos depositar no testemunho ocular de estranhos que afirmam ter visto um milagre? Por mais milagroso que esse salvamento aquático possa ter parecido a Hayden e Doris, os que tomam conhecimento dele indiretamente têm o direito de ser céticos.

Mesmo as melhores pesquisas científicas sobre milagres envolvem essa limitação. Por exemplo, há uma comissão médica internacional estudando as curas milagrosas associadas com o Santuário da Virgem de Lourdes, na França. Esse Conselho de renomados médicos católicos encontrou 64 casos para os quais não há nenhuma outra explicação nem mesmo remotamente possível que não seja a de milagre. Como uma primeira tentativa de rigorosa pesquisa científica sobre milagres, essas descobertas são tremendamente importantes.

Entretanto, ainda assim elas deixam você e eu na situação de ter que aceitar a palavra de outras pessoas quanto ao que ocorreu. Os cientistas são parciais e cometem erros como todos nós. E sempre haverá autoridades igualmente qualificadas argumentando em favor do outro lado de qualquer questão realmente interessante. Mesmo que estejamos preparados para aceitar o que os "especialistas" têm a dizer sobre milagres, como decidir em quais acreditar?

Acreditar no improvável

Mas o estudo de milagres não precisa girar em torno de prodígios impossíveis que acontecem com os outros. Se existe realmente um poder espiritual que intervém para curar e salvar os seres humanos, parece improvável que sua atividade se restrinja a situações fora do plano da experiência humana comum. Uma vez sabendo o que procurar, acho que encontraremos milagres menores, como variedades de plantas viscejando em nosso próprio jardim, onde poderemos examiná-los de perto e formar nossas próprias opiniões sobre o modo como atuam.

A abordagem dos milagres que faremos neste livro ignora em grande parte os grandes prodígios que forçam a credibilidade da pessoa ao ponto de ruptura. Em vez disso, vamos colocar em evidência relatos verídicos de escapadas por um triz que se situam em algum lugar entre o "impossível" e o "cotidiano". Essas surpreendentes viradas da sorte ocorrem invariavelmente depois que a pessoa abandona o julgamento com respeito a uma situação de perigo e entra em um estado de consciência alterado de serenidade.

Concentrando-nos nesses casos, podemos prontamente perceber a discrepância entre o que parecia estar prestes a acontecer e o que realmente aconteceu depois de a pessoa ter passado para um estado meditativo. Como com o relato de Brian acima, os resultados positivos dessas experiências são *surpreendentes* dada a maneira pela qual as coisas estavam se configurando, mas de nenhuma maneira *incríveis*. Você não encontrará muita dificuldade para acreditar que tais coisas possam realmente acontecer.

A interpretação de que tais incidentes possam ter sido milagrosos é antes minha do que das pessoas que os relataram. Uma pessoa pode ter muitos motivos psicológicos complexos para afirmar que foi beneficiada por um milagre. Mas a maioria das pessoas que me relataram suas experiências não fez tal afirmação, fato que, a meu ver, minimiza a probabilidade de elas terem mentido, ou exagerado. Embora algumas tenham visto a mão de Deus no que aconteceu com elas, a maioria considerou suas experiências como nada mais do que uma sorte espetacular.

E o que me leva a pensar que foram mais do que isso? Quando examinamos muitos desses incidentes em conjunto, começa a delinear-se um padrão. Aqueles que de início pareciam ser apenas acasos felizes, de repente unem-se para formar um nova categoria — feita de casos em que a pessoa em perigo abandona o medo e a raiva e passa para um estado meditativo, descobrindo que a situação dá uma virada surpreendente para melhor.

Veremos que o procedimento que essas pessoas adotaram espontaneamente corresponde em muito ao associado com milagres pelas tradições espirituais de todo o mundo. Após considerarmos as explicações alternativas do que aconteceu, examinaremos parte do pensamento avançado no campo da física moderna para entender como uma mudança de consciência pode de fato influenciar o curso dos eventos no âmbito do mundo físico. E acima de tudo, após termos explorado o procedimento que dá acesso aos milagres, você estará em condições de testá-lo e verificar por conta própria se ele funciona ou não.

A existência de milagres é uma questão demasiado importante para ser confiada inteiramente aos especialistas. Se os milagres existem, aprender a ter acesso a eles é crucial. E embora a pesquisa científica sobre milagres seja valiosa, ela não resolverá a questão para qualquer pessoa que seja verdadeiramente cética. Se você não conseguir ver os milagres em ação em sua própria vida, eles não serão reais *para você*.

Será possível que os milagres não sejam nada mais do que exemplos extremos dos princípios criativos que todos nós usamos o tempo todo? Embora pareça haver taumaturgos talentosos em todo o mundo, que utilizam esses princípios intencionalmente para evidenciar a "realidade" física de sua preferência, os místicos das mais variadas crenças dizem que cada um de nós utiliza-os *inconscientemente* para criar o mundo que percebemos. Pelo estudo da "técnica" dos bem-sucedidos fazedores de milagres, acredito que você possa aprender a realizar milagres conscientemente por conta própria. Talvez você venha a descobrir que *já* realizou milagres sem saber que os estava fazendo.

Antes de passarmos a considerar como os milagres seriam possíveis, vamos procurar ter uma compreensão melhor do fenômeno básico do livramento. No próximo capítulo, exploraremos casos em que o perigo manifesta-se por meio de acidentes. Ao ler cada um dos relatos, preste especial atenção no estado incomum de consciência que invariavelmente antecede o final feliz, e pense em como ele pode influir no que acontece.

2

Sobreviventes de Acidentes

A (meditação zen) é um estado elevado de atenção concentrada no qual a pessoa não está nem tensa nem inquieta e, certamente, jamais indolente. É o estado mental de alguém diante da morte.

— Yasutani Roshi

Vamos começar com alguns dos relatos mais simples envolvendo acidentes para obter uma compreensão do fenômeno básico do livramento antes de discutir os casos mais complexos e psicologicamente mais interessantes, envolvendo agressões. Como os três casos relatados na Introdução, estes incidentes são relativamente simples. Eles ocorreram rapidamente e não envolveram nenhuma interação direta com outras pessoas. Talvez por causa dessa simplicidade, sua estrutura subjacente evidencia-se facilmente. Ao ler cada um dos relatos, observe a presença dos três elementos críticos — o perigo, o estado mental estranhamente sereno e intemporal e o resultado surpreendentemente positivo.

A paz interior apesar do desastre iminente

Carol

Carol estava voltando do supermercado para casa de motocicleta, quando o carro à sua frente freou subitamente sem dar sinal. Impossibilitada de parar, Carol bateu na traseira do carro e viu-se imediatamente dando uma cambalhota no ar.

"Parecia que eu tinha um bocado de tempo para pensar nas coisas quando voei sobre o carro. Mas não sentia medo. Sabia que acidentes como aquele levam com freqüência à morte, lesão cerebral ou paralisia, mas mesmo assim estava muito segura de que as coisas iam acabar perfeitamente bem. Na verdade, era uma espécie de sensação prazerosa, despreocupada. Não sei como sabia que as coisas iam acabar bem, mas apenas sentia isso.

"E assim foi. Antes de deixar o supermercado, eu tinha posto uma grande caixa de sabão em pó na minha mochila. Quando caí no asfalto, caí estirada de costas, e a caixa de sabão esmagou-se embaixo de mim, absorvendo o impacto. O capacete protegeu minha cabeça. Os espectadores ficaram pasmados quando um instante depois levantei-me, rindo e limpando-me. Minha motocicleta ficou totalmente danificada, mas eu não sofri sequer um arranhão."

O relato de Carol revela a consciência dual de todas as pessoas que me relataram suas experiências. Por um lado, elas têm um noção realista da possibilidade de ferimento ou morte — um pensamento que normalmente inspiraria medo. Por outro lado, elas estão tranqüilas e de alguma maneira "sabem" que tudo vai acabar bem. Contudo, essa suposição não está baseada na convicção de que serão elas que vencerão a sorte. A sensação de as coisas estarem bem parece existir, *apesar* da percepção de que serão provavelmente lesadas ou mortas. Ela também está presente no caso de Mary.

Mary e Leonard

Mary estava dirigindo pela via expressa do Estado de Nova York, com seu marido, Leonard, ao lado. Tinha nevado, e a estrada estava escorregadia. Quando outro veículo a fechou, ela freou bruscamente e o carro perdeu o controle.

"Estávamos na pista esquerda e começamos a derrapar de lado na via expressa da esquerda para a direita. Isso significava arremessar-se através de várias pistas de tráfego intenso. Havia carros por todos os lados à nossa volta. Achei que íamos morrer.

"Estranhamente, eu não estava com nem um pouco de medo. Tudo parecia estar ocorrendo em câmara lenta. O volante era inútil, e eu me limitei a largá-lo e esperar calmamente pelo impacto que sabia que ocorreria.

"Neste ínterim, parece que pensei em inúmeras coisas. Lastimei o fato de que ia morrer naquele momento, embora aquilo não parecesse importar muito. Se tinha chegado a minha hora, eu podia aceitar isso. Mas então pensei na injustiça que seria Leonard também morrer. Aquilo parecia realmente uma vergonha.

"Nosso casamento tinha sido quase destruído por seu alcoolismo, e agora, após dezoito anos de inferno, ele tinha finalmente procurado os Alcoólicos Anônimos. Ele tinha estado sóbrio por mais ou menos dois meses quando ocorreu o acidente, e tudo o que eu conseguia pensar era: 'Pobre Leonard! Depois de todos esses anos, o coitado consegue finalmente deixar de beber e eu vou matá-lo num acidente de carro! Que estupidez!'.

"Quando me dei conta, eu estava parada no anteparo à direita. De alguma maneira, nós tínhamos derrapado através de toda a via expressa sem nenhuma colisão. Não consigo expressar o quanto me senti aliviada e grata. Era como se Deus tivesse nos dado uma segunda chance para endireitarmos nossa vida."

Interesse abnegado pelos outros

Vemos novamente a percepção lenta que permite a reflexão vagarosa sobre uma série de tópicos, apesar da velocidade com que a derrapagem através da via expressa deve ter ocorrido. O tempo parece dilatar-se no estado alterado. E observe-se novamente o estado curiosamente destemido do processo de pensamento de Mary. Ela espera morrer, mas sua única lástima verdadeira diz respeito à sua responsabilidade pela morte do marido.

Esse tema da preocupação com os outros repetiu-se inúmeras vezes nos relatos que ouvi. Em vez de colocar a própria vida acima de tudo, as pessoas que são alvo de milagres de livramento parecem aceitar sua sorte e, então, voltar suas preocupações para os outros. Essa atitude altruísta revela-se claramente no processo de reflexão de Julie.

Julie

Era final de inverno, e as pistas únicas para o tráfego em cada direção estavam cercadas de muralhas de gelo e neve com cerca de 1,80 m de altura, colocadas ali pelas máquinas de limpar as estradas. Ao contornar uma curva, Julie viu um carro derrapar e atravessar-se na sua frente. Ela se aproximava rapidamente de uma colisão com o veículo.

"Fiquei eletrificada quando vi aquele carro vindo diretamente para cima de mim. A percepção atingiu-me como um choque. E então, de alguma maneira, fiquei perfeitamente calma, e tudo estava acontecendo em câmara lenta. Pude ver que o outro veículo estava fora de controle e que não havia nada que o motorista pudesse fazer. Íamos colidir inevitavelmente a não ser que eu conseguisse sair do caminho, mas não havia para onde ir.

"Pensei em passar para a pista contrária, mas percebi imediatamente que havia outros carros que não conseguiriam parar ou sair do caminho. A idéia pareceu proporcionar alguma esperança de que eu pudesse desviar do carro derrapante e não ser morta numa colisão frontal, mas era evidente que isso causaria outras colisões e muitas pessoas poderiam ser feridas ou mortas. E isso não seria bom.

"A única outra alternativa seria desviar para a muralha de neve ao lado da estrada. Ela estava coberta de gelo e parecia sólida. Em minha mente, ela poderia muito bem ser de concreto. Compreendi que seria morta instantaneamente se fizesse aquilo, mas, pelo menos, os outros motoristas e seus passageiros não seriam atingidos.

"Era como se eu estivesse calculando mentalmente os riscos e perdas de vida de ambos os lados. Ou eu morria sozinha, ou tentava sobreviver colocando os outros em risco. Embora eu saiba que isso parece um idealismo impossível, foi realmente assim que aconteceu em minha mente. Eu me sentia totalmente imparcial com respeito à questão — como se fosse um problema de aritmética. Parecia evidente que dadas as circunstâncias, seria melhor para mim morrer sozinha. Fiquei um pouco triste quando constatei que teria que bater contra aquela muralha de neve e morrer naquele momento, mas isso foi tudo. E pude constatar que era pelo melhor.

"Assim girei o volante e bati contra a montanha de neve. Eu devia estar a 70 ou 80 km por hora. Houve um solavanco no impacto e, em seguida, tudo ficou escuro. Passados alguns instantes, o carro parou calmamente em completa escuridão. Eu não podia abrir as portas, e, portanto, fiquei ali sentada, mal conseguindo acreditar que estava sã e salva.

"Passaram-se alguns minutos antes de eu começar a ouvir sons à minha volta. As pessoas que tinham visto o acidente pararam e estavam me puxando para fora. Elas ficaram perplexas e extasiadas quando entraram na neve e descobriram que eu estava perfeitamente bem. Disseram que jamais tinham visto algo semelhante à explosão de neve que ocorreu quando bati contra a muralha, e não conseguiam acreditar que eu tivesse sobrevivido àquele impacto.

"Eu estava sentada tesa e, em cerca de vinte minutos, elas puxaram meu carro para fora do túnel profundo que ele tinha feito na montanha de neve. As pessoas do carro derrapante estavam perfeitamente bem. Comigo fora do caminho, o motorista conseguiu recuperar o controle do carro e frear com segurança. As pessoas que se aproximavam pela pista contrária acharam que eu salvei suas vidas arremetendo-me para a direita em vez de ir para a esquerda.

"Foi como uma celebração. Todos nos abraçamos, rindo de alívio. Comparamos as observações do que tinha acontecido e congratulamo-nos por estarmos vivos. Era surpreendente como uma situação que parecia tão grave acabou sem nenhum dano e sendo até mesmo divertida! Meu carro estava bem e eu pude partir dali sem absolutamente nenhum problema."

"Espírito grupal"

Observe-se o surpreendente grau de interesse abnegado pelos outros refletido neste e em outros relatos. Julie aceita a possibilidade de sua própria morte como um mal necessário — quase como se aceita a necessidade de uma ida ao dentista. Na consciência comum, a possibilidade da própria morte parece aterrorizante — impensável. Entretanto, no estado alterado sereno, as pessoas simplesmente aceitam a situação e passam rapidamente a preocupar-se com o bem-estar de outros. Elas parecem estar atuando a partir de uma perspectiva mais ampla na qual sua própria vida não é tão importante.

É quase como se as pessoas nesse estado alterado se considerassem como membros de uma equipe. Elas querem continuar vivendo, mas reconhecem que o que importa realmente é o desempenho da equipe como um todo. Esse compromisso com o esforço maior se tornará ainda mais impressionante quando explorarmos alguns casos envolvendo o livramento em casos de assalto. Neles veremos pessoas tratando os homens que pretendem matá-las com verdadeiro amor e compaixão. A "equipe" pela qual esses indivíduos estão dispostos a entregar suas vidas parece incluir até mesmo seus piores "inimigos". A equipe parece ser a própria humanidade.

O relato de Alex também reflete essa atmosfera de espírito grupal, uma vez que ele correu perigo por tentar ajudar um amigo.

Alex

Quando estava concluindo o serviço militar na Venezuela, Alex viajava na parte traseira de um jipe aberto em um desfile. Havia três homens sentados no banco da frente, e Alex estava espremido entre dois outros, empoleirados na parte de trás do veículo.

O motorista estava dobrando uma esquina a cerca de 60 km por hora quando Alex percebeu que o homem à sua esquerda tinha perdido o equilíbrio e estava caindo para trás, já praticamente fora do jipe.

Estendendo-se instintivamente, Alex agarrou o homem e tentou puxá-lo de volta. Mas com isso só conseguiu desequilibrar-se também, e viu-se tombando para trás na direção do asfalto em câmara lenta.

Alex relata que, enquando caía, entrou num estado mental de total aceitação. Ele sabia que provavelmente seria gravemente ferido ou mesmo morto, mas essa consciência não o perturbou. Ele se lembra de ter pensado que, se era a vontade de Deus que ele morresse naquele momento, estava tudo bem. Experimentou um estado de entrega total.

Ambos caíram do jipe, e o companheiro de Alex ficou gravemente ferido, mas o próprio Alex não sofreu conseqüências graves da queda. Ele acredita que seu estado espiritual de entrega a Deus foi o que o salvou.

A crença na possibilidade de ter sido salvo por Deus é também vista em muitos outros casos. Para levar adiante a nossa analogia com a "equipe", é como se as pessoas que são alvo de milagres estivessem preparadas para seguir a decisão do juiz, mas ficam aliviadas quando recebem a permissão de continuar jogando. Tomemos, como exemplo, Pat.

Pat

Pat estava dirigindo num tráfego intenso e em alta velocidade quando alguns carros colidiram à sua frente. De repente, os carros estavam se desviando desordenadamente para a frente e para trás, as buzinas disparadas, freios guinchando, e o ar estava repleto de ruídos de metal triturado e vidro quebrado. Os carros esmagando-se uns aos outros saíam para as pistas adjacentes, onde batiam em outros carros. Uma reação em cadeia fez com que o acidente envolvesse um veículo após outro.

Para Pat, presa numa pista intermediária com veículos espatifando-se na frente, atrás e de ambos os lados, parecia que o inferno tinha se instaurado sobre a terra. Apesar da rapidez com que as coisas estavam ocorrendo, Pat viu-se passando para um sereno estado de sonho.

"Me senti como se estivesse num estado de graça. De alguma maneira, eu estava extremamente serena e completamente confiante de que me sairia bem. Não que meu carro não fosse bater — apenas que tudo iria acabar bem, independentemente do que acontecesse.

"Quando por fim consegui parar meu carro e a poeira se desfez, descobri que o meu era o único veículo nas proximidades do acidente que não tinha batido. O cenário era de total devastação e os carros à minha frente, atrás e de ambos os lados estavam totalmente danificados. E ali estava eu, no meio de todos aqueles destroços, com o carro absolutamente intacto. Eu sabia que tudo ia acabar bem e acabou. Sei que Deus estava comigo naquele dia."

Desprendimento

Pat descreveu o estado alterado de consciência como um "estado de graça", dando-lhe evidentes conotações espirituais. Rita também acredita que Deus a salvou.

Rita

Rita, uma adolescente que acabara de receber licença para dirigir, estava voltando para casa de seu trabalho no centro de Chicago. Apesar de ser a hora de pico e estar chovendo, o trânsito ainda assim fluía rapidamente. Isso foi antes de o limite de velocidade baixar para 90 km por hora, e Rita estima que o tráfego estava andando a cerca de 110 km por hora apesar do tempo chuvoso.

Ela estava na pista da esquerda quando o trânsito inesperadamente começou a reduzir a velocidade. Rita acha que foi sua falta de experiência como motorista que a fez frear com força. Ela estava atravessando uma ponte de metal molhada e escorregadia e o carro imediatamente perdeu o controle.

"Você sabe, espera-se que a gente fique realmente apavorada numa situação como essa, mas eu não fiquei. Estava completamente calma. Pensei, 'Bem, vou morrer agora'. O carro estava virando para o lado e girando e havia quatro pistas de carros velozes de um lado e a baliza de concreto do outro. Decidi desistir de querer controlar o volante e fechei os olhos, porque concluí que o que iria acontecer não seria nada agradável e não havia nada no mundo que eu pudesse fazer para impedi-lo. Eu só pensei, 'Muito bem', e esperei para ver o que aconteceria.

"Quando me dei conta, o carro tinha parado. Abri os olhos e fiquei olhando para as caras espantadas enquanto os carros passavam por mim. De alguma maneira, meu carro tinha parado de frente para o lado contrário, no anteparo do lado direito da pista. Eu tinha girado através de quatro pistas de trânsito intenso e em alta velocidade sem bater e nem ser batida por ninguém. Você pode imaginar isso?

"Continuei ali sentada por alguns minutos, incapaz de acreditar na minha sorte. Sei que fiz uma oração de graças a Deus. O tempo todo, as pessoas passavam de queixo caído e olhos arregalados, perguntando-se: Como é que ela conseguiu chegar ali? Estavam estarrecidas e pareciam tão engraçadas que tive que rir.

"Por fim, dei a partida e dirigi o carro lentamente pela encosta de volta para a rampa de onde pude seguir. Dirigi o resto do caminho para casa sobre as vias terrestres [não elevadas]. Ainda mal consigo acreditar que consegui sair daquela encrenca! E jamais entendi como consegui não ter medo durante aquela ocorrência."

Rita ficou impotente quando seu carro perdeu o controle, e ela reconheceu esse fato. Em vez de lutar inutilmente, ela rapidamente "inverteu a situação" e entregou-se a uma sensação de paz interior para aguardar o resultado. O resultado positivo que obteve encheu-a de gratidão para com o poder superior que ela acredita ter salvo sua vida.

Destemor

A próxima narrativa provê outro exemplo surpreendente do poder de proteção desse estado estranhamente calmo.

M.J.

Quando o grande terremoto Northridge despertou os habitantes de Los Angeles às quatro e meia da manhã, M.J. saltou da cama com um sorriso no rosto e uma sensação inabalável de paz no coração.

"Foi exatamente como os seus casos milagrosos, Carolyn!", M.J. relatou-me. "Compreendi que poderia estar prestes a morrer, mas não importava se eu iria sobreviver ou não. Naquele momento, eu estava plenamente disposta a aceitar a vontade de Deus, qualquer que fosse ela. Antes de eu deixar de beber, há dois anos, eu costumava morrer de medo de terremotos, e ali estava eu, no meio do que parecia ser 'O Grande Terremoto', sentindo-me totalmente tranqüila.

"Junto com minha companheira de apartamento, Antonia, fui correndo para o vestíbulo, e lá nos seguramos nos vãos da porta até passarem os primeiros grandes tremores. É óbvio que estávamos sem luz e estava escuro como o breu. Ela estava muito assustada, mas eu achava aquilo divertido — como um bilhete de segunda classe para um passeio na Disneylândia."

Na noite anterior, M.J. tinha visto uma lista de precauções de emergência a tomar em caso de terremoto. Quando os primeiros tremores violentos cessaram, as mulheres entraram em ação, encontrando lanternas, roupas e sapatos na escuridão quase total que ocorre quando as luzes de uma cidade inteira estão apagadas. Lembrando-se das recomendações com respeito à água, as duas encheram rapidamente recipientes na torneira. M.J. manteve-se falando animadamente o tempo todo, tentando assegurar a Antonia de que tudo acabaria bem.

Enquanto os abalos violentos prosseguiam, as duas foram até o andar de baixo para ver colegas de outro apartamento. Ali, as quatro passaram o resto daquela noite turbulenta fazendo companhia umas às outras, agarradas a seus respectivos vãos de porta. Longe de ser assustadora, a situação assumiu uma característica festiva para aquelas pessoas.

"Foi realmente um farra, Carolyn! Aquelas são todas pessoas maravilhosas, e nos divertimos como nunca, contando piadas e rindo até chorar enquanto os abalos se sucediam. Finalmente, a luz voltou, e Antonia e eu arriscamo-nos a voltar para nosso apartamento. Estava totalmente destroçado! Bem, não totalmente.

"Meu quarto parecia uma exceção à devastação generalizada. Juro que ele não parecia situar-se no mesmo fuso horário do resto do lugar, muito menos do mesmo apartamento. Em todos os outros lugares, as estantes de livros tinham despencado das paredes, quadros e espelhos foram destruídos, e os móveis tinham sido jogados para todos os lados. O piso estava coberto de cacos de louça.

"Quando olhei pela primeira vez para o meu quarto, ele parecia totalmente intocado. Todos os anjos continuavam suspensos nas paredes. A única coisa que parecia ter se movido era uma estante baixa ao lado da cama. Ela tinha saltado um pouco para a esquerda. E, quando bateu no chão, lançou o Grande Livro dos Alcoólicos Anônimos sobre a minha cama. Quando o vi aberto ali, tive que rir. Era como se Deus estivesse me indicando uma boa leitura. Aquele livro era a única coisa em todo o meu quarto que estava fora de lugar!"

Entrega

Como M.J., David também entregou-se conscientemente a Deus quando supôs estar vivendo seus últimos momentos de vida.

David

David estava fazendo uma excursão de canoagem sobre corredeiras com amigos. Ele há muito tempo aguardava ansiosamente por aquelas férias, e estava adorando. Era emocionante, divertido e arriscado deixar-se arrastar por uma corredeira após a outra.

Mesmo quando foi subitamente lançado da jangada na água gelada, David não se importou muito. Afinal, ele era um jovem saudável e exímio nadador. E usava uma jaqueta salva-vida. As quedas faziam parte da diversão. Era evidente que tudo sairia a contento.

"Mas não foi assim. Como percebi depois, o que aconteceu foi que a jangada e eu ficamos presos numa potente corredeira circular que nos mantinha no mesmo lugar. Fiquei preso sob a jangada. Eu subi várias vezes para a superfície, mas cada vez que o fazia, minha cabeça batia na jangada e eu voltava para baixo. Tentava nadar para fora dali, mas a jangada girava sobre mim e eu estava preso pela corredeira. Cada vez que subia, acontecia a mesma coisa.

"Fiquei subindo e descendo dessa maneira por bastante tempo. E a certa altura ocorreu-me que talvez tivesse chegado a minha hora. Talvez eu não desse conta da situação. Era como: 'Talvez eu morra aqui'. E fiquei surpreso, mas não com medo. Era uma sensação muito tranqüila. Simplesmente entreguei-me à vontade de Deus e aceitei que se era a minha hora de morrer, que fosse.

"Então pensei: 'Bem, se vou morrer, há algo que eu deveria fazer?' E constatei imediatamente que havia. Estou há muitos anos comprometido profundamente com a religião Hare Krishna, de maneira que comecei a entoar internamente 'Hare Krishna'. Por favor, entenda que eu realmente queria viver. Mas se minha hora tinha chegado, eu queria partir com o nome de Deus nos lábios. Então, tentei com minhas últimas forças voltar de novo à superfície, repetindo internamente: 'Hare Krishna, Hare Krishna'.

"E dessa vez eu consegui! Eu saltei do lado da jangada e todos soltaram um grito e puxaram-me para dentro. E eu soube que era a vontade do Senhor Krishna que eu continuasse vivendo."

Não importa o que você chama de Deus

O caso de David ressalta outro ponto de importância crucial. Embora, como veremos, a maioria das pessoas que me relataram suas experiências acreditasse nas coisas espirituais, elas não seguiam nenhum caminho espiritual em particular. David era devoto de Krishna, mas muitos outros eram cristãos ou judeus. Um grande número não seguia nenhuma religião em particular, embora praticasse superficialmente a meditação oriental, estudasse os rituais indígenas norte-americanos e acreditasse na visão do programa de doze passos quanto a algum poder superior indefinido que influenciava suas vidas. Se esses foram de fato milagres, fica claro que a intervenção divina não é privilégio dos membros de alguma tradição espiritual em particular.

Será um simples acaso?

Decerto, poderia se argumentar que tais casos foram simplesmente exceções felizes ou que o estado alterado foi o responsável pelos resultados positivos de alguma maneira mais simples e óbvia. Talvez o estado de serenidade tenha permitido que a pessoa em perigo relaxasse. As pessoas adormecidas ou embriagadas com freqüência saem-se melhor de acidentes do que as que reagem ao perigo ficando tensas, e o mesmo pode ocorrer com as pessoas que se desligam emocionalmente.

É também possível que a paz interior permita que a pessoa raciocine claramente e reaja da melhor maneira possível. Isso certamente vale no meu caso, quando foi necessário fazer a derrapagem, e também no de Carmela, quando ela teve que subir uma encosta quase vertical. Pode também ter exercido um papel vital em outros casos.

Talvez David tenha nadado de maneira mais eficiente após ter-se centrado. Talvez Alex tenha conseguido bater no asfalto numa posição melhor porque estava centrado e relaxado. É possível que Pat tenha feito algumas manobras sem ter-se dado conta, de maneira que tenha sido sua própria habilidade que a salvou do acidente na estrada.

Mas é evidente que pessoas como Karen, Mike, Rita e Mary, que simplesmente aguardaram o desenrolar dos acontecimentos, não salvaram-se por seus próprios esforços. Quando examinarmos outros desses casos de livramento, creio que você concordará que há mais coisas no estado alterado de consciência do que os olhos conseguem ver. Muitos de meus testemunhos tiveram uma sensação de estar sendo guiados para fora do perigo por algum poder superior, e alguns disseram que uma "presença bondosa" de fato assumiu o controle, falando e agindo em lugar delas. Houve muitas vezes uma sensação de ter sido ajudado por um poder maior do que elas. Talvez isso seja pura imaginação, mas talvez não.

Do ponto de vista lógico, parece haver quatro explicações possíveis para esses incidentes.

(1) *Coincidência.* Talvez, ao afirmar que a virada na sorte está relacionada com o estado mental sereno, eu esteja vendo um padrão onde não existe nenhum. Talvez as pessoas diante do perigo experimentem diferentes estados mentais e eu tenha topado apenas com aquelas que (a) passaram para um estado meditativo sereno e (b) escaparam relativamente incólumes.

Pode muito bem haver outras pessoas que tenham enfrentado a possibilidade de morte com um estado mental sereno e foram mortas ou gravemente feridas. E outras, talvez, tenham sentido raiva e terror e, no entanto, tenham escapado sem nenhum arranhão. Talvez esse seja simplesmente um processo fortuito. Embora os finais felizes pareçam improváveis antes de ocorrerem, isso não significa necessariamente que sejam milagrosos. Afinal, até mesmo eventos extremamente improváveis ocorrem *às vezes*.

(2) *Sorte*. Muitas vezes, quando as pessoas falam de sorte, consideram-na um processo fortuito, grosso modo como sinônimo de "coincidência". Mas, às vezes, ela se refere a uma propensão de certas pessoas a conseguir o que outras não conseguem. Talvez meus testemunhos fossem na verdade pessoas "de sorte".

(3) *Precognição*. Talvez, a pessoa em algum nível subconsciente preveja o futuro e reconheça que o perigo é apenas aparente. O estado mental sereno pode ser apenas um *reação* ao conhecimento prévio do resultado positivo, em vez de ser a *causa* dele.

(4) *Milagres*. Talvez, ao passar para o estado alterado de tranqüilidade, a pessoa tenha acesso à orientação interior ou a alguma capacidade latente de influir nos acontecimentos do mundo físico. Talvez o ato de escolher a paz em lugar do medo e da raiva numa situação de perigo *faça* de alguma maneira com que a situação acabe bem.

Se o fator coincidência, sorte ou precognição for a interpretação correta, então o estado alterado sereno não estaria causalmente relacionado com as escapadas por um triz e não existiria nenhum "fenômeno de livramento". Ao dizer que eles são milagres, estou demonstrando uma crença na·quarta possibilidade — que o estado alterado de consciência da pessoa em perigo influencia o resultado dos acontecimentos, permitindo a intervenção de um "poder superior" sobrenatural.

Podemos considerar esse poder superior como um aspecto sobrenatural de nossa própria mente, que possui uma capacidade latente de alterar os eventos no âmbito do mundo natural. Senão, ele poderia ser outra entidade sobrenatural com capacidades que um ser humano não possui pessoalmente — ou seja, Deus, um ser angélico, um espírito protetor ou algo similar. Esse ser poderia atuar diretamente na situação ou guiar a atividade da pessoa envolvida. Por enquanto, vou deixar essa questão em aberto e referir-me ao agente hipotético dos milagres simplesmente como o "poder superior" das pessoas.

Os fazedores de milagres

Quem são essas pessoas que eu suspeito terem feito milagre? Ninguém em especial. São relatos de pessoas comuns que reagiram às ameaças com coragem, amor e fé extraordinárias.

Por coincidência, aproximadamente 75 por cento das pessoas que me relataram suas experiências são psicoterapeutas. Os depoimentos foram coletados por um processo de discussão informal e, como eu também era uma psicóloga trabalhando em um contexto acadêmico, as pessoas com quem estive em contato tendiam a ser psicólogos ou pessoas estudando para tornar-se psicoterapeutas. Muitas eram estudantes de psicologia de minhas turmas de graduação, enquanto outras eram colegas ou profissionais da área que me contataram para contribuir com seus próprios depoimentos ao tomar conhecimento de minhas descobertas preliminares em conferências profissionais.

Pela maneira com que esses depoimentos foram coletados, é impossível saber se as experiências descritas são mais comuns entre psicoterapeutas do que entre o público em geral. Entretanto, parece óbvio que a formação em psicologia não é o fator determinante. Mesmo quando os indivíduos depois tornaram-se psicoterapeutas, muitas dessas experiências ocorreram antes de eles iniciarem o curso de graduação. No entanto, algumas das qualidades que levaram as pessoas a escolher a psicoterapia como profissão — isto é, uma inteligência relativamente alta, aptidão acadêmica e o desejo de ajudar aos outros — podem, em última instância, ter algo a ver com o caso.

Segundo penso, também é pertinente o fato de tantos de meus informantes tenderem a ser pessoas com uma crença no mundo espiritual. Embora a maioria dessas pessoas não fosse convencionalmente religiosa, em todos os casos em que a atitude da pessoa para com as questões espirituais apresentou-se para mim, ela revelou ter participado de alguma prática espiritual ou quase religiosa (por exemplo, dos Alcoólicos Anônimos). Muitas tinham estudado meditação, e várias tinham considerado a vocação religiosa em algum momento da vida.

Apesar de haver alguns casos que encontrei antes de pensar em perguntar sobre a crença espiritual, suspeito que quase todas as pessoas com quem falei tinham um nível incomum de interesse espiritual. Como veremos, alcançar a serenidade da mente parece ser essencial para a obtenção de um milagre, e é provável que essa serenidade seja alcançada mais facilmente pelas pessoas que praticaram alguma forma de oração ou meditação.

Ao mesmo tempo, se esses foram milagres, eles não se restringiram aos membros de nenhuma religião em particular. A ajuda e a orientação divina são relatadas em todo mundo e é evidente que nenhuma tradição espiritual tem um contrato exclusivo com Deus. Se minha compreensão dos milagres estiver correta, *a pessoa não precisa nem mesmo acreditar em Deus para receber os benefícios da orientação divina.*

3

Mas Milagres Não Existem!

A ciência é tão profundamente respeitada em nossa cultura que todo cientista tem uma responsabilidade especial de esclarecer ao público leigo quando seu conhecimento especializado realmente alcança resultados cientificamente comprováveis e quando ele está supondo, perdendo-se em puras especulações ou expressando as próprias esperanças quanto ao sucesso de sua pesquisa. Essa é uma tarefa importantíssima, uma vez que o público leigo não tem condições de fazer essa distinção.

— Noam Chomsky

A própria idéia de examinar os milagres sob o ponto de vista científico pode parecer absurda a alguns leitores. A ciência não provou que milagres *não podem* existir? Esse tipo de confusão é tão comum que talvez devêssemos tratar dele antes de prosseguir. Afinal, se os relatos de milagres não passam de lindas fantasias, como as histórias sobre unicórnios e máquinas em eterno movimento, por que deveríamos perder tempo com eles?

Os milagres são definidos como casos em que um poder sobrenatural interfere na natureza, e a crença em sua inexistência resulta da ampla aceitação de uma filosofia da ciência chamada *naturalismo*. Como o escritor C. S. Lewis observou em seu brilhante livro *Miracles: How God Intervenes in Nature and Human Affairs*, o naturalismo é uma postura teórica que define a "natureza" como "a totalidade daquilo que existe".[1]

Bem, é claro que se partimos da suposição de que tudo que existe é parte da natureza, não pode existir nada de "sobrenatural". Por essa teoria, tudo o que é real é tornado "natural" *por definição*. A alternativa ao naturalismo é o *sobrenaturalismo*, uma filosofia que sustenta que há dois tipos de coisas existentes no universo. Além da natureza (criação), os sobrenaturalistas acreditam existir também uma entidade original, que existe por si só, que criou a natureza e que continua a existir fora do tempo e do espaço (Deus).

Se o naturalismo estiver com a razão, então não podem existir milagres. Mas será que ele está? Para descobrir, teremos que decidir se é o naturalismo ou o sobrenaturalismo que provê uma abordagem mais realista do mundo em que vivemos. Vamos examinar mais de perto a visão de mundo defendida por cada uma dessas teorias.

Naturalismo versus *sobrenaturalismo*

Acima de tudo, o naturalismo afirma que só as coisas físicas são reais. Essa suposição nega a existência de qualquer coisa que não possa ser percebida pelos cinco sentidos. Os sobrenaturalistas, por outro lado, acreditam na realidade e na importância das coisas imateriais, como as idéias, o amor e Deus.

O naturalismo é também uma filosofia determinista que pressupõe que tudo o que acontece *tem que* acontecer, uma vez que faz parte do padrão colocado em movimento no início dos tempos. De acordo com essa visão, não existe o livre-arbítrio. Apesar de nós humanos termos a impressão de que escolhemos o que fazer em cada situação, os naturalistas acreditam que estamos apenas nos comportando de acordo com a programação que o cérebro recebeu da nossa constituição genética particular e nossas histórias de reforço e punição.

Isso significa que não somos moralmente responsáveis por nossas ações. Por exemplo, o famoso cientista comportamental B. F. Skinner argumentou que não devemos elogiar nem responsabilizar as pessoas pelo que elas fazem, porque elas não têm realmente nenhuma escolha no assunto em questão.[2] Se o naturalismo está com a razão, somos todos simples autômatos.

Ao contrário, muitos sobrenaturalistas sustentam que o comportamento humano não é predeterminado — que temos livre-arbítrio e somos responsáveis por nossas escolhas morais. Eles concordam com os naturalistas quanto a que o universo físico opera de acordo com leis naturais, mas acreditam que tais leis foram instituídas antes pela inteligência divina do que pelo mero acaso.

Existe uma certa Lei Eterna, a saber, a Razão, que existe na mente de Deus e governa todo o universo.

— Santo Tomás de Aquino

O naturalismo é mais científico que o sobrenaturalismo?

O sobrenaturalismo é na verdade tão científico quanto o naturalismo. Como ambas as teorias concordam em que os eventos no universo físico ocorrem comumente de acordo com as leis naturais, o estudo científico dessas leis é igualmente coerente com cada um dos pontos de vista. Existem, é claro, versões de uma perspectiva sobrenatural (por exemplo, o criacionismo) que são incoerentes com as realidades científicas estabelecidas. Mas existem também inúmeras teorias naturalistas que tampouco se baseiam em provas corretas.

Apesar dos esforços ocasionais de fanáticos para forçar a ciência a conformar-se ao dogma religioso, a maioria dos indivíduos espiritualmente orientados não se esforça para acreditar que o mundo natural seja de uma maneira ou de outra. E como podemos nutrir a idéia de que o sobrenaturalismo não é científico quando muitos — e talvez *a maioria* — dos cientistas mais importantes do mundo foram eles próprios pessoas religiosas?

A ciência sem a religião é aleijada, a religião sem a ciência é cega.

— Albert Einstein

Não obstante, o naturalismo tem sido indubitavelmente a perspectiva mais popular entre os cientistas ocidentais deste século. Por que deveria ser assim, se ele na realidade não é mais coerente com os fatos estabelecidos cientificamente?

Razões psicológicas para os cientistas preferirem o naturalismo

Suspeito que grande parte do considerável apelo do naturalismo deve-se ao fato de que, se ele fosse verdadeiro, isso simplificaria a tarefa do cientista. Os cientistas ocupam-se com a investigação do mundo natural. Quando as respostas demoram a aparecer, eles têm que continuar pesquisando, algo que eles poderiam não fazer se se apressassem a aceitar a explicação sobrenatural dos fenômenos que estão estudando. O problema é ilustrado de maneira interessante em um cartum de Sidney Harris, reproduzido na página 50.

É evidente que se os milagres fossem levados em conta em tudo o que presentemente não compreendemos, a ciência chegaria a uma paralisação. Há certas suposições que precisamos fazer ao realizar uma pesquisa — não porque saibamos que são verdadeiras, mas simplesmente porque se não as fizéssemos não poderíamos seguir em frente. Uma delas é que os milagres não são responsáveis pelos nossos resultados.

No entanto, o fato de os pesquisadores terem de *supor* que não estão ocorrendo milagres não significa que eles jamais ocorrem. Se pretendo realizar uma pesquisa, tenho de supor que ninguém está se intrometendo em meus instrumentos, mas essa suposição pode ocasionalmente revelar-se incorreta.

Portanto, podemos ver facilmente que o naturalismo é uma boa estratégia de trabalho para os cientistas. Seu determinismo é atraente pelos mesmos motivos. Em um mundo onde *tudo* pudesse acontecer a qualquer hora, não seria possível existir uma ciência. Mas afirmar que a natureza "ordinariamente", ou mesmo "sempre em nossa experiência", procede de acordo com a lei não é o mesmo que dizer que ela *nunca* sofre a interferência de uma força sobrenatural.

O dilema do cientista no que diz respeito aos milagres está resumido no seguinte excerto de um ensaio de James Hansen.

> O milagre existe quando ocorre algo que não pode ocorrer. Não é uma questão da manifestação de leis naturais até então desconhecidas, se é que existe algo que multiplica pães e permite andar sobre as águas, mas antes uma suspensão temporária da própria natureza por uma ação sobrenatural exterior. Se isso pode ocorrer, há um problema. Na ciência, as exceções não comprovam a regra. Fazer pesquisa envolve pelo menos duas suposições básicas: que a natureza é cognoscível e que é constante. Os experimentos podem ser realizados e, o que é mais importante, repetidos. A possibilidade de intervenção divina como uma variável desconhecida faz ruir todo o castelo de cartas.[3]

Um mundo que pudesse ser influenciado pelo pensamento, pelo livre-arbítrio ou por um poder sobrenatural seria com certeza um objeto de estudo mais desafiador do que um no qual tudo fosse material e predeterminado, mas não é essa a questão. Na verdade, como veremos, a maioria dos cientistas contemporâneos aceita hoje a idéia de que o pensamento e o livre-arbítrio *existem*. E alguns físicos estão encontrando uma dimensão causal invisível do universo que pode ser considerada "sobrenatural" por estar fora da natureza e não ser controlada por leis naturais. Por mais que o naturalismo tenha sido atraente aos cientistas, eles agora estão tendo que abandoná-lo para entender-se com a verdadeira complexidade das coisas. E se se puder demonstrar a existência de milagres, os cientistas terão que aceitar também a realidade da intervenção divina.

Investigando Deus

Mas como proceder para obter provas científicas de uma força sobrenatural invisível? Apesar da tradicional relutância dos pesquisadores ocidentais para investigar os milagres, eles não encontram-se realmente fora do alcance da ciência. Embora Deus não seja o tipo de coisa que se possa medir ou pesar com um metro ou uma lança, tampouco o é a gravidade. Conforme se pode ver, as teorias sobre os fenômenos sobrenaturais podem ser testadas em grande parte da mesma maneira que as teorias sobre qualquer outra coisa. Consideremos, por exemplo, o experimento hipotético de George.

George

Quando eu estava trabalhando no meu doutorado em psicologia experimental, uma das exigências do curso era elaborar um estudo que provasse ou negasse a existência de Deus. O objetivo do professor ao atribuir essa tarefa era, obviamente, mostrar-nos que não havia nenhuma maneira concebível de realizá-la. Entretanto, eu ainda tenho lembranças afetuosas de um engenhoso projeto de pesquisa proposto por um de meus colegas.

George começou seu projeto de pesquisa com uma resenha literária, citando uma passagem do Antigo Testamento que dizia que se um homem injuriasse a Deus, Ele instantaneamente o abateria. Prosseguindo com a suposição de que Deus tivesse inspirado essa afirmação bíblica e que Deus não mentiria, meu amigo elaborou um experimento para testar a hipótese da existência de Deus.

O experimento consistia em contratar voluntários entre os alunos não graduados (ao custo baixíssimo de cinco dólares por hora) para sair a campo e formar três grupos, um dos quais injuriaria a Deus, outro o louvaria, enquanto os integrantes do terceiro, de controle, ficariam conversando entre si. O objetivo, é claro, era comparar a proporção em que os indivíduos dos três grupos seriam atingidos por raios, pragas, meteoritos, etc. George propôs-se a assistir ao suposto massacre a partir da sombra de uma árvore próxima, depois do que ele faria comparações estatísticas entre os índices de mortalidade dos três grupos.

Meu amigo sempre afirmou que se não fosse por causa de alguns membros do Comitê de Humanidades da Universidade, o mundo saberia hoje com certeza se Deus existe. George admite que alguns participantes poderiam ter perdido suas vidas, mas como ele observa filosoficamente: "Que tipo de vida leva, afinal, um estudante de graduação?".

Estranhamente, penso hoje que George em certo sentido estava no caminho certo. Embora não possamos provar diretamente a existência de um poder sobrenatural, podemos fazê-lo indiretamente se Deus for do tipo de poder sobrenatural que produz determinados efeitos no mundo natural. Afinal, se Deus realmente entrasse com a retribuição divina do tipo que o experimento de George pressupunha, seu projeto de estudo poderia muito bem ter funcionado (embora nesse caso pudéssemos perguntar se a sombra daquela árvore teria lhe dado a proteção necessária).

Podemos não ver diretamente a "mão de Deus", mas talvez possamos ver as obras de Deus. Por exemplo, os cientistas conhecem a força da gravidade apenas indiretamente, por meio de seus efeitos sobre os objetos físicos. Se constatarmos que surpreendentes viradas positivas de sorte ocorrem sempre que certas condições específicas são satisfeitas, isso seria uma prova indireta de um poder sobrenatural interessado no bem-estar dos seres humanos.

Esse ponto de vista parece estar ganhando popularidade. Por exemplo, de acordo com Larry Dossey, doutor em medicina, até mesmo os tradicionalmente conservadores Institutos Nacionais de Saúde estão hoje financiando pesquisas sobre a eficácia da oração.[4] Como a nossa pesquisa sobre o livramento, a pesquisa sobre a oração está fornecendo provas científicas da intervenção divina. Em ambos os casos, estamos observando as condições sob as quais *supõe-se* a intervenção de um poder sobrenatural e constatando que os efeitos que parecem "miraculosos" de fato manifestam-se.

Mas como saber se um acontecimento é de origem sobrenatural?

O problema é o seguinte: mesmo que constatemos uma regularidade em nossos dados que indique a atividade de uma influência até então desconhecida, como estarmos seguros de que essa influência não seja uma força natural até então desconhecida? No decorrer do tempo, existiram muitos fenômenos que pareciam milagrosos na época, mas que foram facilmente explicados por cientistas de uma época posterior, tecnologicamente mais avançada.

Não acredito que teremos de fato muitos problemas para distinguir os fenômenos naturais dos sobrenaturais. Tanto os naturalistas quanto os sobrenaturalistas estão de acordo quanto ao fato de as forças naturais serem fortuitas ou probabilísticas. Elas certamente não demonstram quaisquer indícios de intenção consciente, nem provocam cadeias de eventos organizadas significativamente de maneira a cumprir com um propósito inteligível.

Pelo contrário, os fenômenos sobrenaturais, se existem, devem obviamente ser propositais. Se pudéssemos documentar a atividade de uma força descorporificada que produz altos níveis de organização para cumprir uma finalidade desejada, teríamos boas razões para considerá-la mais sobrenatural do que natural. No mínimo, força descorporificada que se comporta como uma mente humana livre e onisciente seria diferente de qualquer força natural que conhecemos hoje.

Tomemos, como exemplo, o seguinte caso do *best-seller* de Sophy Burnham, *A Book of Angels*.[5] Ele parece refletir a atividade de uma inteligência benévola que orientou alguém de maneira a responder apropriadamente às necessidades de um estranho. Muitas pessoas de tendência espiritualista acreditam que tais cadeias de coincidências significativas podem ser desencadeadas pela prece sincera de súplica por um tipo especial de ajuda. Ao ler o seguinte relato, veja se você concorda que ele evidencia a atividade de um poder superior benevolente.

52

Elizabeth Paige

A escritora Elizabeth Paige estava viajando sozinha na Grécia. Quando se preparava para deixar a ilha de Páros para ir a Creta, a srta. Paige foi tomada de um pressentimento mau com relação à sua partida. Tão intensa era a sua ansiedade enquanto levava seus pertences para o barco que ela resolveu voltar e arranjou as coisas para permanecer mais dois dias em Páros, embora não tivesse nenhuma idéia de como ocupar aquele tempo. Vou continuar relatando a experiência segundo as palavras de Burnham.

Na manhã seguinte, decidida a permanecer longe do sol, ela pegou um bloco de desenho, foi para uma rua sombreada da aldeia e passou várias horas desenhando sem pensar em nada. Na hora do almoço, ela passou por todos os restaurantes, saiu da aldeia e subiu o caminho dos rochedos, sendo simplesmente levada pelos próprios pés.

Fazia calor. Ela estava sozinha. O sol estava alto e batia nela exatamente como ela não queria, mas ela continuou andando. Longe à direita estava o mar, e à esquerda uma espécie de vegetação desértica. Logo ela ficou com sede. Não havia uma única árvore para aliviar o calor abrasador e seus pés continuaram levando-a adiante.

Depois de alguns quilômetros, ela avistou uma casinha à direita, com um pinheiro na frente. A casa, com as janelas totalmente fechadas, tinha uma inscrição com um número de telefone. Ela olhou fixamente para a inscrição por um momento, perguntando-se se estaria escrito "Aluga-se" em grego.

Então, como estava com calor, cansada e com sede, ela desceu os cinco ou seis passos do caminho por entre as pedras até a casa e deitou-se agradecida à sombra de uma árvore.

Ela não tinha descansado nem cinco minutos quando uma moto parou na estrada. As duas mulheres na moto olharam curiosamente para ela e, então, a mais velha desceu e a mais jovem foi embora.

Subitamente, Elizabeth achou que ela fosse a proprietária. Ergueu-se sobre os pés, constrangida pela intrusão, perguntando-se em qual das três línguas que conhecia falaria com a mulher. Por alguma razão, ela escolheu o seu francês de colegial:

"*Pardon, madame*. Vi a sombra de sua árvore...".

A mulher fixou nela um olhar penetrante. Revelou que era francesa e que não falava nada de inglês. Ela convidou insistentemente Elizabeth a entrar — gostaria de beber um pouco d'água? E como Elizabeth estava com sede e curiosa para vez como era uma casa grega por dentro, e também por gostar da aparência da mulher, ela aceitou.

A mulher, Nicole, estava visitando sua filha em Páros. Ela contou a Elizabeth por que tinha ficado tão surpresa ao vê-la deitada embaixo da árvore: "Nós a vimos na praia com seu bloco de desenho e eu disse para minha filha: "Aquela mulher, como eu, está sozinha, mas parece tão serena e satisfeita. Gostaria de conversar com ela. E eis que você está aqui, na minha casa. Isto é um milagre".

Ela tinha participado da Resistência durante a guerra. Tinha se casado com um pastor protestante, criado os filhos e, após trinta anos de casamento, fora abandonada pelo marido por causa de uma mulher mais jovem. Desde então, ela vivera com muita raiva, incapaz de perdoar o marido ou esquecer que a outra mulher tinha sido sua amiga.

Elas ficaram conversando. Elizabeth ficou surpresa ao descobrir com que fluência falava francês. Ela não sabia que falava tão bem aquela língua.

A certa altura, a mulher virou-se para ela: "Diga-me, você sabe o que é Deus?".

Por alguma razão, Elizabeth não chegou a surpreender-se.

"Eu não sei dizer o que é Deus", ela respondeu, "mas posso dizer como encontrá-lo." Elas passaram o resto da tarde conversando animadamente sobre meditação e busca espiritual, sobre perdão e oração, sobre sofrimento e amor, sobre o escritor Kazantzakis, Buda e Cristo. Elizabeth contou que falou com uma paixão que a surpreendeu. Ela disse coisas em francês que não conseguia expressar nem mesmo em inglês, e ouvia perplexa as palavras saindo de sua boca, falando de Deus.

Antes de ela ir embora, as duas ajoelharam-se e oraram juntas. Foi constrangedoramente simples — duas mulheres de meia-idade ajoelhadas no piso de pedra, orando pela libertação da dor e pela capacidade de voltar a amar e confiar. Pedindo para conhecer a Deus. E então Elizabeth voltou para seu hotel maravilhada com o encontro. Fora por isso que ela não conseguira ir embora no dia anterior? Ela estava tomada de humildade diante da bondade de Deus que a proveu de tais palavras em francês, que lhe deu o dom para servir como canal de Suas palavras. Pois ela sabia que não tinha sido ela, Elizabeth, quem tinha falado com tanta eloqüência naquela tarde.

No dia seguinte, ela partiu para Creta.

Um ano depois, Elizabeth recebeu uma carta de Nicole. Estava escrita em inglês, ditada de seu leito hospitalar. Nicole estava morrendo de câncer, e queria que Elizabeth soubesse como o encontro delas naquela tarde na Grécia tinha mudado a sua vida. Ela o considerava um milagre, dizia, pois a partir daquele momento tinha se libertado da raiva e tinha começado a fazer as pazes com Deus. Ela estava morrendo, mas queria que Elizabeth soubesse disso.[5]

54

Uma mulher atormentada anseia pelos conselhos de uma certa estranha e, de alguma maneira, apesar de todos os obstáculos com respeito ao idioma, a conversação se arranja. Se esse fosse apenas um incidente isolado, poderia justificar-se quem o subscrevesse como uma feliz coincidência. Mas pessoas como a srta. Paige, que cultivam uma relação com a intuição, descobrem que "coincidências" significativas como essa ocorrem com surpreendente regularidade, tornando difícil duvidar que estão sendo guiadas por um poder invisível que compreende e responde às suas necessidades mais profundas.

A grande maioria das pessoas do mundo diz que acredita em milagres e no poder da oração. Creio que elas fazem isso não por superstição ignorante, mas porque — como a francesa no relato da srta. Paige — elas viram muitas vezes suas orações serem atendidas. Cada vez que uma pessoa necessitada pede ajuda a Deus e presta atenção no que ocorre a seguir, ela realiza um pequeno "experimento" privado sobre a realidade da intervenção divina.

Além do mais, ao submeter continuamente suas crenças a esse tipo de teste empírico, as pessoas religiosas estão comportando-se mais "cientificamente" do que aqueles cientistas que se recusam a olhar para as evidências. Se queremos saber se a intervenção divina é ou não real, temos que observar atentamente as situações nas quais a teoria sobrenatural prevê a intervenção de Deus e, então, verificar se ocorre alguma mudança benéfica nas probabilidades. Se constatamos, por exemplo, que as pessoas em perigo que seguem o procedimento recomendado para a obtenção de milagres acabam bem na maioria das vezes ou sempre, esse fato apóia enfaticamente o ponto de vista sobrenatural. E é exatamente isso que encontramos nos relatos de livramento que consideraremos neste livro.

Talvez pelo desejo de evitar ofender as pessoas religiosas, muitos cientistas assumem a posição de que os milagres são questões que dizem respeito à fé, para as quais as evidências científicas não têm importância. Entretanto, como psicóloga experimental, tendo a pensar que as evidências *sempre* são importantes. A realidade da intervenção divina é, em última instância, uma questão empírica que tem de ser respondida através da observação empírica.

As pessoas que querem ser científicas não têm liberdade para simplesmente excluir a existência de Deus, como os naturalistas tentaram fazer. Isso remonta à lógica usada pela Academia de Ciências Francesa do século XVIII, quando aquela augusta entidade declarou que todos os relatos sobre meteoritos têm que ser fraudulentos, uma vez que era obviamente absurdo achar que pedras podiam cair do céu. É mais do que hora de pararmos de pontificar sobre o que *pode* existir — e avaliarmos a realidade para descobrir o que *existe.*

Embora os naturalistas tenham afirmado por muito tempo que só as coisas físicas são reais, em geral hoje se admite que os pensamentos não só são "reais", como também são capazes de exercer poderosos efeitos no âmbito do mundo físico. Além do mais, como veremos no próximo capítulo, há boas razões para acreditar que quando as pessoas realizam mudanças radicais o bastante em sua percepção, resultados milagrosos ocorrem. Antes de prosseguir com outros casos de livramento, vamos examinar rapidamente algumas evidências comuns que apóiam a possibilidade de que uma mudança positiva dramática na consciência abra a porta para os milagres.

4

Mudar a Percepção Pode Salvar Sua Vida

Todo mundo quer mudar o mundo, mas ninguém quer mudar sua própria mente.

— Seaborn Blair

A explicação que estou propondo para os milagres relaciona-os com um determinado tipo de mudança mental. Ingressando num estado de consciência meditativo e calmo, possibilitamos a Deus que nos guie para alterar nossa realidade física. Mas essa idéia não nos convencerá sem que antes tenhamos admitido que os pensamentos são reais e que podem exercer uma influência potente sobre as coisas que ocorrem no mundo. Como vimos, a visão naturalista insiste que os pensamentos são irreais e não conseguem ter efeitos reais sobre absolutamente nada.

Por essa razão, antes de considerar a pesquisa científica sobre milagres em si, vamos explorar a influência da mente sobre o corpo. Depois de examinar as provas de que uma mudança para o estado de paz interior "faz milagres" em nosso bem-estar físico, temos a observar que a mente "não tem fronteiras", o que significa que ela não é limitada pelo corpo. Nossos pensamentos podem de fato influenciar a matéria a distância.

A paz interior cura a mente

Os psicólogos sabem há muito tempo que a interpretação que damos a uma situação determina nossa reação emocional a ela. Os psicoterapeutas cognitivos afirmam que as pessoas às vezes ficam emocionalmente perturbadas porque cultivam pensamentos depressivos que as levam a sentir-se impotentes e desamparadas (por exemplo, "Não consigo fazer nada certo. Seria melhor para todo mundo se eu não estivesse aqui").

Sabe-se também muito bem que quando as pessoas deprimidas conseguem ser induzidas a questionar e a rejeitar tais crenças, sua auto-estima melhora, sua eficiência pessoal aumenta e seu comportamento torna-se mais normal e adaptável. Assim, a mudança de pensamentos exerce um efeito profundo tanto sobre a disposição como sobre o comportamento. Na realidade, as drogas antidepressivas tão amplamente usadas nos dias de hoje são feitas para simular artificialmente os efeitos neuroquímicos dos pensamentos positivos. Dessa maneira, mesmo as pessoas que relutam em questionar suas suposições básicas sobre a vida podem desfrutar dos efeitos benéficos do pensamento mais adaptável.

Os pensamentos negativos tensionam o corpo

Os pensamentos negativos não apenas produzem efeitos indesejáveis no estado de espírito e no comportamento, mas também o conflito emocional pode impor um pesado tributo sobre o bem-estar físico da pessoa. O *stress* emocional prolongado resulta muitas vezes em doenças psicossomáticas. De fato, muitos médicos acreditam hoje que pode haver um componente emocional em *todas* as doenças.

Pesquisas médicas no novo campo da psiconeuroimunologia detectam a influência dos pensamentos — e os humores que eles produzem — sobre o sistema imunológico. Demonstrou-se, por exemplo, que a depressão tem um efeito imunossupressivo que torna mais difícil para o corpo defender-se e curar-se. Não há mais nenhuma dúvida séria de que os estados mentais negativos associados à raiva constante, à impaciência, ao desespero, à ansiedade, ao medo e à culpa esgotam os recursos do corpo e põem a saúde em perigo.

Mas, se o conflito psicológico é nocivo para o corpo, é igualmente verdade que seu oposto — a paz interior — lhe é benéfica. Uma postura mais serena e otimista desencadeia uma torrente de alterações neuroquímicas no cérebro que acabam influindo no comportamento de cada célula do corpo. Os efeitos de cura e rejuvenescimento de tais mudanças mentais positivas podem ser surpreendentes. Um renovado sentimento de esperança muitas vezes "opera milagres" em doenças físicas aparentemente intratáveis.

Curas milagrosas

As curas inesperadas que não poderiam ser causadas somente pelo tratamento médico são chamadas *remissões espontâneas*. Conforme observa jocosamente o cirurgião de câncer e escritor Bernie Siegel, a *remissão espontânea* é o termo aceito pela medicina para o milagre.[6]

Embora essas curas surpreendentes pareçam à primeira vista ocorrer fortuitamente, muitos médicos observaram que elas são freqüentemente precedidas por transformações dramáticas na postura mental ou espiritual da pessoa. Como as pessoas que passam pela experiência de livramento de acidentes e assaltos, os pacientes terminais que se recuperam "espontaneamente" revelam, ao serem examinados mais de perto, estar ativamente fazendo algo em favor de sua boa sorte. Como observou asperamente uma mulher que conseguiu a remissão de um linfoma: "Não foi espontâneo, eu dei um duro danado para consegui-lo".[7]

O Institute of Noetic Sciences — uma organização fundada em 1973 pelo astronauta Edgar Mitchell e outros para estimular a pesquisa da consciência — vem tentando estimular o interesse científico pelo poder de cura da mente. Quando o diretor de pesquisas do Noetic Sciences, Brendam O'Regan, e seu colega Caryle Hirschberg começaram a examinar a literatura médica em busca de informações sobre as influências mentais na remissão espontânea, eles descobriram que havia apenas dois livros sobre o assunto, ambos esgotados. Em um esforço para corrigir essa situação, o instituto publicou recentemente a primeira compilação de estudos sobre remissão espontânea, abarcando cerca de três mil artigos de mais de 860 publicações médicas.[8] Entretanto, O'Regan observou que mesmo com esse novo acesso a recursos materiais, ainda assim será difícil insistir na influência do pensamento sobre a cura.[9]

Lamentavelmente, O'Regan descobriu que os relatórios médicos coletados em geral omitem todas as referências ao estado mental do paciente. No máximo, eles incluem uma observação casual, como a seguinte sobre uma mulher com câncer cervical metastasiado: "E seu marido muito odiado morreu de repente, depois do que ela se recuperou completamente".[9] Uma equivocada sujeição ao naturalismo tem levado muitas vezes os médicos a negligenciar totalmente a possibilidade de o estado mental do paciente afetar sua saúde.

O papel da paz interior na remissão espontânea

Apesar de haver pouca certeza quanto às causas da remissão espontânea, há muitas evidências anedóticas indicando que a paz interior exerce um papel. Algumas curas — como a da mulher com câncer cervical mencionada acima — parecem ocorrer em função das condições na vida do paciente terem-se tornado mais apropriadas.Uma fonte de conflitos é eliminada. Um apoio físico e emocional passa a existir. Parece que esses são casos em que as circunstâncias envolvendo o paciente mudaram de maneira a favorecer a paz interior.

Entretanto, embora a restauração da paz interior ocorra às vezes por acaso, muitas outras remissões espontâneas refletem um processo de mudança mental por iniciativa própria. Às vezes, pacientes com diagnósticos terminais começam a curar-se pela mudança de crenças e atitudes que produzem emoções negativas, como o medo, a raiva, a depressão e a culpa. Existem médicos que chegam a fazer da recuperação da paz interior uma parte essencial do tratamento.

Por exemplo, o dr. Gerald Jampolsky fundou o Centro de Cura Atitudinal em Sausalito, na Califórnia, uma organização que provê grupos de apoio para crianças catastroficamente doentes e seus familiares.[10] Ali os pacientes são estimulados a recuperar o equilíbrio emocional pelo amor e perdão a si mesmos e aos outros. Já vimos que a paz interior pode ser uma condição prévia para os milagres de livramento de acidentes. Poderia ser também a chave para a remissão espontânea?

A personalidade propensa a milagres

Há algum estado mental particular que predispõe a pessoa aos milagres de cura? Apesar de não existirem pesquisas científicas rigorosas sobre essa questão, as evidências dão a entender que os pacientes terminais que conseguem curar-se têm algumas atitudes incomuns. O editor do *New Age Journal*, Marc Barasch, opina que pode de fato haver uma "personalidade propensa a milagres".[7] Talvez possamos descobrir algo sobre o estado mental dos fazedores de milagres em geral, explorando o das pessoas que conseguem remissões espontâneas.

Primeiramente, muitas pessoas que curaram a si mesmas relatam que passaram por algum tipo de *mudança existencial* ou de *reviravolta psicosso-cial-emocional-espiritual* antes de as coisas terem começado a melhorar. Condenados à morte, esses indivíduos parecem procurar ativamente o significado de suas vidas. Eles consideram seus motivos para viver e, então, reorganizam suas vidas de maneira a concentrar-se no que realmente é importante para eles.

Para alguns, essa mudança interior conduz à abdicação de responsabilidades onerosas em favor *de um modo de vida mais autocentrado*. Diante da morte iminente, essas pessoas parecem dar-se a permissão de mudar radicalmente de ponto de vista e, finalmente, fazer o que *querem*, em vez de o que "se espera" que façam.

Essa rejeição das expectativas de outras pessoas parece com freqüência libertar o indivíduo para *entregar-se a atividades e projetos que são pessoalmente significativos*. Às vezes, as pessoas na iminência da morte envolvem-se tanto em seus novos interesses que parecem esquecer-se completamente de suas doenças. O seguinte caso — possivelmente forjado, mas que não deixa de ser interessante — serve para ilustrar como um novo projeto fascinante pode proporcionar um motivo para viver.

Ann

Uma mulher extremamente deprimida que chamarei de Ann estava se preparando para suicidar-se. Sua vida não tinha mais nenhum sentido e ela não conseguia enxergar nenhum motivo para continuar vivendo.

Ann começou a escrever um bilhete de despedida explicando por que queria morrer. Entretanto, para tornar o motivo claro, ela achou que era necessário referir-se a vários incidentes dolorosos de seu passado. Então, percebeu que as pessoas queridas não poderiam entender o que aquelas experiências tinham significado para ela se ela não as explicasse mais minuciosamente. Passou a descrever cada uma delas em detalhes, introduzindo alguns diálogos factuais e analisando suas próprias reações aos atos e palavras.

Enquanto ela se esforçava para articular aqueles eventos decisivos e explicar seu significado, associações começaram a formar-se em sua mente. Ela começou a ver aqueles incidentes sob um novo enfoque e, pela primeira vez, começou a entender por que tinha reagido daquela maneira. Absorvida nos discernimentos que estava tendo, sua mensagem de despedida foi ficando cada vez mais longa. Por fim, ocorreu-lhe que sua mensagem suicida era na verdade o começo da autobiografia que sempre sonhara escrever. Ela desistiu do plano de suicídio e em seu lugar escreveu um *best-seller*.

Entre os atributos dos autocuradores que conseguem remissões inclui-se um sentimento de submissão à realidade. Os fazedores de milagres não zombam da enrascada em que estão metidos. Eles *aceitam seu diagnóstico realisticamente e fazem as mudanças necessárias em seu estilo de vida.*

E, embora eles *não abandonem a esperança* de cura, a cura não é muitas vezes seu objetivo principal. Como no caso de outros que se salvam, eles parecem enfatizar sobretudo *viver de uma maneira coerente com seus próprios valores* pelo tempo que lhes resta de vida.

Para alguns dos que percorreram o caminho da cura, a doença parece ter imposto sua força... quando a própria vida dependia de a pessoa tornar-se — de modo peremptório, forte e até mesmo enlouquecido — aquilo que ela estava destinada a ser.

— Marc Barasch

Do ponto de vista de nossa presente investigação dos milagres, é interessante que as pessoas que se autocuram mencionem com freqüência a passagem para *estados alterados de consciência*. Elas tendem a ser *intuitivas, hipnotizáveis, pessoas propensas a fantasias* que encontram significado em sonhos e símbolos e sentem-se à vontade com sua imaginação. Em capítulo posterior, quando examinarmos mais de perto o poder criativo da mente, o significado disso se evidenciará.

É também interessante que as pessoas que sobrevivem por longo tempo a diagnósticos terminais tendem a ser *individualistas inflexíveis* que são tanto *emocionalmente expressivos* como *auto-afirmativos*. Elas não seguem necessariamente as recomendações médicas ao pé da letra e, talvez por isso, tais pacientes inclinados a discussões e teimosos sejam muitas vezes *vistos de maneira bastante negativa por seus médicos.* As descrições médicas deles incluem freqüentemente termos como *não-cooperante, independente, esquisito, rebelde e inconformado.*

Se a paz interior e as expectativas positivas são essenciais para a ocorrência de milagres, pode ser que só as pessoas altamente independentes *consigam* manter o necessário equilíbrio emocional quando confrontadas com um diagnóstico desfavorável. Por exemplo, uma doutoranda de Idaho que pesquisava sobre remissão espontânea descobriu que muitos de seus entrevistados recusavam-se terminantemente a depositar muita fé nos médicos especialistas que tinham pronunciado suas sentenças de morte. A doutoranda perguntou a uma mulher:

> "Como você se sentiu quando o médico lhe informou que você tinha esta doença terminal e morreria em seis meses?". "Essa era a opinião *dele*", foi a resposta. A entrevistadora perguntou: "Você gostaria de falar mais sobre isso?". E ela respondeu: "Bem, você sabe que somos informados de todas essas coisas por esses especialistas. Nós vivemos numa fazenda e esse pessoal do governo chega, examina o solo e diz que nada vai crescer ali e que tínhamos de usar tais e tais fertilizantes e fazer isso e aquilo. Não fazemos nada disso e, diabos, as plantas crescem do mesmo jeito. Por que, portanto, eu tenho de dar importância ao que diz um especialista?".[9]

Sendo-lhe dada a oportunidade de escolher entre acreditar que estava condenada e acreditar que seu médico não sabia do que estava falando, ela optou pela segunda possibilidade. Note-se, além do mais, a qualidade *destemida* de seu raciocínio. Essa não é uma mulher agarrando-se ao médico como seu salvador. Ela não acredita que a ciência médica detém a chave de seu destino, e não tem medo de tomar decisões por conta própria e assumi-las sozinha se for necessário.

Um *otimismo "irracional" diante de uma situação "desesperada"* é outra característica que as pessoas que conseguem a remissão espontânea parecem compartilhar com as que se salvam milagrosamente de acidentes e assaltos. Lamentavelmente, algumas pessoas que se curavam sentem a necessidade de colocar-se contra o ceticismo médico para preservar seu otimismo. Por exemplo, esta reação é de uma mulher que consentiu em ser entrevistada a respeito de sua remissão.

> "Você não é médica, ou é? Não quero falar com nenhum médico!" A entrevistadora respondeu: "Não, não sou. Verdade". Então a mulher prosseguiu: "Bem, não quero ser humilhada e revirada de novo, como fui tantas vezes. Vou manter meu estado de espírito intacto, independente do que quer que seja".[9]

Se o otimismo exerce um papel importante na autocura, podemos facilmente entender como a sujeição às expectativas negativas de um médico pode minar a paz interior de um paciente, colocando em risco a sua remissão. Por exemplo, O'Regan foi informado por muitos entrevistados que seus médicos tinham de fato ficado muito irritados por sua recusa a aceitar a situação como desesperadora.[9] Vários desses pacientes disseram que tinham abandonado furiosos o tratamento médico. Seus médicos nem chegaram a saber que alguns dos casos "desenganados" recuperaram-se totalmente — muito menos os motivos que levaram a isso.

Entretanto, mesmo quando os pacientes com remissões mantêm contato médico, seus médicos podem relutar em creditar a cura a algo tão intangível quanto a mudança de atitude mental. No caso de meu aluno Gino, por exemplo, o médico que o tratou teve a oportunidade de descobrir que seu paciente tinha alcançado uma recuperação surpreendente, embora, mesmo assim, ele não tenha conseguido aceitar a idéia de que ela resultasse dos novos pensamentos que Gino estava nutrindo.

Gino

Aos 23 anos, Gino quase morreu de uma doença grave. Seu estado era crítico, mas após algumas semanas no hospital e meses em um ambiente de convalescença ele finalmente pôde voltar para casa. Entretanto, seria exagerado dizer que ele estava recuperado. Sua vida jamais seria a mesma.

Parece que a infecção tinha destruído a maior parte do fígado de Gino. Seu médico tivera que explicar-lhe que ele não se regeneraria sozinho. A saúde de Gino seria sempre delicada, e pelo resto da vida ele teria de estar ligado a um aparelho que faria o que o fígado devastado não teria condições de fazer.

Com o dinheiro pela incapacitação que ele recebia do Estado, Gino pôde alugar um minúsculo apartamento. Seus muitos amigos revezavam-se fazendo compras e cozinhando para ele, além de tomar conta de seus afazeres externos. Acamado e permanentemente ligado por tubos a um aparelho que tinha que ser empurrado com ele nas idas ao banheiro, esse jovem que um dia fora atlético tentava manter seu estado de humor elevado apesar de saber que passaria o resto da vida inválido.

Gino tinha muito tempo à sua disposição. Numa tentativa de reduzir seu tédio, um de seus amigos levou-lhe o livro *Creative Visualization* de Shakti Gawain.[11] Nele, Gawain descreve uma antiga técnica espiritual para mudar a realidade. Ela afirma que você pode curar-se de fato pela mudança do modo como visualiza as coisas na mente. Contente por poder preencher seus dias monótonos e noites insones com uma atividade construtiva, Gino começou a visualizar a cura de seu fígado.

"Eu costumava ficar ali deitado atuando sobre meu fígado, célula por célula", contou-me Gino anos depois, quando estava fazendo o curso de graduação em que eu era professora. "Era deprimente demais focalizar a coisa toda de uma vez. Meu fígado aparecia na minha visão mental como uma grande bolha negra — todo descolorido e flácido, com apenas aquela pequena área de tecido rosado.

"Portanto, eu ficava deitado na cama imaginando-me com uma pequena escova de dentes, retirando o coágulo de uma única célula, limpando-a cuidadosamente e massageando-a suavemente com bálsamos mágicos. Não sei se pensava seriamente que aquilo fosse ajudar mas era algo para fazer. Há um limite para o quanto de televisão uma pessoa pode assistir."

Com o passar dos meses, Gino ficou um pouco mais forte. Podia andar pelo apartamento mais facilmente e preparar suas próprias refeições, mas continuou a preencher as horas vagas tratando mentalmente das células do fígado. Às vezes, quando estava sozinho, ele chegava até mesmo a sussurrar para elas como um pai amoroso, persuadindo "os meninos" a animar-se e curar-se. E a cada dia, o fígado em sua visualização parecia ter melhorado um pouco. Aos poucos, começaram a aparecer mais células rosadas saudáveis e menos células escuras coaguladas.

Um dia, quando estava saindo de sua minúscula cozinha, Gino prendeu seu tubo no canto do armário da pia. Um movimento súbito de sua parte e ele sentiu uma dor agonizante quando o umbigo de plástico foi arrancado de seu corpo. O médico o tinha advertido de que tal ocorrência poderia ser fatal, e Gino chamou imediatamente o serviço médico.

O médico de Gino encontrou-o na sala de emergência, com um olhar abatido. "Vou ter que operar, mas antes quero fazer alguns exames para ver onde estamos. A enfermeira vai levá-lo para fazer alguns raios X enquanto me preparo."

Os exames foram realizados rapidamente, e Gino foi preparado para a cirurgia. Após uma curta espera, entretanto, a enfermeira retornou dizendo-lhe que algo tinha dado errado em seus exames e que teriam que repeti-los.

Gino foi submetido a outra bateria de exames e de novo deixado à espera. Dessa vez foi seu médico que apareceu com uma expressão de quem pede desculpas. Esses testes tampouco tinham saído bem. Que tal uma nova rodada?

Entretanto, após a conclusão da terceira bateria, o médico de Gino precipitou-se para dentro do quarto e olhou para ele com olhar inquiridor. Ele agitou o maço de resultados no ar perguntando: "Onde você arranjou esse fígado?".

"O quê?", Gino replicou debilmente.

"Este não é seu fígado! Eu conheço seu fígado, e não é este aqui!"

Gino não ficou perturbado. "O que você está dizendo? O que há de errado?", ele perguntou.

"É exatamente isso!", exclamou o médico. "Não há nada de errado! Não há absolutamente nada de errado com este fígado. Você saiu daqui há cinco meses com um fígado quase sem função e agora aparece com este fígado perfeitamente saudável. E o que eu quero saber é — como você conseguiu isso?"

"Você não vai acreditar, doutor", Gino respondeu, "mas deve ter sido a visualização que andei fazendo. Por horas a fio todos os dias eu visualizei meu fígado sarando. Acho que funcionou."

Gino tinha razão em uma coisa. Seu médico nunca acreditou que a visualização pudesse ter efetuado tal milagre. Não que ele tivesse qualquer outra teoria para explicar como aquilo poderia ter ocorrido!

Quando conheci Gino, dez anos depois, ele era um homem forte e vigoroso em seus trinta anos, com uma crença inabalável no poder da mente sobre a matéria. Foi isso que o levou a estudar psicologia. Ele esperava que como psicoterapeuta pudesse ajudar muitas pessoas a curar-se por meio do redirecionamento dos pensamentos.

A mente sobre a matéria

Parece, então, que os pensamentos são reais e que mudando-os podemos alcançar efeitos profundos no corpo. Entretanto, para que os milagres sejam possíveis, os pensamentos teriam de afetar coisas *além do* corpo da própria pessoa. Se a perspectiva naturalista é correta, e a mente não é nada mais do que um senso ilusório de individualidade causada pela atividade do cérebro, não haveria como o pensamento influenciar diretamente as coisas que acontecem no mundo físico.

Segundo o dr. Larry Dossey, co-diretor do recém-fundado Painel sobre as Intervenções Mente/Corpo nos Institutos Nacionais de Saúde, a mente "não tem fronteiras" — o que quer dizer que ela se comporta no laboratório como onipresente e existe independentemente do cérebro por meio do qual ela opera.[4] É por isso que as orações de uma pessoa podem afetar profundamente a saúde de uma pessoa amada que esteja longe e nem mesmo sabe que estão sendo feitas orações por ela.

Há muitas evidências parapsicológicas que suportam essa idéia, embora seja difícil para a cultura dominante assimilá-la. Quando uma pessoa revela ter conhecimentos que não pode ter absorvido por seus sentidos físicos, o fato reforça a visão sobrenatural de um espírito vivendo eternamente que opera por meio do corpo, mas que tem acesso a informações por meios intuitivos. Milagres, experiências de proximidade da morte, experiências fora do corpo e lembranças que antecedem o nascimento físico, todas elas entram na categoria de coisas que "não podem acontecer" se o paradigma naturalista é verdadeiro e completo.

Embora muitos cientistas continuem a abster-se de julgar tais fenômenos, as pesquisas de opinião pública indicam que a maioria dos norte-americanos teve experiências pessoais que os convencem que a mente não depende do corpo para existir.[12] Por exemplo, minha amiga Hayden conta casos incríveis a respeito das surpreendentes experiências mediúnicas de sua filha Leah. Embora eles não constituam provas centíficas, são intrigantes porque dão a entender que essa menina pode ter tomado consciência de certas coisas antes de ter nascido.

Leah

Hayden e Bill jamais tentaram esconder de sua filha Leah que ela tinha sido adotada. E não havia nenhum indício por parte de Leah de que ela estivesse interessada nas circunstâncias de seu nascimento até um dia quando tinha mais ou menos três anos.

"Mas, mamãe, por que *você* não me teve?", Leah perguntou, com evidente perplexidade.

Os pensamentos de Hayden retrocederam com um pouco de tristeza a seus quatro abortos espontâneos e à subseqüente histerectomia. Não tinha sido fácil adotar Leah! Quando eles foram obrigados a desistir da idéia de ter um filho, Hayden e Bill tentaram adotar uma criança, mas descobriram que aquele caminho também era cheio de obstáculos e frustrações dolorosas. Inscreveram-se numa agência de adoções e dispuseram-se a esperar anos até que um bebê estivesse disponível para eles.

Então, de repente a sorte deles mudou. Uma mulher grávida que Hayden tinha conhecido casualmente numa butique seguiu-a e comunicou-lhe que não permitiria que ninguém mais a não ser Hayden adotasse seu bebê. Aquilo tudo tinha parecido muito estranho.

Antes de ter topado com Hayden na loja, aquela futura mãe solteira tinha sido inflexível quanto a conservar o bebê consigo. Entretanto, uma hora depois de encontrar Hayden, ela a procurou e insistiu: "Este bebê é seu. Simplesmente sei que é. Jamais senti que fosse meu e agora que encontrei você, sei que ele é para você. Se você não o adotar, não vou deixar que nenhuma outra pessoa fique com ele". A adoção tinha sido combinada numa atmosfera de celebração de ambos os lados; e uma vez chegado o bebê, Hayden e Bill não tiveram nenhuma dúvida de que a mãe estava certa. Eles sempre sentiram Leah como "sua" filha.

Entretanto, Hayden certamente não iria explicar tudo aquilo para sua filha em idade pré-escolar.

"Simplesmente não foi possível, querida", ela respondeu ternamente.

Leah reagiu a essa resposta simples com indignação. Com as mãos nos quadris como alguém que foi colocado diante de uma grande confusão desnecessária, Leah lembrou sua mãe: "Você sabe, eu tentei vir para você *quatro vezes*, mamãe!".

Hayden ficou eletrizada com a constatação de que cada um dos abortos poderia ter representado uma das tentativas de Leah de assumir seu lugar na família. Uma vez bloqueado aquele acesso, sua filha tivera que tentar outra estratégia para chegar aonde estava determinada a estar.

Um ano depois desse incidente, esta mesma menina notou uma fotografia entre uma pilha de outras que sua mãe, agora divorciada, tinha colocado numa caixa. Examinando o instantâneo mais atentamente, Leah apontou para um certo homem de pé entre muitos outros.

"Eu conheço este homem, mamãe", ela anunciou.

"Qual?", Hayden perguntou distraída enquanto se maquilava diante do espelho. Leah colocou a foto por cima das outras e apontou para um homem que Hayden tinha conhecido em uma conferência. Stephen tida sido um dos conferencistas, e os dois tinham se entendido muito bem numa recepção naquela mesma tarde. Entretanto, isso acontecera havia meses e ela nunca mais o tinha visto nem tido notícias dele.

"Você não conhece esse homem, querida", ela disse para a filha. "Todas essas pessoas vivem na Califórnia. É muito longe daqui. Você nunca esteve lá nem nunca encontrou nenhuma dessas pessoas", explicou.

"Eu conheço ele sim!", a menininha repetiu frustrada. Então, com a atitude de alguém dando a última cartada, ela anunciou: "Eu conheci ele no céu!".

Bem, refletiu Hayden consigo mesma, não há muito que você possa responder a algo desse tipo. Era um argumento que ela constatou que não poderia vencer. "Está bem, Leah."

Mas a última cartada de sua filha tomou-a de surpresa. Ao lançar-se desdenhosa e triunfantemente para fora do quarto, Leah deu de ombros, dizendo: "E Deus vai mandar ele para você como um presente especial!".

Hayden casou-se com o homem da foto alguns meses depois.

Incidentes como esses não constituem, obviamente, evidências científicas de que a mente não começa e termina no corpo, mas são contudo extremamente persuasivos para os indivíduos que os vivenciam. Parece haver uma grande quantidade de evidências anedóticas de que as pessoas muitas vezes possuem conhecimentos que seriam impossíveis do ponto de vista dos sentidos físicos. Os depoimentos sobre reencarnação também fazem parte desta categoria.

Reencarnação

A idéia de que as pessoas vivem mais de uma vida é com freqüência considerada como peculiar às religiões orientais, mas sempre foi um princípio do judaísmo e foi aceita pelos primeiros cristãos por cerca de quatrocentos anos. Ela também é encontrada nas religiões africanas e indígenas norte-americanas e parece surgir no pensamento de culturas de todo o mundo, da aborígine australiana até a dos esquimós. De acordo com as descobertas do psiquiatra Brian Weiss, memórias do que parecem ser vidas passadas ocorrem às vezes mesmo com pessoas que não acreditam em reencarnação.[13]

Entretanto, mesmo admitindo que elas possam ser comprovadas, a presença de tais lembranças não prova necessariamente que uma pessoa tenha tido outra vida. Talvez a pessoa esteja simplesmente em contato mental com a alma do indivíduo que viveu a vida de que ela parece saber tanto a respeito. Mas, no mínimo, tais "memórias de vidas passadas" dão a entender que *algum* aspecto da consciência sobrevive à morte do corpo físico, e que há um mecanismo intuitivo para obter o conhecimento ao qual não se tem acesso físico.

Somente alguns cientistas qualificados exploraram cientificamente as memórias de vidas passadas, e quando a mídia tentou fazer o mesmo — como, por exemplo, no célebre caso "Bridey Murphey" — os resultados foram muitas vezes desastrosos e confusos. Mas quando o professor Ian Stevenson investigou minuciosamente uma série de tais alegações, ele encontrou razões consideráveis para acreditar que algumas delas eram autênticas, como no caso de Shanti Dev, resumido a seguir.[14]

Shanti Dev

Desde quando começou a falar, uma menina indiana chamada Shanti Dev dizia que tinha tido uma vida anterior como esposa e mãe numa aldeia distante. Shanti dizia ter morrido no parto e chorava muitas vezes a falta de seu querido marido e dos filhos que tinha deixado sem mãe.

Finalmente, os pais de Shanti decidiram verificar se seu suposto marido existia realmente. Enviaram uma carta para essa pessoa numa aldeia cujo nome Shanti lhes dera, descrevendo a obsessão peculiar da filha. Logo depois, um estranho bateu à porta deles. No momento em que ela viu o visitante, precipitou-se e abraçou-o efusivamente, identificando-o como irmão de seu marido.

O visitante era de fato o irmão do homem a quem eles tinham escrito. Como ele vivia na mesma cidade da família de Shanti, tinha sido incumbido de tentar esclarecer aquela estranha situação. Conforme acabou se revelando, o homem que Shanti alegava ter sido seu marido havia tido uma esposa com o nome que ela tinha dado e que morrera no parto alguns anos antes. As particularidades dele eram exatamente como Shanti as tinha descrito. Nessa altura, os cientistas da universidade local foram chamados para investigar o caso.

Os investigadores interrogaram amplamente Shanti e acabaram levando-a à aldeia onde ela dizia ter vivido numa vida anterior. Ela foi capaz de distinguir seu marido e os filhos entre a multidão na estação ferroviária sem nenhuma dificuldade, embora não tenha reconhecido o filho em cujo parto ela alegava ter morrido. Shanti foi tomada de júbilo ao "reunir-se" com sua família, e as testemunhas foram levadas a gargalhar diante do espetáculo da menininha dispensando amor materno por seus "filhos" robustos que eram muito mais velhos do que ela.

A menina foi capaz de conduzir os investigadores através da aldeia até a casa onde dizia ter morado, embora a família já tivesse se mudado para outra. Ela também informou sobre algumas preciosidades que tinha escondido lá, e seu suposto marido confirmou que as tinha encontrado antes da mudança. De modo geral, Shanti foi capaz de relatar minuciosamente centenas de detalhes íntimos com respeito à vida pessoal da mulher que ela dizia ter sido. Ela foi aprovada em todos os testes dos cientistas, e eles ficaram inteiramente convencidos de que aquela criança tinha demonstrado conhecimentos que não poderia ter adquirido por quaisquer meios normais.

Experiências fora do corpo e próximas da morte

Se as memórias de vidas passadas fornecem alguma razão para se suspeitar que a mente não é idêntica nem limitada à vida do cérebro, o mesmo acontece com as experiências fora do corpo. Entre elas incluem-se casos em que uma pessoa que estava próxima da morte ou de fato clinicamente morta relata ter vivido experiências em outras partes do mundo ou em outra dimensão antes da ressurreição. Tais relatos incluem muitas vezes contato com anjos, entes queridos mortos e/ou um ser amável com quem a pessoa quase morta revê sua vida antes de determinar que não é chegada a hora de morrer.

Embora se possa ficar tentado a desacreditar histórias de outras dimensões, considerando-as como sonhos ou alucinações, muitas dessas pessoas afirmam também que a certa altura encontraram-se fora de seus corpos, muitas vezes olhando para eles de cima. Nesse estado desencarnado, elas relatam serem capazes de atravessar paredes. Há muitos casos documentados em que pessoas ressuscitadas trouxeram consigo conhecimentos exatos de coisas vistas ou ouvidas em uma parte do hospital enquanto seus corpos inconscientes eram submetidos a tratamento em outra.

Os pensamentos afetam os processos físicos

Se o naturalismo impediu que os cientistas considerassem a possibilidade de a mente existir independentemente do cérebro e de ela *saber sobre* coisas com as quais os sentidos não tiveram contato, ele também negou a possibilidade de os pensamentos *afetarem* os objetos físicos independentemente do corpo. Entretanto, há crescentes indícios científicos de que isso é possível.

Por exemplo, mais de uma década de experimentação do Programa PEAR (Princeton Engineering Anomalies Research) da Universidade de Princeton levou os cientistas à conclusão de que há provas estatísticas indiscutíveis de que as pessoas podem influenciar os processos físicos a distância através da intenção de fazê-lo.[15] *Existem hoje provas científicas de que alguns indivíduos conseguem usar o poder da mente para fazer com que as coisas aconteçam da maneira que eles querem.*

Quando alguém usa o poder mental para influir no comportamento de objetos físicos (como os dados, um gerador de números aleatórios, etc.) chama-se a isso de psicocinese. Quando se dá mais importância a fazer bem aos outros, isso é chamado de cura intencional ligada à oração, à imposição de mãos e à visualização. Inúmeros experimentos controlados demonstraram que as pessoas recuperam-se mais facilmente de ferimentos e traumas cirúrgicos quando são objeto das intenções de cura de outros. Isso significa que os pensamentos de uma pessoa podem afetar a saúde de outra. Que isso não é apenas uma questão de sugestão é demonstrado por um estudo "cego" e um crescente número de provas de que as plantas, animais e mesmo microorganismos curam-se mais facilmente quando são objetos de oração.

É difícil evitar a conclusão de que a mente é real e pode conhecer e afetar as coisas materiais independentemente do corpo. Em capítulo posterior, veremos que alguns físicos modernos acreditam que a mente de fato traz o mundo material à manifestação. Uma vez reconhecido o poder dos pensamentos de influir nos processos físicos a distância, *falta pouco para reconhecer que determinadas mudanças na atividade mental podem produzir mudanças correspondentes nas circunstâncias físicas que tradicionalmente foram chamadas de "milagres".*

Vamos agora retornar a mais alguns casos de livramento, nos quais o perigo envolvia um assalto. Tendo em mente a possibilidade de que os pensamentos das pessoas podem influir no que lhes acontece, consideremos se essas pessoas salvaram-se em conseqüência de sua própria atitude mental.

5

Agressões, Parte I:
O Poder Neutralizador do Amor

Ninguém anda tão seguro como aquele que anda humilde e ino-fensivamente com muito amor e muita fé. Pois tal pessoa con-segue tocar o lado positivo das outras (e todos têm um lado positivo) e, por isso, não pode ser atingida pelo mal. Isso fun-ciona entre os indivíduos e entre os grupos, e funcionaria tam-bém entre as nações se elas tivessem a coragem de tentar.
— Peregrina da Paz

Até aqui, tratamos do perigo em situações de acidentes e doenças, mas em muitos dos relatos que coletei o perigo provém de agressões. Os seguintes casos indicam que a paz interior tem o poder de nos manter seguros mesmo quando outra pessoa está disposta a atacar-nos.

Os casos de agressão que me foram relatados parecem classificar-se na-turalmente em duas categorias. A primeira abrange os casos em que uma situação potencialmente perigosa dissolveu-se totalmente quando o indivíduo passou para um estado de consciência sereno. A segunda abarca os casos em que as pessoas salvaram suas vidas por uma mudança de atitude interna, apesar de terem perdido bens e, em alguns casos, terem sofrido lesões. Neste capítulo, vamos considerar a primeira categoria.

Permitam-me começar reconhecendo que os casos em que a situação ate-morizante simplesmente evaporou-se levantam inevitavelmente questões quanto a se, de início, o perigo era real. Como nada de mau ocorreu de fato com a pessoa que relatou o caso, é justo perguntar-se se algo teria acontecido se ela não tivesse alterado sua consciência.

Quem sabe se essas pessoas não tenham simplesmente interpretado mal os indícios? Talvez seus supostos agressores nunca tenham pretendido cau-sar-lhes danos sérios, e o "perigo" não passou de produto de sua imaginação. Como podemos concluir que ocorreu um milagre de livramento quando temos apenas a opinião subjetiva de um único indivíduo sobre o que teria aconte-cido?

Vou pedir-lhes simplesmente que deixem em suspenso por enquanto qualquer julgamento sobre essa questão. Em todos esses casos, as pessoas que me deram os depoimentos acreditavam que alguém tinha a intenção de prejudicá-las. No entanto, elas reagiram a essa ameaça com paz, amor, autoconfiança e até mesmo humor. Depois, quando discutirmos os casos em que houve perdas e danos, veremos os mesmos princípios operando em um contexto em que não é mais justo duvidar da seriedade da ameaça. Creio que os relatos deste capítulo demonstram a maneira com que uma mudança na consciência pode desviar possibilidades desagradáveis. Os casos que exploraremos posteriormente argumentam solidamente em favor da idéia de que a mudança de consciência pode de fato neutralizar o perigo de morte.

Ao ler estes relatos, tente colocar-se no lugar da pessoa que está passando pela experiência. Como você esperaria sentir-se se a mesma coisa estivesse ocorrendo com você? A reação do indivíduo parece comum e natural nas circunstâncias, ou é surpreendente? Você esperaria sentir-se tranqüilo, afetuoso e extremamente confiante de que a ameaça era imaginária, ou você poderia estar com medo? Vamos começar com a escapada por um triz de Phil.

Phil

Phil tinha passado vários meses como membro de uma comunidade espiritual na região da baía de San Francisco, onde fora treinado para trabalhar com as pessoas que viviam nas ruas. Está subentendido que as pessoas que lidam com essa parte da população estão sujeitas a defrontar-se com a irracionalidade e a agressão. A dependência de álcool e drogas e as doenças mentais eram comuns. A formação de Phil dera muita ênfase a que sempre se respondesse à hostilidade com amor. Phil aprendeu que, não importa qual seja a questão, o amor sempre tem de ser a resposta.

Já era tarde, uma noite, quando Phil e alguns outros estavam no distrito de Fillmore distribuindo sanduíches e café na rua. Um bêbado enorme com a constituição física de um pugilista peso pesado ergueu-se e agarrou-o pela camisa, rugindo: "Seu filho da mãe! Não queremos gente da tua laia aqui! Vou te ensinar a dar voltas onde não deve! Vou te fazer engolir os dentes!".

Com a mão esquerda, o bêbado quase ergueu Phil do chão, ao mesmo tempo que preparou um enorme punho direito e mirou-o. Phil percebeu que estava fisicamente impotente, mas não se esqueceu de sua formação. Em vez de lutar ou de ficar com medo, ele relaxou, fitou os olhos do homem e emitiu amor para ele. Quando o punho partiu na direção de seu rosto, ele simplesmente continuou irradiando amor com toda a força de seu ser.

O agressor suspendeu o soco quando estava a um centímetro do nariz de Phil. Phil acha que nem chegou a piscar. Estava tão concentrado em amar aquele homem que nada mais parecia existir no mundo.

O bêbado ficou profundamente impressionado. Ele ainda deteve Phil por alguns instantes, fitando-o surpreso. "Seu filho de uma mãe valente!", o bêbado disse, soltando-o. Havia verdadeiro respeito em sua voz. "Você não tem medo de nada?"

Phil simplesmente continuou a irradiar amor. Ele começou a falar de Deus e o bêbado escutava. O ex-agressor seguiu-o por toda aquela noite, fazendo perguntas e defendendo-o da hostilidade dos moradores de rua.

"Este cara é de bem!", o bêbado dizia. "É melhor vocês ouvirem o que ele tem a dizer. Ele não tem medo de nada!"

Phil está convencido de que o homem pretendia derrubá-lo, mas que o amor que estava transmitindo impediu-o de fazê-lo. Desde então, ele sentiu que o poder do amor o manteve seguro em muitas situações de perigo.

Phil diz que seu estado mental incomumente afetuoso e destemido de alguma maneira dissolveu a hostilidade do agressor e criou um vínculo entre eles. O impulso de praticar a violência parece ter cedido diante de tal estado. Dona, a seguir, acredita ter-se livrado de um possível estupro concentrando-se ativamente num estado de destemor. Enquanto a maioria das pessoas que me relataram suas experiências entrou espontaneamente no estado alterado de serenidade, Dona deliberou conscientemente rejeitar o papel de vítima medrosa que seu agressor estava tentando impor-lhe.

Dona

Dona, então com vinte e poucos anos, percebeu um homem bem-vestido, que ela posteriormente descreveu como tendo "o porte de um jogador de futebol", entrando na mercearia da qual ela estava saindo. Ela tinha notado vagamente que ele olhara para ela quando passaram um pelo outro, mas nada mais ocorreu. Dona andou vários quarteirões até a lavanderia atrás do prédio em que morava em Los Angeles, e entrou para começar a lavar sua roupa. Quando ela ouviu o portão do jardim ranger, olhou pela janela e constatou com uma sensação de desânimo que o homem que ela tinha visto na mercearia a tinha seguido.

Antes de ela conseguir chegar até a única porta, o estranho plantou-se nela, impedindo a sua saída. Dona descreveu-o como "evidentemente preparando-se" para algum tipo de ação. Ele estava vermelho, respirava com dificuldade e suas narinas estavam dilatadas. Ela sentiu que ele olhava para ela com regozijo, como um gato observa um rato antes de lançar-se sobre ele.

Dona lembrou-se então que tinha ocorrido uma série de estupros nas redondezas e viu que aquele homem correspondia aos esboços e descrições publicados nos jornais. Ocorreu-lhe que estava sendo acossada naquele prédio isolado pelo chamado Estuprador de Mid-Wilshire.

Com essa constatação, ela foi atingida por um sentimento momentâneo de pânico que a lembrou de como se sentia quando criança quando apanhava do padrasto. Essa lembrança foi seguida de uma súbita determinação de jamais permitir-se ser vítima de qualquer pessoa novamente. "Simplesmente pensei: 'Quero virar mico de circo se eu deixar que qualquer homem volte a me aterrorizar!'."

De repente, Dona percebeu que estava ficando estranhamente calma e autoconfiante. Ela encarou friamente o olhar regozijante do homem e teve a impressão que uma mensagem mental se transmitia através dos olhos de ambos. "Seus olhos incitavam-me a reconhecer seu poder sobre mim e a ter medo. Calma mas firmemente, enviei-lhe de volta a mensagem mental: "Isso não é para mim. Você escolheu a pessoa errada".

"Era como estar num estado alterado", Dona prosseguiu. "Senti que nossas mentes estavam se comunicando entre si. O homem estava tentando persuadir-me a entrar num estado de consciência que fosse complementar ao dele para que pudéssemos representar o drama juntos. Ele seria o agressor poderoso e eu a vítima aterrorizada. Tudo o que ele precisava para me atacar era que eu ficasse apavorada. Ele esperava que eu ficasse com medo — o que se espera das vítimas de estupro. E eu percebi que ele não poderia efetuar seu plano se eu me recusasse a trocar energia com ele. Eu simplesmente recusei sua incitação ao medo e não dei crédito a seu poder de me atacar. E percebi que isso realmente o deixou confuso."

Tendo recusado o "convite", Dona sentiu-se grande e poderosa. "O cara tinha mais de 1,80 m de altura e o dobro do meu peso, mas em minha mente subitamente comecei a sentir como se tivesse 3 metros de altura e ele fosse apenas uma criaturinha insignificante que não poderia imaginar-se suficientemente forte para se meter comigo.

"Sabia que tinha de me safar, de maneira que simplesmente me fixei na mente dele com essa sensação de ser enorme e poderosa e caminhei diretamente para ele enquanto bloqueava a passagem. Ele pareceu surpreso ao me ver andando, mas no último instante ele se afastou do caminho e me deixou passar. Quando passei por ele, vi que segurava as mãos defensivamente, como as pessoas fazem quando estão tentando se proteger de algo poderoso e arriscado. Sei que também em sua mente eu era grande e forte, enquanto ele era pequeno e fraco."

Dona foi para seu apartamento, onde se trancou. O homem não tentou segui-la. "Parece loucura, mas sei que o impedi de me atacar não correspondendo a suas expectativas de comportamento. Se ele tivesse percebido qualquer medo em minha mente, ele teria se lançado sobre mim em um segundo."

Dona ficou sabendo pelos jornais que o Estuprador de Mid-Wilshire continuava assassinando suas vítimas. Ela tem uma consciência incômoda de quão perto esteve de ser a próxima vítima.

Aqui vemos Dona pensar por um momento em reagir a uma ameaça física com medo ou raiva e, em seguida, mudar de atitude. Cansada dos homens que usavam sua força para intimidar as mulheres, Dona decidiu que não daria a esse a satisfação de acreditar que podia apavorá-la. Essa simples determinação mental parece ter dado a motivação para a passagem para o estado de serenidade.

A situação lembrava-a de sua impotência e frustração quando criança, mas ela venceu a tentação de ver-se novamente como uma vítima impotente. Embora ela não tenha dito que assumiu um papel de pai na relação com o homem que a ameaçava, a diferença de tamanho e força que ela projetou mentalmente lembra-me a relação pai-filho, com Dona no papel adulto. Talvez Dona tenha convencido o estuprador em potencial de que não seria sua vítima parcialmente pela evocação de associações paternas.

Há um importante tema recorrente nesses relatos, o qual discutiremos detalhadamente mais adiante. *Os participantes de uma interação têm de estabelecer um tipo de consenso tácito quanto à situação em que se encontram.* Se uma das pessoas simplesmente recusa-se a aceitar a interpretação da outra, é difícil (se não de fato impossível) para a outra prosseguir no seu plano. Como pode um estuprador satisfazer seu desejo de poder com uma mulher que não está nem com medo nem com raiva? Como você pode vencer alguém que não está resistindo a você? Como você realiza sua fantasia com alguém que se recusa terminantemente a exercer o papel complementar?

O caso de Dona foi apenas um entre muitos que ouvi em que as mulheres sentiram que se livraram do estupro pela recusa a entrar no estado de consciência de medo ou raiva próprio da vítima. Embora seja possível descartar suas afirmações e atribuir suas escapadas à sorte, todas essas mulheres estavam pessoalmente convictas de que tinham conseguido impedir que o estuprador desse o próximo passo pela redefinição da situação. Consideremos o seguinte caso.

Jeanne

Enquanto freqüentava a Universidade do Arizona, Jeanne vivia em Tempe. Como muitos estudantes, ela não tinha carro e na maioria das vezes andava a pé, embora às vezes pegasse uma carona.

Naquele dia em particular, ela estava voltando do trabalho quando um homem de mais ou menos trinta anos, dirigindo um velho carro batido, lhe ofereceu carona. Sendo uma garota extrovertida de dezenove anos, Jeanne respondeu animada quando o motorista iniciou uma conversa com ela. Passando pelo lugar em que ela havia pedido para descer, o homem insistiu que queria mostrar-lhe um lugar especialmente bonito perto do deserto. Jeanne compreendeu que não tinha nenhuma escolha, de maneira que consentiu com uma pequena volta pelo deserto, estipulando somente que teriam que voltar logo, uma vez que só tinha meia hora livre.

O homem dirigiu até um lugar isolado e sugeriu que descessem do carro para desfrutar a beleza natural da paisagem. Jeanne mostrou-se encantada com a vista e andou com ele por alguns minutos, falando animadamente. Então, o homem começou a tentar colocar seu braço em volta dela e beijá-la, mas Jeanne riu e afastou-o. Ela brincou com ele de maneira amistosa e encarou seu comportamento com um flerte tolo: "Vamos, não fique despejando todo seu sentimentalismo em mim!".

Jeanne estava plenamente consciente da situação em que estava metida. Agora que estava parada fora do carro, ela viu o banco de trás repleto de revistas pornográficas, cordas, roupas de couro e outros objetos esquisitos. Jeanne diz ser muito intuitiva, e suspeitou que ele tivesse estuprado outras mulheres e que estava a fim de estuprá-la também. No entanto, ela afastou essa possibilidade da mente.

"Simplesmente recusei-me a participar dessa realidade. Em minha realidade éramos pessoas amáveis que tinham acabado de se conhecer e que estavam desfrutando a companhia um do outro. Ele tinha me proporcionado um belo passeio no deserto, pelo qual eu era grata, e estava na hora de voltarmos. Nada além disso.

"Percebi que ele tinha outra coisa em mente, mas simplesmente me recusei a entender o que ele pretendia. Continuei tratando-o como amigo, rindo e brincando com ele como faço com meu irmão. Eu fiz de conta que não sabia de suas intenções, e isso simplesmente deixou-o impossibilitado de se meter comigo. Ele teria vergonha de me agredir quando estávamos tendo um bom momento juntos e eu obviamente gostava dele. Ele teria que sacrificar minha opinião positiva sobre ele, e sei que não estava disposto a isso. Provavelmente, ele tinha tido muito poucas pessoas na vida que o tinham tratado de maneira tão positiva.

"Não consigo explicar isso para ninguém, mas eu simplesmente sabia que estava decidindo como seria minha realidade e que ela não incluía o estupro. Jamais me considerei do tipo de pessoa que poderia ser estuprada, e ele parece que acabou percebendo isso. Continuei falando e brincando com ele de maneira totalmente assexuada e, por fim, ele acabou desistindo. Voltamos para a cidade e ele me deixou onde pedi para ele me deixar. Despedimo-nos como bons amigos.

"Todas as minhas amigas me chamaram de louca quando ficaram sabendo. Elas acham que eu devia estar louca quando entrei no carro daquele homem e fui com ele até o deserto. Talvez eu tenha sido um pouco ingênua no começo, mas senti-me totalmente no controle por todo o tempo. Meus amigos dizem que eu tive sorte, mas sei que estava protegida por ter determinado qual seria a realidade que compartilharia com ele. O infeliz apenas escolheu a pessoa errada para o que tinha em mente."

Vemos aqui novamente uma suposta vítima comunicando a um estuprador em potencial que era a pessoa errada — que não estava preparada para assumir o papel de vítima. Como Dona, Jeanne acredita que sua recusa em adotar a visão do agressor, ou de entrar na mesma corrente vibratória que ele, impediu-o de avançar. Tina teve uma experiência muito semelhante, que ela interpretou da mesma maneira.

Tina

Tina estava subindo a pé a estrada costeira ao norte de San Francisco quando um jovem lhe deu carona numa picape. Eles conversavam amistosamente, mas quando ele desviou-se da estrada e começou a subir para as montanhas, Tina percebeu que tinha um problema em suas mãos. Ela pediu que ele a deixasse saltar se fosse tomar outro rumo, mas ele resmungou alguma desculpa para o desvio e disse que não demoraria muito. Ela não se surpreendeu quando ele parou numa área arborizada retirada e começou a assediá-la amorosamente.

"Por que não chega aqui pertinho para a gente se conhecer melhor?", ele sugeriu, tentando puxar Tina para junto de si. Tina afastou-se dele com uma risada e saiu do veículo, dizendo: "Tenho uma idéia ainda melhor. Por que você não me leva de volta para a estrada? Tenho que ir andando!".

O motorista saiu do carro também e aproximou-se dela do lado da caminhonete para prosseguir na investida. Ele a agarrou a força e tentou beijá-la, mas Tina, que continuou a rir e a tratar a situação como um pequeno transtorno, desviou-se de seus abraços, dizendo: "Quer parar? Tudo isso é muito lisonjeiro, mas tenho que chegar em Mendocino antes de escurecer. Talvez quando eu voltar possamos ficar juntos, mas agora não tenho tempo para isso. Você bem que podia ser camarada e ligar o carro!".

Tina diz que sabia muito bem que o cara a tinha levado para aquele lugar com a intenção de estuprá-la, mas ela também sabia que não seria estuprada. "Ele talvez fosse capaz de intimidar algumas garotas, mas compreendi que ele tinha encontrado um páreo duro. Eu jamais permitiria que algum Neanderthal fizesse isso comigo.

"Eu sabia que ele era muito mais forte do que eu e que não teria nenhuma chance se tivéssemos que medir força física, de maneira que decidi que isso não aconteceria. Ele não era um tipo realmente perigoso — apenas um réptil que achava que tinha encontrado uma chance de exibir-se. Mas mesmo o estupro tem suas regras sociais e eu não facilitaria as coisas para ele, reconhecendo o que ele tinha em mente e desempenhando o papel que me atribuía.

"Ele esperava que eu percebesse a situação e então ficasse apavorada ou histérica. Nesse caso, ele saberia o que fazer. Suponho que, se eu tivesse demonstrado medo, ele teria gostado e se sentido forte. Provavelmente teria prometido tratar-me bem e se sentiria um grande homem estuprando-me. Se eu o hostilizasse, ele teria gostado de me dominar e poderia justificar o estupro como uma lição.

"Assim, em vez de representar qualquer um desses papéis, eu continuei me fazendo de desentendida. Continuei tratando-o fortuitamente e até mesmo flertando com ele. Eu agia como se ele fosse um cara legal e apelava para o seu cavalheirismo no sentido de me ajudar e me levar de volta para a estrada. E diante disso, ele simplesmente não sabia o que fazer. O que ele diria? 'Ah, desculpa, mas eu vou te estuprar agora?' Ele não disse isso, mas se dissesse, eu teria morrido de rir dele.

"Minha total incapacidade de entender suas intenções criou uma situação muito desagradável para ele. Eu me apresentava de uma maneira doce, ingênua e inocente, e ele teria que ser um cafajeste maior do que era para violentar-me como tal. Pela maneira com que me agarrara, eu percebi que ele estava disposto a usar a força, mas o que não queria era olhar nos meus olhos inocentes e confiantes e explicar o que tinha em mente.

"Sei que esse procedimento não teria funcionado com qualquer estuprador, mas sabia que funcionaria com ele. Ele não era muito brilhante e estava simplesmente atrás de algo fácil. Minha reação não se adaptava à idéia que fazia de como devia ser um estupro, e ele não sabia o que fazer com a situação. Ele não sabia como proceder para estuprar alguém que confiava nele. Teria sido por demais constrangedor e, como eu continuei sorrindo para ele, ele parecia não conseguir investir. Por fim, ele simplesmente desistiu e me levou de volta para a estrada. Eu lhe disse *tchau* como se continuasse sem nenhuma idéia do que ele tinha pretendido fazer comigo."

Como Dona e Jeanne, Tina acredita que esteve diante de uma séria ameaça de estupro, mas que conseguiu bloqueá-la mentalmente, atuando como se tal possibilidade não existisse. Entretanto, um cético poderia dizer que essas mulheres apenas imaginaram que os homens pretendiam estuprá-las. Nenhuma ameaça direta foi feita. Talvez eles quisessem apenas namorar com elas. Talvez, assediá-las em locais isolados com a simples intenção de conversar ou de facilitar a intimidade voluntária.

As três mulheres são minhas conhecidas e eu respeito a capacidade de discernimento delas. São mulheres cultas que não são estranhas às intenções dos homens, e acredito na capacidade delas de julgar corretamente as intenções dos homens com quem estiveram. Entretanto, acho que o grau de ameaça é mais evidente nos casos seguintes.

Cynthia

Cynthia estava voltando para seu apartamento na Venice Beach de uma festa em Los Angeles que tinha se prolongado até a madrugada. Ela estacionou o carro e estava atravessando o estacionamento deserto quando dois homens saíram das trevas e a agarraram brutalmente.

"Ei, boneca!", disse um sugestivamente. "Você apareceu na hora certa de nos dar um pouco de diversão. Tire a calcinha e vamos lá!" Um homem agarrou-lhe os seios enquanto outro agarrou-a por trás. Os dois fizeram uma série de comentários vulgares sobre seus dotes físicos e as coisas que pretendiam fazer com ela.

Na praia em que estava localizado o apartamento de Cynthia, havia sempre muitos marginais que tornavam a região muito perigosa à noite. Aqueles dois estavam com roupas esfarrapadas e, obviamente, tinham bebido. Cynthia sabia que não conseguiria fugir deles nos seus sapatos de salto alto mesmo que conseguisse libertar-se de suas garras e, embora com certeza houvesse pessoas dormindo nos apartamentos próximos, os moradores não se dariam ao trabalho de se envolver em seus problemas mesmo que ela gritasse. A violência era uma ocorrência comum à noite em Venice, e Cynthia estava prestes a tornar-se a próxima vítima.

"Fiquei muito calma. Eu sabia que seria estuprada — não havia nada que eu pudesse fazer para evitar aquilo. Simplesmente parecia não haver nenhum sentido em ficar perturbada com algo que seria inevitável", ela me contou.

"E quando eu aceitei isso, minha mente passou para a próxima constatação — por pior que fosse ser estuprada por aqueles dois vermes, era pior ainda pensar que isso ocorreria ali no chão do estacionamento. Eu não apenas seria estuprada, mas também sairia arranhada e suja e meu lindo vestido novo viraria um trapo! Então, eu disse: 'Ei, se vocês querem me violentar, que seja! Mas não aqui! Meu apartamento é logo ali. Vocês podem pelo menos ter a decência de me estuprar em um lugar limpo e confortável!'.

"Aquilo deixou os caras realmente animados. Os dois explodiram em gargalhadas e um deles disse: 'Cara! Essa dona realmente tem colhões!'.

'Cuidado, este vestido é novo e custou muitos dólares!', eu disse truculentamente. 'Se acontecer alguma coisa com este vestido, vocês, caras, vão se arrepender de terem nascido! Entenderam?'.

'Entendemos, dona. Com certeza não queremos você brava conosco. De jeito nenhum. Você é valente. Mostre o caminho!'"

Enquanto se dirigiam para o apartamento, Cynthia começou a fazer gracejos com os homens. Eles estavam encantados com a valentia dela. A idéia de uma vítima de estupro tomando as decisões era realmente uma experiência nova para eles. Cynthia tem um incrível senso de humor e, enquanto trocava chistes com seus agressores, as intenções de estupro pareciam passar para segundo plano. Quando chegaram à porta do apartamento, o clima já era totalmente amistoso.

"Era como se eles fossem meus amigos levando-me para casa", Cynthia recorda. "Um deles ainda estava rindo por eu ser uma franga tão ousada, e o outro estava me advertindo fraternalmente para que eu tomasse mais cuidado da próxima vez. Uma mulher bonita como eu não deveria sair sozinha à noite naquelas redondezas. Não sabia que havia muitos tipos perigosos andando por ali? Tudo o que posso dizer é que a situação era realmente engraçada!"

Cynthia abriu a porta. "E então, caras, vão entrar?", ela perguntou.

"Não", um respondeu. "Acho que vamos indo. Você tenha uma boa noite e, tome mais cuidado da próxima vez. Nem todo mundo que anda por aí é tão bonzinho quanto a gente."

Mais uma vez encontramos uma vítima em potencial recusando o papel de vítima. Cynthia superou o medo e a raiva ao compreender que não havia nada que ela pudesse fazer para defender-se. No estado alterado de tranqüilidade, ela parece ter interpretado corretamente seus agressores e descoberto a vulnerabilidade deles. Eles não deixavam de ter uma certa vergonha do que iam fazer e ela mostrou uma coragem que eles tiveram de respeitar e admirar. Ao brincar com eles como ela fez, Cynthia tratou-os como amigos, e eles não conseguiram resistir ao impulso de ser amigos em troca.

Creio que todas as pessoas que me relataram suas experiências invocaram a ajuda do poder superior, ou explicitamente ou tacitamente, pela liberação do medo e da raiva e voltando-se para dentro de si mesmas em busca de ajuda. Cada uma delas parece ter sintonizado a melhor ou suprema parte de sua mente e isso pode ter sido o resultado na prática da consulta ao poder superior. Entretanto, no caso seguinte, o de Dennis, vemos alguém que pede a ajuda divina muito explicitamente.

Dennis

Enquanto ganhava seu sustento como palhaço, Dennis foi contratado para se apresentar numa feira em Norfolk, Virginia. Além de ele próprio representar, era também responsável pelos dez outros palhaços cujos serviços ele tinha contratado.

Um dos pontos altos do dia era o concerto do famoso grupo Motown. Quando eles concluíram o número e deixaram o palco sob aplausos, Dennis subiu para fazer uma paródia da apresentação deles.

Esse homem de 1,80 m de altura estava vestido como um palhaço bebê, ostentando enormes pés de elefante, macacão rosa coberto de corações vermelhos, uma enorme fralda ensacada, babador e uma touca de bebê. Chupando uma chupeta enorme, ele imitava chistosamente os gestos dos cantores que tinham acabado de se apresentar, e suas mímicas engraçadas divertiam tremendamente a platéia. Aplaudido, Dennis deixou o palco e foi ver como os palhaços que tinha contratado estavam entretendo os visitantes da feira em volta dos percursos e estandes do corredor central.

O caminho mais curto até o corredor fez Dennis atravessar um vasto estacionamento. Ao pisar pesadamente com seus gigantescos pés de palhaço por aquele lugar escuro, ele teve a má sorte de chamar a atenção de uma gangue que estava por ali.

"Que tal darmos um chute no traseiro daquele filho da mãe?", propôs um dos garotos da gangue. A sugestão foi aceita entusiasticamente pelos outros. Cerca de vinte jovens agressivos começaram a aproximar-se de Dennis pela esquerda.

Voltando-se nervosamente para a direita, Dennis descobriu que uma gangue de meninas adolescentes estava vindo para cima dele daquela direção. "Vamos cair sobre aquele bebê horroroso!", propôs uma das meninas, abrindo um canivete com um sorriso lascivo. As outras, muitas armadas da mesma maneira, assentiram com ameaças horripilantes de natureza sexual. Dennis estava totalmente cercado. Tudo o que lhe restava eram alguns segundos enquanto as duas gangues disputavam qual delas faria as honras.

"Percebi que não havia saída", Dennis relata, "mas não entrei em pânico. Na verdade, a minha primeira reação foi de raiva. Eu queria dar uma surra em alguns deles.

"Mas em seguida compreendi que a violência não seria a solução e decidi invocar o Espírito Santo. Voltei-me para dentro e pedi: 'Ajude-me, por favor!'

"Quando me dei conta, estava me comportando de um modo que jamais imaginei. Não que eu tivesse planejado ou coisa semelhante. Simplesmente entrei em ação, e o que fiz surpreendeu tanto a mim quanto a qualquer outra pessoa.

"Representando o papel de palhaço bebê, eu abri os braços como uma criança pedindo um abraço. Com um largo sorriso, avancei efusivamente para o líder da gangue masculina e estendi os braços para abraçá-lo, balbuciando, 'Pa-pa! Gu-gu! Pa-pa!'.

"O cara olhou espantado e recuou, dizendo: 'Cara, você deve estar completamente maluco!'.

"Então, todos ficaram muito quietos e recuaram como se eu tivesse uma doença contagiosa. Juro que o bando simplesmente se abriu como o mar Vermelho! Continuando no papel do bebê palhaço, eu segui em frente sem que ninguém mais tentasse se meter comigo. Acho que eles realmente pensaram que eu era maluco, retardado ou coisa semelhante. De qualquer maneira, eles não me viram mais como alguém que seria divertido agredir. Eu apenas sussurrei: 'Obrigado, Pai,' respirando fundo e saindo dali o mais rapidamente possível."

Dennis acha que seus possíveis agressores foram desarmados pelo que pareceu ser sua deficiência mental. Entretanto, tendo ouvido tantos casos similares, minha visão é um pouco diferente. Muitas e muitas vezes, vi pessoas escaparem ilesas depois de terem lembrado o agressor da existência do amor. Aqui, vemos Dennis aproximando-se confiantemente do líder da gangue à maneira de uma criança saudando seu pai. Como veremos ao considerar os casos de escapada da morte, muitas das pessoas que me relataram suas experiências mencionaram que se dirigiram aos agressores com um tom de voz que costumavam usar com os familiares.

Acredito que cada uma dessas pessoas enfrentou o "inimigo" com o coração aberto. Em vez de assumir o papel de "adversário" ou de "vítima" que lhes estava sendo imposto, elas se colocaram como amigos e responderam a partir desse papel. Ignorando completamente a intenção hostil do agressor, elas parecem ter redefinido a situação como um mal-entendido estúpido, induzindo-o também a vê-la dessa maneira. Seria possível que essa mudança de percepção seja a base dos milagres?

No próximo capítulo, vamos considerar o que os especialistas em fenômenos milagrosos têm a dizer sobre eles. Vimos que não há suficientes razões científicas ou filosóficas para acreditar que *não podem* existir fenômenos sobrenaturais. Entretanto, afirmar que algo pode existir em teoria não é a mesma coisa que afirmar que realmente existe. No próximo capítulo, vamos considerar algumas das evidências científicas de que realmente ocorrem certas coisas que não podem ser explicadas com base em causas naturalistas.

6

O Que Dizem os "Especialistas" Sobre os Milagres

Sabemos muito pouco e conseguimos saber muito pouco; mas estaremos em liberdade se escolhermos cooperar com um poder maior e um conhecimento mais pleno. Se cooperarmos, estaremos bem mesmo que aconteça o pior. Se nos recusarmos a cooperar, estaremos mal, mesmo nas circunstâncias mais propícias.

— Aldous Huxley

Uma vez que é impossível enquadrar os milagres no paradigma naturalista, os cientistas ocidentais em geral contentaram-se em concluir, sem provas, que as pessoas que dizem tê-los experienciado estão ou mentindo ou equivocadas. Confiantes em que as leis da probabilidade conseguem dar conta de quaisquer eventos incomuns que de fato ocorrem, poucos cientistas deram-se ao trabalho de examinar as evidências.

Todavia, uma exceção notável é a investigação que está sendo realizada no Santuário da Virgem em Lourdes, na França, onde se diz que uma fonte surgiu no lugar no qual a Virgem Maria supostamente apareceu em 1858. A água que jorra da fonte é considerada como dotada de poderes milagrosos. Todos os anos, centenas de milhares de pessoas de todo o mundo fazem a peregrinação a Lourdes, em busca de curas milagrosas. Um grande número delas afirma ter recebido a ajuda que pediu.

Uma equipe médica internacional vem investigando as declarações de curas milagrosas relacionadas com as águas de Lourdes desde 1947. Essa comissão composta de vinte e cinco membros inclui quatro cirurgiões, três ortopedistas, dois psiquiatras, um radiologista, um neuropsiquiatra, um dermatologista, um oftalmologista, um bioquímico, bem como uma série de clínicos gerais. Os membros são catedráticos em suas respectivas faculdades de medicina. Todos são católicos praticantes.[16]

De mais de seis mil casos em que foram alegados milagres, 64 resistiram a rigorosas investigações e foram aceitos como legítimos pela comissão. A pergunta que a comissão faz é a seguinte: "A cura dessa pessoa constitui um fenômeno que contraria as observações e expectativas da ciência médica e é cientificamente inexplicável?" Cônscios do poder da sugestão, os investigadores recusam-se até mesmo a considerar qualquer cura, por mais espetacular que seja, que possa ser um exemplo de remissão espontânea. Essa medida exclui também a cura total e instantânea de doenças como câncer, lupo, esclerose múltipla, tuberculose, etc.

A comissão não está interessada nas curas que são meramente imprevistas, mas somente na documentação daqueles que estão *fisicamente impossibilitados*. Ela só aceita que um caso possa ter sido milagroso se for possível determinar, sem sombra de dúvida que ocorreu algo para o qual não é possível nenhuma explicação naturalista. Um exemplo é o caso de Vittorio.

Vittorio Michelli

Vittorio Michelli tivera a articulação de seu quadril totalmente destruída por um carcinoma de célula fusiforme, um tipo de câncer. A pélvis estava desintegrada e a perna quase desligada. Ele foi tratado no Hospital Militar de Trento, na Itália, onde o avanço destrutivo da doença foi demonstrado com provas radiológicas.

Um ano depois desse primeiro diagnóstico, Michelli foi a Lourdes e banhou-se nas águas com o envoltório plástico que prendia seu quadril. Ele relatou que teve súbitas sensações de calor percorrendo seu corpo enquanto estava dentro da água e que quando saiu da fonte, seu apetite e energia retornaram imediatamente. Um mês depois, os médicos acabaram concordando em retirar o dispositivo plástico e fazer outro raio X. Quanto o fizeram, constataram que o tumor estava regredindo.

O tumor não demorou a desaparecer completamente e, então, o osso começou a crescer de novo e, por fim, o quadril foi completamente reconstituído. *Michelli estava andando dois meses depois de voltar de Lourdes.* Brendan O'Regan cita o relatório da comissão: "Uma articulação totalmente destruída foi completamente reconstituída sem nenhuma intervenção cirúrgica. O membro inferior que estava imprestável ficou são, o prognóstico é incontestável, o paciente está vivo e em estado de saúde vigoroso nove anos depois de voltar de Lourdes".[17]

Milagres em outros lugares

Medjugorje, na ex-Iugoslávia, tornou-se um novo local de peregrinação, onde uma aparição da Virgem Maria acontece diariamente desde 24 de junho de 1981. A aparição ocorre todas as tardes e é vista por seis crianças — dois meninos e quatro meninas — que dizem que Maria aparece para estimular a paz e lembrar-nos da necessidade de nos tornarmos conscientes de Deus, à nossa própria maneira.

A Igreja Católica não reconheceu a legitimidade das visões e milagres relatados de Medjugorje, talvez porque a aparição da Virgem não afirme categoricamente que é necessário ser católico ou mesmo cristão. Brendan O' Regan, do Instituto de Ciências Mentais, informa que houve grande consternação no seio da Igreja quando um menino muçulmano foi milagrosamente curado.[9] O padre Slavko, frade franciscano Ph.D. em psicologia que é o orientador espiritual dos videntes, tem enviado relatórios de curas milagrosas em Medjugorje para a comissão médica de Lourdes, mas até agora não foi feito nenhum esforço para investigá-las.

O governo também ficou muito constrangido com o fenômeno de Medjugorje e fez inúmeras tentativas para acabar com ele. As crianças foram interrogadas muitas vezes pela polícia e o padre Slavko ficou dezoito meses na prisão por causa de sua participação. Foram colocados bloqueios policiais nas estradas para desestimular as peregrinações. A indiferença da comunidade científica mundial, da Igreja Católica e do governo não permitiu até agora nenhum esforço no sentido de avaliar os muitos relatos de milagres que estariam ocorrendo lá.

Além do considerável volume de pesquisas sobre a eficácia da oração, Lourdes é o único lugar onde milagres que ocorrem espontaneamente têm sido investigados usando-se dos critérios da ciência ocidental. Mas há relatos de ocorrências em todas as culturas. Por exemplo, há numerosos relatos de milagres realizados na Índia por Sai Baba, um santo que materializa rotineiramente objetos semelhantes a santos e avatares de muitas religiões para aqueles que vão diariamente receber suas bênçãos. Há também relatos de curas milagrosas atribuídas a Sai Baba, algumas das quais foram observadas e documentadas por médicos ocidentais. Mas também há milagres sendo relatados de todas as partes habitadas do planeta.

Avaliação de milagres

Os milagres podem ser avaliados de duas maneiras: cientificamente ou pessoalmente. A comissão médica de Lourdes representa uma tentativa de avaliação científica por especialistas. Mas mesmo quando tais acontecimentos são certificados por autoridades dignas de crédito, suas conclusões não são necessariamente convincentes. Os especialistas podem se equivocar e nós podemos, e devemos, questionar o que eles nos apresentam. Afinal, a ciência avança pela refutação do que ontem era "verdade".

No entanto, apesar das limitações próprias da opinião especializada, seria de enorme benefício para a humanidade se se criasse uma comissão internacional para avaliar os relatos de milagres. As conclusões de tal comissão seriam ainda mais convincentes se ela incluísse psicólogos experimentais, físicos, ilusionistas profissionais e representantes de várias crenças, bem como ateus e agnósticos de mente aberta.

Atualmente, esses fenômenos tendem a ser investigados, quando o são, por grupos e indivíduos com interesses fixos em comprová-los contra ou a favor. Não importa quão reputada seja a comissão médica que autentica os milagres de Lourdes, há sempre a possibilidade de haver algo que não convence com respeito a médicos católicos determinando a legitimidade de milagres em um santuário católico.

No outro extremo estão os interessados em "desacreditar" as alegações de fenômenos milagrosos. Por exemplo, James Randi é um prestidigitador conhecido que muito contribuiu para desmistificar fenômenos aparentemente miraculosos, demonstrando como têm-se usado truques para enganar intencionalmente as pessoas. Recentemente, ele desmascarou um proeminente curandeiro cuja aparente onisciência sobre os problemas pessoais de membros de sua audiência baseava-se em informações colhidas por seus aliados no auditório, transmitidas a ele por rádio e receptadas por meio de um microfone escondido em sua orelha.

Em seu livro *Flim-Flam! Psychics, ESP, Unicorns and Other Delusions*, Randi explica muitos meios pelos quais têm-se simulado milagres para enganar os incautos.[18] Por exemplo, um meio comum de iludir usado pelos curandeiros é ter assistentes oferecendo-se para colocar em cadeiras de roda as pessoas que andam com dificuldades quando elas entram na barraca ou no auditório. O aliado solícito coloca então a cadeira de rodas com o indivíduo num lugar perto do palco. Depois, o predicante os "cura", eles levantam-se e caminham e o fato torna-se um espetáculo muito impressionante para aqueles que não perceberam que as pessoas tinham vindo com suas próprias forças.

Embora não haja dúvida de que pessoas inescrupulosas sempre simularam milagres para conseguir poder e riquezas, temos que lembrar que o mero fato de algo poder ser simulado por truques não significa que isso sempre ocorreu. Em seu entusiasmo por desmascarar fraudes, alguns "desilusionistas" apresentam um quadro injustamente tendencioso na direção oposta.

Por exemplo, uma organização sediada na Califórnia que inclui muitos cientistas proeminentes entre seus membros pretende oferecer avaliações imparciais de supostos fenômenos paranormais. Entretanto, seu primeiro diretor demitiu-se quando concluiu que seus colegas não investigavam tão objetivamente as alegações, mas ocupavam-se em distorcer os dados para refutá-las. Os médicos católicos que investigam os milagres de Lourdes podem ser suspeitos de um interesse tendencioso de comprovar sua veracidade, enquanto pessoas como James Randi, que ganham a vida expondo os truques, têm um motivo claro para invalidá-los. Se quisermos saber a verdade sobre os fenômenos sobrenaturais, teremos que abordá-los sem preconceitos.

Um investigador que fez exatamente isso foi o grande ilusionista de palco e artista de escapadas Harry Houdini. Ele passou muitos anos investigando espíritas e desmascarando inúmeros charlatães cujos poderes aparentemente miraculosos eram fraudados. Entretanto, como Houdini é freqüentemente citado por aqueles que querem provar que os fenômenos sobrenaturais são *sempre* resultados de truques, vale a pena tomar alguns minutos para colocar as coisas nos seus devidos lugares.

Os "desilusionistas" do sobrenatural que usam a experiência de Houdini para provar seus argumentos centram-se invariavelmente em algumas partes da vida dele, tomando o cuidado de evitar outras. Por exemplo, raramente menciona-se que o interesse de Houdini pelo sobrenatural surgiu com a seguinte experiência pessoal.

Houdini

Em uma de suas célebres escapadas, Houdini foi mergulhado através de um buraco no gelo de um rio congelado, estando algemado e trancado dentro de um baú. O brilhante escapista libertou-se rapidamente e lançou-se para a superfície, descobrindo simplesmente que uma forte correnteza o tinha levado para longe do buraco. Ele estava preso embaixo do gelo superficial com apenas alguns segundos de vida e sem nenhuma pista de onde estava a abertura.

Houdini começou a nadar freneticamente, mas logo percebeu que, em seu pânico, ele podia tanto estar se afastando do buraco quanto indo em direção a ele. Ele se forçou a ficar calmo e descobriu que podia ganhar algum tempo respirando as bolsas de ar aprisionadas sob o gelo. Mas era óbvio que ele morreria congelado se não localizasse rapidamente o buraco, e isso ele não conseguia fazer. Começou a ocorrer-lhe que essa poderia ser a situação da qual não se safaria.

De repente, Houdini ouviu sua mãe chamando-o. Sem vacilar, ele usou as forças que lhe restavam para nadar na direção da voz dela, que o levou até o buraco. Ele foi retirado da água congelada semimorto, sob os aplausos trovejantes de uma multidão que não fazia idéia de quão mal ele tinha se saído em sua façanha. Entretanto, sua mãe não estava entre os presentes. Como ele logo depois ficou sabendo, ela tinha morrido na cama em casa exatamente na hora em que ele estivera preso embaixo do gelo.

Essa profunda experiência pessoal de comunicação com sua mãe morta infundiu em Houdini uma curiosidade vitalícia pelas realidades espirituais. Seu interesse não foi movido pelo ceticismo, como se afirma com freqüência, mas pela convicção pessoal de que a mãe tinha de fato se comunicado com ele após a morte para salvar-lhe a vida. Depois disso surgiram muitos médiuns alegando ter-se comunicado com os "falecidos". Houdini começou a procurá-los ansiosamente na esperança de comunicar-se com a mãe.

Porém, isso não foi tão fácil quanto ele imaginou no início. Sendo ele próprio um mestre do ilusionismo, Houdini descobriu rapidamente que os efeitos dramáticos produzidos nas sessões não passavam de truques. Ele conheceu médiuns honestos que não tentavam enganar o público, mas mesmo nesses casos era difícil afirmar com certeza se as informações que apresentavam eram realmente ou não resultantes da comunicação com os espíritos dos mortos.

Acima de tudo, Houdini estava bem consciente do quão fácil era criar hipóteses plausíveis sobre uma pessoa a partir de uma análise astuta de sua aparência física, vocabulário, hábitos, etc. Qualquer mágico esperto pode encantar uma platéia pelo conhecimento íntimo de seus problemas e, como especialistas no mesmo jogo, Houdini estava em melhores condições do que a maioria para detectar as fraudes. Entretanto, ele percebeu que mesmo um médium honesto pode usar tais informações inconscientemente, apesar da convicção sincera de estar recebendo mensagens dos mortos.

Houdini concluiu que em seu caso, a única maneira de verificar convincentemente que a mensagem era de sua mãe seria o médium transmitir informações que ele tinha certeza serem conhecidas somente por sua mãe e por ele próprio. Mas quais seriam? Já se escrevera tanto a respeito de Houdini nos jornais que muitas coisas sobre ele já eram do conhecimento público ou poderiam ser facilmente investigadas. Outras informações pessoais poderiam ter sido confiadas a algum amigo por sua mãe sem ele saber, ou ouvidas por acaso por algum vizinho trinta anos antes. Verifique você mesmo se consegue encontrar alguma informação que você tenha certeza de ser conhecida *apenas* por você e por um ente querido falecido.

Por causa do incidente no rio congelado, Houdini começou a suspeitar que os mortos viviam em espírito e que podiam comunicar-se com os vivos. Entretanto, ele era continuamente frustrado em seus esforços para verificar essa possibilidade. Ele recebeu mensagens mediúnicas que *poderiam ter* vindo de sua mãe, mas nenhuma que *poderia ter vindo somente dela*. Infelizmente, as coisas que você poderia esperar que sua mãe morta lhe comunicasse são exatamente as mesmas coisas que um médium charlatão esperaria que ela dissesse.

Para resolver o problema de uma vez por todas, Houdini planejou um experimento com sua mulher. Ele envolvia um código secreto que ele tinha certeza de ser conhecido apenas pelos dois. Eles fizeram um trato que aquele que morresse primeiro tentaria transmitir o código ao outro através de um médium. Quando Houdini morreu, uma substancial recompensa em dinheiro foi prometida através de anúncios a quem trouxesse para sua viúva provas convincentes da continuação de sua existência.

Naturalmente, ela foi inundada de informações de pessoas que diziam que Houdini tinha enviado uma mensagem para ela através delas: "Seu marido diz que está vivo e bem e que a ama muito". "Houdini está muito preocupado com suas finanças e avisa-a que tome cuidado com seu dinheiro." Todas essas mensagens eram evidentemente falsas, uma vez que haveria apenas uma mensagem que seria enviada por seu marido.

Todavia, por fim o eminente médium de Washington, Arthur Ford, recebeu uma mensagem ininteligível com a instrução de passá-la para a sra. Houdini. Ao recebê-la, ela largou tudo e apressou-se a ter uma sessão com ele. Ford tinha transmitido corretamente a primeira parte do código e agora caberia à sra. Houdini decidir como responder.

Em sua sessão com ele, a sra. Houdini percebeu que Arthur Ford era capaz de dar a resposta correta a cada parte do código. Ela anunciou jubilosamente que Ford tinha satisfeito todas as rigorosas exigências de Houdini, e ele recebeu a recompensa em dinheiro com grande alarde da imprensa.

Entretanto, o caso não acabou aí. Anos depois, quando a sra. Houdini enfrentava dificuldades financeiras, uma produtora de Hollywood procurou-a com a idéia de fazer um filme sobre a vida de seu marido. Se eles seguissem em frente com o projeto, explicaram-lhe, ela seria contratada como consultora com um salário muito atraente. Porém, em função do flerte de Houdini com o sobrenatural, eles não tinham certeza se queriam fazer o filme. Na opinião deles, o público norte-americano não estava preparado para a idéia de que os mortos podiam comunicar-se com os vivos.

A proposta que apresentaram era a seguinte: se a sra. Houdini acreditava honestamente que seu marido tinha realmente transmitido uma mensagem do além-túmulo, eles seriam contra a vontade obrigados a abandonar o projeto. Entretanto, se ela tinha qualquer dúvida em sua mente — se, por exemplo, ela tivesse mencionado o código a outra pessoa, ou se havia alguma possibilidade de alguém ter ouvido por acaso Houdini falando com ela sobre ele — então eles com razão desconsiderariam toda a questão e fariam o filme.

Sob essas condições, a sra. Houdini achou que agora, pela primeira vez, lembrava-se de que alguém *poderia* tê-la ouvido falando com seu marido sobre o código. De maneira que havia a possibilidade de Arthur Ford ter ficado sabendo o código de outra maneira. O filme foi realizado e a situação financeira da sra. Houdini melhorou significativamente.

Parece extraordinário, mas os céticos usam freqüentemente o caso de Houdini para provar que a mediunidade — e por extensão outros fenômenos sobrenaturais — não passa de fraude. Eles ignoram sua experiência pessoal de comunicação com a mãe morta e o fato de o desempenho de Arthur Ford ter satisfeito completamente a sra. Houdini até anos depois, quando questões financeiras tornaram conveniente lançar dúvidas sobre ele.

Na verdade, acho que este caso representa uma ilustração maravilhosa da questão que defendo em todo este livro — que a "realidade" é um construto individual. As pessoas decididas a desacreditar nas realidades espirituais podem tirar e tiram das experiências de Houdini as partes que apóiam seus pontos de vista, ignorando os aspectos que apontam para a direção oposta. A pura verdade é que nenhuma quantidade de provas convencerá as pessoas contra a sua vontade e as mentes fechadas sempre encontrarão uma forma de justificar seus preconceitos com quaisquer "fatos" que elas querem que sejam reais.

De qualquer modo, ninguém é verdadeiramente convencido por meros fatos, e nisso reside a leviandade de confiar exclusivamente nos "especialistas". Acho que deveríamos ser todos como Houdini e depositar nossa fé sobretudo naquilo que sabemos a partir de nossa própria experiência. Se os milagres não são realidade em sua própria vida, que importa se os outros acreditam neles?

Mas se os milagres são realmente possíveis, por que são tão raros? Antes de explorar mais casos de livramento, vamos considerar por que os milagres permanecem fora da estrutura conceitual de tantas pessoas.

7

Por Que os Milagres São Tão Raros?

É solucionando corretamente os problemas que crescemos espiritualmente.

— Peregrina da Paz

Se os milagres existem realmente, por que há tão poucas pessoas que os constatam? Com tantas pessoas religiosas orando pela intervenção divina, os milagres deveriam ser lugares-comuns. Contudo, quase nunca se ouve alguém dizer que ocorreu-lhe um milagre e, nas raras ocasiões em que isso acontece, sempre parece haver motivos para questionar ou a veracidade da pessoa ou sua capacidade de discernimento. Se os milagres existem, por que não os experienciamos nós mesmos ou encontramos pessoas confiáveis que os constataram?

Primeiramente, é possível que haja muitos outros exemplos de milagres além dos que reconhecemos comumente. Por não fazerem parte de nosso modo de pensar, os milagres não são noticiados como tais pelos principais meios de comunicação. Na realidade, no atual clima intelectual, o mero fato de alguém dizer que presenciou um milagre é muitas vezes suficiente para que as pessoas o classifiquem como um fanático religioso. Em tais condições, não é de surpreender que as pessoas nem sempre chamem a atenção pública para suas experiências incomuns.

Um caso semelhante pode ocorrer com as experiências de proximidade da morte. Quando o psiquiatra Raymond Moody começou a ouvir seus pacientes falarem sobre experiências de proximidade da morte, ele foi cético.[19] Entretanto, constatou que sempre que mencionava esses estranhos relatos em suas palestras sem condená-las, alguém do público geralmente aproximava-se silenciosamente no final e lhe sussurrava: "Você sabe, a mesma coisa aconteceu comigo". Moody ficou surpreso ao descobrir não apenas que muitas pessoas tinham passado por experiências dramáticas de proximidade da morte, mas também que *a maioria delas jamais tinha falado sobre elas com alguém* por receio de serem consideradas portadoras de algum tipo de doença mental. Em nossa cultura, as pessoas tendem a esconder suas experiências espirituais.

O preconceito contra os milagres é tal que mesmo as pessoas com as quais eles ocorrem podem não identificá-los como milagres. Por exemplo, se uma pessoa diagnosticada com uma doença "incurável" se recupera, todas as pessoas envolvidas podem concluir que o diagnóstico inicial fora equivocado em vez de reconhecer que suas preces foram atendidas. Como normalmente consideramos os milagres como sinais de favor especial de Deus, mesmo as pessoas religiosas sentem-se muitas vezes ridículas e afetadas atribuindo um golpe de "sorte" à intervenção divina.

Portanto, uma resposta à pergunta de por que os milagres parecem ser tão raros é que talvez eles não sejam nada raros — simplesmente nem todos são reconhecidos e relatados. Poucas das pessoas que me relataram suas experiências de livramento afirmaram ter sido objetos de um milagre, embora eu acredite que isso tenha ocorrido. Considere-se a freqüência com que nossos medos mostram-se infundados — as chaves perdidas do carro aparecem bem na hora de chegarmos a tempo para um encontro; afinal encontramos o dinheiro de nossa hipoteca; alguém que infernizou a nossa vida de repente decide ser "razoável". *Todos* esses podem ser casos irreconhecidos de ajuda divina.

Por exemplo, acho que a experiência de Sam relatada a seguir ilustra a cura milagrosa de uma doença, mas é apenas a coincidência da dádiva da cura com o estado alterado tranqüilo de Sam que dá a entender que uma influência sobrenatural poderia estar envolvida. Como ocorre freqüentemente, a própria remissão foi um processo gradual e muita coisa aconteceu enquanto isso, podendo qualquer uma delas ter sido responsável pelo resultado. No caso abaixo, entretanto, fica pelo menos claro que a cura teve início em conseqüência da mudança de percepção de Sam.

Sam e Jim

Sam estava concluindo seu doutorado em psicologia quando descobriu que a rara doença imunológica que quase o tinha matado dez anos antes havia retornado. Depois de fazer exames extensivos, ele foi informado uma manhã pelo médico que sua única chance de sobrevivência seria internar-se imediatamente no hospital para um tratamento intensivo de quimioterapia.

Da outra vez, Sam tinha passado seis meses no hospital, e a perspectiva de outro tratamento doloroso estava além de suas forças. Refletindo sobre suas alternativas, a reação inicial de Sam — "Por que Deus está fazendo isso comigo?" — deu lugar a uma atitude de aceitação e entrega. Afinal, o universo era de Deus, e quem era Sam para dizer ao Criador como regê-lo? Sam concluiu que, em última instância, era Deus quem determinava se ele deveria viver ou morrer — não um médico qualquer. Ele informou ao médico que não continuaria o tratamento.

Depois de ter tomado a decisão de entregar seu destino a Deus, Sam sentiu-se estranhamente tranqüilo. Ele aguardou os desdobramentos com um sentimento de desligamento sereno. Seu filho pequeno o estava visitando naquele dia e ele conseguiu colocar de lado suas preocupações pessoais e dedicar-se à comida indiana que os dois tinham programado fazer juntos.

Naquela noite, Sam recebeu um telefonema de um homem que conhecera superficialmente através de um amigo comum. O homem, um psicólogo de nome Jim, disse que tinha tomado conhecimento há algum tempo de que Sam estava gravemente enfermo e que há semanas ele vinha ouvindo uma voz em sua mente dizendo-lhe para telefonar para Sam oferecendo-se para tentar curá-lo.

Jim informou que era estudante de *A Course in Miracles* e que supunha estar ouvindo a voz do Espírito Santo. Explicou que não tinha telefonado antes porque parecia não haver sentido em tentar, sabendo que Sam era muito cético quanto à possibilidade de cura espiritual. Entretanto, a voz tinha sido tão insistente naquele dia que ele resolvera telefonar simplesmente para que ela o deixasse em paz.

Sam ficou surpreso com a coincidência de sua decisão de deixar que Deus decidisse sua vida ou morte e a proposta imediata de cura espiritual. Ele tinha examinado rapidamente *A Course in Miracles* quando alguém lhe dera os livros anos antes, e não lhes dera muita importância. Como judeu, ele tinha achado difícil identificar-se com a terminologia cristã. Como cientista, a promessa do curso de ensinar as pessoas a realizar milagres pareceu-lhe absurda.

Não obstante, na situação em que estava, Sam achou que não tinha nada a perder encontrando o cara e, quem sabe, teria algo a ganhar. Por que o Espírito Santo (supondo que existisse) iria querer ajudar um judeu que nem mesmo acreditava nele, Sam não conseguia imaginar, mas achou que deveria de qualquer maneira tentar.

Sam e Jim fixaram uma série de encontros que prolongou-se por meses. Sam descobriu que seu pretenso curador era um homem brilhante, mas teimoso. Embora Jim realizasse algum trabalho energético com ele, grande parte do tempo que passavam juntos era passado numa discussão acalorada com respeito à afirmação de Jim de que o próprio Sam teria criado a doença em algum nível inconsciente. Quando Sam começou a perceber a influência que seus habituais pensamentos negativos exerciam sobre sua saúde, ele mudou seu modo de pensar e a doença começou a ceder. Passados alguns meses, ele estava curado.

Note-se que, embora a *proposta* de cura sugira a ajuda de alguma força sobrenatural, a cura em si depende da mudança de atitude mental de Sam. Se ele tivesse insistido em seu ceticismo ou sido incapaz de compreender seu próprio papel no surgimento da doença, é provável que a cura de fato não tivesse ocorrido. Jim encorajou Sam a ver seu problema de maneira diferente e, ao fazê-lo, Sam provavelmente curou a si mesmo. O único elemento sobrenatural pode ter sido a voz interior que incitou Jim a oferecer-lhe ajuda.

Criando as condições propícias para o milagre

Nossos casos de livramento evidenciam as razões por que uma grande quantidade de pessoas que pede por milagres não os recebe. Em primeiro lugar, há a questão do estado alterado desligado e sereno. Como Sam, todas as pessoas que vivenciaram milagres parecem desistir em algum momento e reconhecer que o resultado não está em suas mãos. Elas não têm a ilusão de que somente com seus esforços serão capazes de mudar as coisas. Há um elemento de entrega nesses relatos que os diferencia do conto de aventura comum.

Essa entrega parece ter levado as pessoas que vivenciaram milagres para além do medo, e a paz interior parece também ser uma condição necessária para a ocorrência de um milagre. Já vimos e voltaremos a ver exemplos de livramento em casos em que as pessoas tiveram que lutar contra seus medos. Apesar de fortemente tentadas a entrar em pânico, essas pessoas esforçaram-se para obter clareza e concentrar-se na orientação interior. Entretanto, nunca ouvi nenhum caso de pessoas que tenham se salvado após terem-se entregado ao medo ou investido na crença de que sua raiva era justificada. Aqueles que não conseguem ultrapassar seus tumultos emocionais e passar para um estado mental de desligamento e serenidade parecem não alcançar milagres.

Além do mais, para que os milagres ocorram parece ser necessário que as pessoas mudem sua percepção do problema. No início, Sam achava que estava sendo ameaçado por uma doença, mas Jim ajudou-o a perceber que estava na realidade sendo atacado por seus próprios pensamentos críticos. Como veremos quando explorarmos detalhadamente os procedimentos para a criação de milagres, nossos pensamentos podem influir nos eventos que vivenciamos e nossa contribuição pessoal a uma situação pode estar na nossa interpretação dela.

Ter acesso a milagres é uma habilidade que pode ser desenvolvida

É também importante lembrar que existem muitos potenciais humanos não realizados numa pessoa. Como ser humano, sou teoricamente capaz de fazer a maioria das coisas que os outros seres humanos fazem, mas na realidade só posso fazer aquilo que aprendi pessoalmente e sou capaz de fazer. Não sou capaz de correr uma milha em quatro minutos, aquecer o motor do carro, ou — se acreditarmos na palavra de meu marido — até mesmo fazer um café decente. Mas isso não é prova de que tais feitos estejam fora do alcance de qualquer pessoa. E o fato de uma determinada pessoa não saber que é capaz de realizar milagres não constitui prova de que os milagres não existem.

Note-se que a maioria das pessoas que me relataram suas experiências teve alguma formação espiritual. Elas investiram tempo e energia no desenvolvimento de uma relação com seu poder superior e isso pode ter-lhes facilitado a obtenção de ajuda quando surgiu a necessidade. Alcançar o estado mental necessário para a ocorrência de milagres pode ser simplesmente uma habilidade que algumas pessoas cultivam e outras não.

Os milagres nem sempre são bem recebidos

Para entendermos por que os milagres não são mais comuns, é também importante reconhecer que muitas pessoas com problemas não *querem* de fato ajuda, seja ela milagrosa ou não. Como psicóloga, estou convencida de que as pessoas criam certos problemas na vida por alguma razão. As situações difíceis obrigam-nos a aprender lições importantes e, de um certo ponto de vista, acabam mostrando-nos que valeram a pena.

Por exemplo, muitas pessoas revêem um capítulo doloroso da vida com uma sensação de que ter passado por ele ajudou-as a se transformarem nas pessoas que são hoje. Não foi agradável, mas elas não desejariam abrir mão da oportunidade de crescimento que ele proporcionou. A dolorosa rejeição social sofrida por um adolescente pode torná-lo mais capaz de sentir empatia pelos outros como adulto. O filho de uma família seriamente perturbada pode desenvolver uma força interior e uma autoconfiança que seus semelhantes não têm. A mulher separada contra a vontade pode acabar sentindo-se mais feliz com sua liberdade do que imaginara ser possível.

O crescimento espiritual será doloroso enquanto você não se submeter à vontade de Deus e aceitá-la. Quando você não está em harmonia com a vontade de Deus, surgem os problemas. O propósito deles é levá-lo à harmonia. Se você estivesse disposto a fazer a vontade de Deus, poderia evitar os problemas.

— Peregrina da Paz

Se um problema fosse eliminado artificialmente antes de ter logrado o seu propósito, poderíamos não aprender as lições que tínhamos decidido aprender. Por exemplo, tenho muitos pacientes em minha prática psicoterapêutica que se queixam amargamente das situações dolorosas em que se encontram, apenas para descobrir mais tarde o quanto necessitavam realmente delas. Só quando eles compreendem isso é que estão preparados para livrar-se de tais condições e, então, seus problemas aparentemente insolúveis começam a resolver-se com uma rapidez surpreendente.

Permitam-me ilustrar essa questão com um caso não milagroso de não-cura.

Alice

Uma amiga minha a quem chamarei de Alice está constantemente em terríveis dificuldades financeiras. Seus cartões de crédito sempre ultrapassam o limite máximo e ela é eternamente perseguida por insistentes telefonemas de pessoas a quem deve dinheiro. A vida para Alice é uma luta para ter comida na mesa e o aluguel em dia para evitar o despejo.

Alice é uma mulher capaz que ganha bem quando trabalha. Entretanto, ela normalmente tem uma razão "excelente" para não trabalhar. Às vezes é sua saúde, mas na maioria das vezes trata-se de algum projeto importante que ela considera um bom investimento a longo prazo de seu tempo e energia, mas que parece nunca dar resultados.

Viver da maneira que Alice vive me deixaria louca, e eu supunha que ela se sentia da mesma maneira. Ela certamente se queixava da vida que levava. Preocupada com ela, eu lhe emprestava dinheiro, encontrava trabalho para ela e constantemente oferecia-lhe conselhos. Meus esforços eram sempre muito apreciados, mas nunca conseguiam melhorar a situação de Alice por muito tempo. Sempre que seus ganhos aumentavam, o aumento era gasto imediatamente com nova despesa importante que não podia deixar de ser feita.

Comecei a ficar ressentida com Alice. Irritava-me vê-la constantemente à beira da catástrofe, e comecei a ser extremamente crítica quanto a seu modo de lidar com as finanças. É desnecessário dizer que isso criou uma tensão entre nós. Alice sempre tinha uma explicação incontestável de por que as coisas tinham de ser feitas da maneira que fazia.

Um dia ocorreu-me que Alice estava criando intencionalmente seus problemas financeiros — não que a intenção fosse consciente, mas havia algo na situação de insegurança financeira de que ela parecia estar precisando. Compreendi que devia haver alguma lição que ela esperava aprender e que só podia ser aprendida no laboratório do caos financeiro.

Talvez essa lição tivesse a ver com viver de expedientes, lidar com a ansiedade ou conseguir o apoio de amigos. Talvez Alice estivesse reproduzindo simbolicamente algum trauma precoce para poder processá-lo. O motivo não estava claro para mim, e na realidade não era da minha conta. Entretanto, as coisas ficaram muito mais claras quando finalmente entendi que Alice precisava de seus problemas financeiros e que não estava preparada para livrar-se deles.

Eu tinha me sentido como um salva-vidas que tira repetidamente das ondas o nadador prestes a afogar-se e que recebe seus sinceros agradecimentos por isso; mas, logo em seguida, o nadador volta a mergulhar profundamente. Quanto mais eu advertia Alice para "manter-se fora da água" mais ela se ressentia com minha interferência e deixava claro que não permitiria que eu lhe dissesse como levar sua vida. Por fim entendi que o que para mim parecia afogamento era, na verdade, uma forma singular de nadar-sob-condições-adversas que minha amiga estava decidida a aperfeiçoar. Minhas tentativas de salvá-la simplesmente traziam-lhe o problema adicional de ter que recriar o seu problema financeiro para que ela pudesse vencê-lo com a aprendizagem que tinha programado para si mesma. Quando finalmente deixei de interferir e limitei-me a acompanhá-la em suas lutas, passamos a nos dar muito melhor.

Se é verdade, como estou dizendo, que nossos pensamentos influem em nossas circunstâncias físicas, então deve ser verdade também que os aspectos inconscientes da mente também exercem influência. Quando descobrimos por que podemos inconscientemente "precisar" de uma situação difícil, nossa mente consciente pode ser capaz de encontrar uma maneira diferente e menos dolorosa de alcançar a mesma meta.

É aqui que entra a psicoterapia. Ninguém quer conscientemente ficar doente, ter problemas financeiros, sofrer rejeições, etc. No entanto, podemos ter hábitos mentais que criam tais experiências ou razões ocultas para achar que as merecemos. Uma boa psicoterapia poderia ter ajudado Alice a perceber suas razões para criar os problemas financeiros que constantemente pareciam recair sobre ela, como ajudou Sam a compreender os efeitos que seus pensamentos estavam causando sobre sua doença imunológica.

Embora a psicoterapia possa ser de grande ajuda, creio que também é possível obter informações diretas de nosso poder superior, como ocorreu com as pessoas que me relataram seus casos de livramento. Contudo, essa abordagem direta requer prática em meditação.

Minhas aftas na boca

Passei por um período de muitos anos em que sofria de aftas terríveis e dolorosas na boca. Elas invariavelmente desenvolviam-se e infectavam-se, de maneira que quando eu me livrava de uma, surgia outra. Eu me sentia uma vítima do vírus do herpes, que cria essas bolhas desagradáveis.

Certo dia, quando uma nova bolha surgiu no meu lábio, decidi descobrir se elas eram geradas pela minha própria cumplicidade inconsciente. A idéia parecia extremamente ridícula, mas decidi praticar meditação dizendo: "Se há alguma razão para que eu deseje inconscientemente ter essas bolhas, eu quero saber qual é".

A resposta deixou-me perplexa. Vi que eu estava vivendo sob uma pressão enorme (dando aulas sete dias por semana em três universidades em quatro cidades diferentes) e que em geral eu não cuidava absolutamente de minha saúde. Sabia que meus hábitos alimentares eram horríveis e nunca dormia o suficiente. Acrescente-se a isso um grande tumulto emocional com respeito às finanças e o *stress* de uma relação de idas e vindas com meu então namorado — e eis uma receita para o desastre.

No passado, eu sofrera com persistentes infecções respiratórias que me esgotavam e por vezes me deixavam de cama. Quando me obrigavam a faltar ao trabalho, minha tensão duplicava, porque meu trabalho não era do tipo que alguém pudesse substituir-me por alguns dias. Lembrei-me que desde que desenvolvera as aftas, aquelas doenças tinham-se tornado menos freqüentes. Isso porque eu sabia que a única maneira de curar-me das aftas era descansar, tomar vitaminas e alimentar-me melhor.

Foi-me mostrado que eu estava usando inconscientemente as aftas como um meio de advertência. A cada vez que uma aparecia, eu acabava desacelerando o ritmo e me cuidando melhor. Dessa maneira, muitos dos debilitantes distúrbios respiratórios tinham sido prevenidos.

Fiquei surpresa com a percepção de que o vírus do herpes estava de fato sendo mais meu amigo do que inimigo. E decidi corrigir meu hábitos. Embora pudesse não conseguir eliminar todo o *stress*, poderia pelo menos alimentar-me melhor, descansar mais e tomar vitaminas regularmente. Agradeci ao vírus do herpes por sua ajuda e comecei um regime que era pelo menos um pouco mais saudável.

A partir daquele dia, as bolhas passaram a ser muito raras em minha vida. Quando uma começava a aparecer, eu lhe agradecia silenciosamente e usava-a como advertência para cuidar-me melhor. Descobri que, sob tais condições, as feridas muitas vezes desapareciam em poucas horas, uma vez que tinham realizado sua missão.

Por causa de minhas próprias experiências, além das de meus pacientes e amigos, eu passei a acreditar que *todas as doenças e todos os acidentes têm a intenção inconsciente de servir a um propósito*. Como indicam os exemplos acima mencionados, os motivos para a criação de uma situação dolorosa podem ser surpreendentes e normalmente não são de maneira alguma óbvios para o sofredor. Entretanto, enquanto o problema for considerado inconscientemente como a solução de um problema ainda maior, o indivíduo não estará receptivo para permitir a sua cura, milagrosa ou não.

Muitos médicos concordariam que toda cura depende da decisão interna do paciente de deixar o problema resolver-se. O remédio que cura uma pessoa pode ser ineficaz para outra, enquanto uma terceira é alérgica a ele e uma quarta fica boa sem tratar-se. Nossas ambivalências inconscientes podem interferir em nossa capacidade de aceitar os milagres da mesma maneira que limitam nossas reações aos esforços curativos dos médicos.

Os milagres esperam ser bem-vindos

Mesmo que estejamos preparados para receber ajuda em uma situação difícil, isso não quer dizer que estejamos preparados para receber uma ajuda *milagrosa*. Toda a idéia de milagres é perturbadora para muitas pessoas — provavelmente porque ela implica a existência de um Deus que pode julgar-nos. O pensamento judeu-cristão que exerceu maior influência no Ocidente freqüentemente descreve Deus como um vingativo punidor do pecado. Suspeito que o medo do castigo divino faz com que algumas pessoas se afastem assustadas da idéia de Deus, e isso pode tornar a ajuda não-milagrosa muito mais aceitável do que a milagrosa. Em uma cultura onde a evidência de um poder sobrenatural pode ser profundamente atemorizante, não é de surpreender que a maioria das curas seja atribuída à medicina tradicional e a maioria dos perigos são evitados de modos que podem ser considerados como "sorte".

Vale lembrar que, se todos têm livre-arbítrio, ninguém pode "infligir" uma cura milagrosa sobre alguém que não está preparado para recebê-la. Minhas pesquisas indicam que os milagres não requerem necessariamente a crença em Deus, mas pressupõem algum nível de otimismo mental com respeito a um resultado positivo por parte do receptor. Nem mesmo os grandes mestres espirituais conseguem realizar milagres para os céticos incuráveis.

Por exemplo, o Novo Testamento nos diz que Jesus foi incapaz de fazer muitos milagres quando voltou a Nazaré, a cidade onde tinha crescido (Mateus 13:53-58). Seus velhos conhecidos simplesmente não estavam preparados para receber a ajuda do menino que costumava andar pela aldeia, e a recusa obstinada em considerar a possibilidade que Jesus *pudesse* curá-los impossibilitou a ele de operar milagres em benefício deles.

Os milagres provêem de uma mente que está preparada para eles. Por estar unida, essa mente alcança a todos, mesmo que o própria taumaturgo não o saiba.

— A Course in Miracles

Tudo isso para dizer que os milagres podem não ser reconhecidos ou que podem nem ocorrer porque não são bem-vindos. A *intervenção divina ocorre somente com as pessoas que estão preparadas, dispostas e que são capazes de aceitá-la*. Ao explorar os casos de livramento de estupro e morte no próximo capítulo, vamos tentar ter uma noção do estado de consciência incomum relacionado com a disposição para a ocorrência de milagres.

8

Agressões, Parte II:
Salvos Pela Graça Divina

Os que ajudam realmente são invulneráveis, porque não estão protegendo o ego e assim nada pode feri-los.
— *A Course in Miracles*

Os casos deste capítulo envolvem livramentos de agressões, e acho que neles não há nenhuma dúvida sobre o perigo que as pessoas enfrentaram. Em todos os casos, as intenções dos agressores não davam margem a dúvidas e, em muitos, as pessoas que os relataram sofreram de fato algum dano ou perda. Ao ler esses relatos, preste atenção no estado incomum de consciência que sempre parece preceder o livramento.

Rae

Rae hospedou-se em um hotel de Atenas na véspera do dia em que deveria voar de volta para os Estados Unidos. Ela tinha passado várias semanas de férias com amigos nas ilhas gregas e estaria voltando para casa sozinha.

Um norte-americano chamado Victor começou a falar com ela na sala de espera do hotel e convidou-a para uma noitada na cidade, mas Rae não estava interessada. Contudo, quando ele insistiu que ela pelo menos jantasse com ele no hotel, ela não viu nenhum motivo para recusar. Afinal, ela tinha que comer.

O jantar com Vic foi razoavelmente agradável. Ele explicou que estava na Grécia fazendo um trabalho de engenharia para uma empresa americana e falou sobre sua mulher e dois filhos lá nos Estados Unidos. Eles falaram sobre suas experiências na Europa, como costumam fazer os viajantes. Nada de mais aconteceu e, após o jantar, Rae anunciou que iria dormir, uma vez que seu avião partiria cedo na manhã seguinte.

Vic insistiu para que ela ficasse e tomasse um drinque, mas ela recusou. Então, ele insistiu em levá-la até o quarto. Era evidente para Rae que ele queria ser convidado a entrar, mas ela não estava a fim daquilo. Quando ela viu que ele não ia desistir, agradeceu-lhe educadamente pelo jantar e disse com firmeza: "Boa noite!", afastando-o do caminho e quase batendo a porta na cara dele, pensando contrariada: "Alguns homens não aceitam um não como resposta!".

No meio da noite, Rae foi acordada por um forte estampido e uma pancada. Parecia que uma grande vidraça estava sendo quebrada bem perto dela. Ao sentar-se na cama, ela ficou horrorizada ao ver o vulto de Victor aproximando-se. A luz fraca que se infiltrava através das cortinas revelava que ele estava completamente nu e com muitos cortes sangrando.

Alarmada, Rae começou a gritar, mas Victor saltou sobre ela e começou e estrangulá-la. Presa sob o corpo dele e incapaz de respirar, ela mal conseguia arranhar suas fortes mãos.

Quando o desespero de sua situação foi ficando cada vez mais evidente e ela começou a perder a consciência, Rae viu-se num estado mental estranhamente tranqüilo. "Fiquei extremamente calma e desligada", Rae relatou. "De alguma maneira parecia não importar muito se eu sobreviveria ou morreria. Não consigo explicar isso. Era como se aquilo estivesse ocorrendo com outra pessoa." Rae parou de lutar e, passados alguns instantes, Victor relaxou o aperto em sua garganta. E ela voltou a respirar.

Rae lembra que era como se uma presença amorosa tivesse vindo a ela. Ela começou a falar com aquele homem que há apenas um momento a estava estrangulando, e suas palavras e voz eram de compaixão e ternura. Rae diz que ela não tinha a mínima idéia do que ia dizer — as palavras simplesmente saíam de sua boca. De uma maneira muito estranha, ela se sentia tomada de amor por Victor — uma espécie de boa vontade impessoal que a tornou profundamente triste por ele se degradar comportando-se daquela maneira. Era como se ele fosse alguém que ela conhecia bem e com quem se importava profundamente.

Apesar do perigo evidente em que se encontrava, Rae não teve nenhuma preocupação consciente consigo mesma. Tudo o que ela queria era que Victor se amasse e respeitasse o suficiente para perceber que aquele tipo de comportamento desesperado e cruel não era digno dele. Não havia nenhum medo nela.

Rae lembra de ter assegurado a Victor que ele era uma boa pessoa e que ainda poderia corrigir-se e levar uma boa vida. Em retrospecto, ela sente que alguma força espiritual estava falando com ele através dela. As palavras afetuosas que saíam de sua boca eram tão surpreendentes para ela quando para ele.

Rae falou com Victor pelo que pareceu um tempo bem comprido, sentada ao lado dele na cama enquanto ele chorava envergonhado. Ela o abraçou e acariciou ternamente sua face enquanto ele chorava. Finalmente, ele saltou de pé e, depois de ter saltado a pequena altura que separava o terraço do chão, desapareceu nu noite adentro. Ela jamais voltou a vê-lo.

Quando ela olhou para o banheiro, viu vidro quebrado por toda parte. Ela chamou o gerente do hotel e ficou sabendo que Victor tinha ocupado o quarto ao lado do dela depois de ela ter ido dormir. Havia um pequeno espaço entre os banheiros dos dois quartos, mas estava protegido de cada lado por um grande espelho. Victor tinha retirado o espelho de seu lado, insinuado-se através do espaço e irrompido através do espelho em seu banheiro, ferindo-se gravemente. Havia sangue por toda parte.

Quando ela voltou para casa no dia seguinte, amigos e parentes ficaram apavorados diante dos ferimentos profundos de sua garganta e horrorizados ao saber da experiência terrível pela qual ela tinha passado. Eles esperavam que ela estivesse seriamente abalada, mas ela riu daquilo tudo e ficou surpresa ao perceber que estava sendo sincera quando assegurava: "Estou ótima! De verdade! Não foi nada de mais!".

No caso de Rae, é impossível argumentar que Victor pretendia apenas um flerte inocente. Parece claro que ele queria violência e sexo, mas constatamos novamente que um estado de consciência tranqüilo e afetuoso parece mudar totalmente a situação.

Milagres em casos de defesa pessoal

O relato de Elizabeth tem muitos pontos em comum com o de Rae. Note-se em particular o estado mental estranhamente destemido e compassivo que a salvou. Veja se você concorda que ele transformou a maneira como seu assaltante a via.

Elizabeth

No caminho de volta até seu carro depois de uma aula de balé em Hollywood, Elizabeth se lembra de ter passado por um homem alto de aparência rude que procurou estabelecer contato com ela pelo olhar. Moça urbana e experiente, ela rapidamente desviou os olhos e apressou-se.

Ao chegar ao seu veículo, num estacionamento deserto, Elizabeth parou cautelosamente por um momento para assegurar-se de que não havia ninguém escondido dentro do carro ou em volta dele. Mais tranqüila, ela abriu a porta; mas nesse momento ela foi agarrada silenciosamente por trás. O agressor empurrou uma mão perita por baixo de sua língua para impedi-la de gritar. Ele a empurrou para dentro do carro e entrou em seguida, empunhando uma faca. Apesar da luz fraca, Elizabeth não teve nenhuma dificuldade para reconhecer o homem que tinha visto alguns momentos antes na rua.

Apesar de estar aterrorizada, Elizabeth diz que se sentiu estranhamente aliviada pelo fato de a arma que o homem estava apertando contra seu pescoço ser apenas uma faca serrilhada de cortar carne. Não que ela não pudesse causar-lhe danos, ela sabia, mas de alguma maneira isso sugeria que seu agressor não era um criminoso experiente. Alguém que tivesse feito aquilo muitas vezes, ela pensou, teria outro tipo de arma.

"Acalme-se e fique quieta", o homem ordenou, pegando as chaves e ligando o carro. "Não vou lhe fazer nenhum mal."

"Bem, vai ser muito difícil com esta faca na minha cara", Elizabeth sussurrou. "É melhor você sair do meu carro. Tenho que ir para casa. Meu filhinho está me esperando. Ele vai morrer de preocupação." Ignorando seus protestos, o homem prosseguiu dirigindo, embora repetisse que não lhe faria nenhum mal.

Elizabeth não se lembra exatamente de como aconteceu, mas de alguma maneira o fato de ter mencionado o filho o motivou a falar. Ele parecia precisar falar. Ele disse que tinha sido soldado no Vietnã e que tinha visto muitas crianças chorando sobre os corpos de suas mães mortas. Elizabeth percebeu que a idéia daquelas crianças sem mãe ainda o tocavam, de maneira que continuou enfatizando que era uma mãe sozinha com uma criança desamparada esperando-a em casa. Quem sabe ele hesitaria em ser responsável pelo sofrimento de mais um órfão.

O homem conduziu o carro até aonde estava o dele próprio e ordenou que ela entrasse nele. Elizabeth recusou-se.

"O que você vai fazer comigo?", ela perguntou apreensiva.

"Por que toda mulher branca acha que um negro quer estuprá-la?", o seqüestrador disparou amargo. "Eu já disse que não vou te fazer nenhum mal. Cala a boca e entra no carro! Te trago de volta aqui em vinte minutos."

Elizabeth fez o que ele mandou e o assaltante dirigiu o carro para o gueto Watts de Los Angeles. Finalmente, ele apertou o freio num bairro comercial semideserto. A essa altura já eram dez ou onze horas da noite. Alguns pedestres indiferentes passavam apressados pela calçada, mas Elizabeth sabia que não devia esperar nenhuma ajuda. De repente, seu seqüestrador estendeu as mãos e enfiou-as dentro da calça dela. Parecia que ele estava querendo molestá-la ali mesmo no carro.

"Bem, essa é boa!" Elizabeth disparou indignada. "Você diz que não vai me estuprar e, então, a primeira coisa que você faz é me agarrar! É exatamente isso que você disse que não ia fazer! Percebo agora que você não é um homem de palavra! Como posso acreditar em qualquer coisa que você diz se você mente para mim dessa maneira?"

O agressor gelou, espantado com a explosão de raiva. Mas Elizabeth tinha muito mais a dizer. "Supondo que seja tudo mentira também que você não ia me machucar", ela prosseguiu desdenhosamente. "Você deveria ter vergonha na cara, um homem feito como você aproveitando-se de uma mulher! E como se isso fosse pouco, mentindo para mim depois de eu ter confiado em você! E a propósito, que horas são?".

O raptor pareceu confuso diante de seu comportamento e da pergunta que ela tinha lhe lançado. "Por quê? O que você quer?"

"Você disse que me levaria de volta ao meu carro em vinte minutos. Foi o que você prometeu. Mas é o que você está fazendo? Não! Já se passaram mais de vinte minutos e aqui está você comportando-se assim! Você deveria envergonhar-se de tratar uma mulher dessa maneira!"

O homem parecia surpreso com a autoridade com que ela se dirigia a ele. Seu modo de tratá-lo era o de um pai ou mãe que não está disposto a tolerar qualquer "travessura" de um filho desobediente. Apesar de terem aparentemente a mesma idade, era como se ela dissesse num tom indignado: "Se você pensa que vou suportar isso por mais um minuto, seu moleque, é melhor você repensar o caso!"

Elizabeth disse que ficou surpresa ao constatar que não sentia mais absolutamente nenhum medo e que estava tão autoconfiante que chegava a ser cruel. O pânico e o terror que tinha sentido antes tinham desaparecido magicamente. Pelo que podia perceber, ela estava com o controle absoluto da situação. Perguntei a Elizabeth o que ela imaginava que estava fazendo.

"Acho que estava tentando ter acesso a seu eu superior", ela respondeu. "Eu sentia que ele era essencialmente um cara decente que tinha se desviado naquela noite, por algum desespero pessoal. Ele tinha sido treinado para matar no Vietnã e tinha provavelmente visto e feito coisas abomináveis. Imagino que sua vida como civil não estava funcionando muito bem e ele se perguntava por que não deveria tomar o que quisesse à força.

"Em certo sentido, você poderia dizer que eu estava respondendo 'porque não'. Porque era infame. Porque prejudicava a pessoas inocentes. Porque fazia as crianças sofrerem. Minha percepção intuitiva era que ele estava em conflito a respeito de aproveitar-se das mulheres daquela maneira. Acho que ele era um homem que normalmente sentia orgulho de manter sua palavra."

Qualquer que fosse a fantasia daquele homem sobre como proceder para violentar uma mulher, provavelmente ela não incluía uma mulher olhando-o nos olhos e lembrando-o indignada de suas responsabilidades como homem. A fala de Elizabeth tinha tirado o vento de suas velas. O agressor afastou-se dela com um olhar perplexo e ofendido e ficou encarando-a confuso. Ele parecia inseguro quanto a como proceder.

"Quanto dinheiro você tem?", ele finalmente perguntou.

"Não muito", Elizabeth respondeu. "Cerca de quinze dólares. Que tal se eu te der a metade?"

O homem balançou a cabeça perplexo. "Jesus Cristo! Não acredito; não era assim que as vítimas deviam se comportar."

"Bem, você não pode me culpar por não ter tentado", Elizabeth respondeu friamente. "Esse é todo o dinheiro que tenho. Tenho um filho de três anos para sustentar, você sabe. Você não é o único que tem problema."

"Me dá o dinheiro!", o homem ordenou furioso. Ele parecia extremamente aturdido e ocorreu a Elizabeth que ele estava desistindo do que quer que tivesse planejado fazer com ela e estava se conformando com o pagamento. Ela passou o dinheiro a ele sem fazer nenhum outro comentário e ele ligou rapidamente o motor e fez o veículo voltar para o trânsito. No caminho de volta para o carro dela, ele apertou a faca contra suas costelas, dizendo ameaçadoramente: "Se você der um pio, vai se arrepender!".

"Não vou dar nenhum pio", Elizabeth concordou humildemente.

"Ele tinha que demonstrar que estava por cima", ela me disse. "Mas, naquela altura, acho que ambos sabíamos que tinha acabado. Ele estava só tentando livrar a cara. Ele não conseguiria ferir-me."

Parando a mais ou menos um quarteirão do carro dela, o homem berrou furioso: "Fora daqui!" Mas, antes de ela conseguir abrir a porta, ele acrescentou numa fúria impotente: "Olhe pra mim! Veja o que fez comigo!".

Elizabeth olhou-o e viu que seu rosto era uma máscara de sofrimento da qual escorria suor. Ele estava obviamente num estado de intenso tumulto emocional, e seu sofrimento tocou o coração dela. Virando-se para ele, ela estendeu as mãos e afagou carinhosamente o rosto dele. Olhando no fundo dos olhos dele, ela se viu dizendo silenciosamente: "Da próxima vez que você se sentir assim, espero que compreenda que o que precisa fazer realmente é estender a mão e pedir ajuda a alguém. Isso é comunicação. Há muitas maneiras de estabelecer contato com as pessoas e espero que da próxima vez você escolha uma maneira diferente. Você não precisa agir dessa forma. Você é um bom homem. Esse não é você".

Enquanto Elizabeth olhava nos olhos do homem, de repente ela percebeu as defesas dele desfazerem-se. Ele pareceu abrir-se para ela e tornar-se vulnerável. Foi um momento de incrível intimidade. Uma corrente de puro amor passou entre ambos, e era tão inebriante que Elizabeth diz ter-se sentido como se estivesse drogada.

Ela foi tomada de tal compaixão pelo homem que sentiu um desejo intenso de ajudá-lo. "Você não vai acreditar nisso", ela me confidenciou, "mas na verdade tive que me controlar para não lhe dar o número do meu telefone para que ele ligasse para mim se precisasse conversar com alguém! Percebi que isso seria uma grande loucura e não o fiz. Mas, naquele momento, eu senti um grande amor por ele. Eu só queria lhe mostrar que alguém se importava com ele e que ele não precisava obter o afeto de uma pessoa à força." Dominando o impulso, ela saiu do carro dele e correu para o seu.

Elizabeth continuou naquele estado exaltado enquanto se dirigia para casa. Ela disse que era como se tivesse experienciado uma "revelação espi-

105

ritual". Sentia-se leve e invencível. Quando por fim chegou em casa, muito mais tarde do que era esperada, seu namorado, que tinha ficado tomando conta de seu filho, foi encontrá-la na porta com evidente preocupação.

"Por Deus, onde você andou?", ele perguntou ansioso.

Com essas palavras, Elizabeth sentiu-se desagregar. Embora ela tivesse se mantido extremamente autoconfiante durante e após o incidente, de súbito voltou à consciência normal e entrou literalmente em estado de choque. Começou a tremer descontroladamente. Batia os dentes, e seu namorado teve que envolvê-la num cobertor e mantê-la abraçada por bastante tempo até ela se recompor o suficiente para contar o que tinha acontecido. Agora que tudo já tinha passado, ela mal conseguia acreditar na habilidade que demonstrara lidando com a situação de poucos instantes atrás.

Hoje, Elizabeth recorda-se de seu agressor com afeto. "Continuo pensando naquele cara o tempo todo e me perguntando o que terá acontecido com ele. Espero que esteja bem. Realmente tive muita sorte. O que eu fiz não teria funcionado com qualquer um. Ele era de fato um bom homem. Gosto de pensar que ele foi profundamente afetado por nosso encontro como eu fui e que nunca mais fez algo semelhante."

Quando um irmão se comporta como um louco, você pode curá-lo simplesmente pela recepção de seu lado saudável.
— A Course in Miracles

Elizabeth parece ter-se fixado numa imagem de seu agressor como um bom homem, e insiste em querer vê-lo dessa maneira. Quando ele tentou assediá-la sexualmente, ela o lembrou friamente que aquela atitude não era apropriada para uma pessoa decente como ele. Seria ele um homem decente ou não?

Na verdade, fiquei com a impressão de que Elizabeth venceu seu agressor em uma espécie de disputa de vontades. Ele tinha a faca, a força física e o treinamento militar, mas ainda assim no final do encontro ele era um homem humilhado, repreendendo Elizabeth pelo que tinha feito dele. Há algo tanto patético quanto burlesco em sua acusação final: "Olhe para mim! Veja o que *você* fez de mim!".

Como é que uma bailarina desarmada faz com que um soldado altamente treinado e armado peça misericórdia? Como veremos em capítulo posterior, Elizabeth estava inconscientemente praticando uma arte marcial. Seu grau de perícia fala por si mesmo.

O poder neutralizador do amor

A dinâmica da autodefesa milagrosa torna-se ainda mais evidente no caso de Kathleen. Alguns fazedores de milagres, como Elizabeth, parecem atravessar imperceptivelmente a linha divisória entre o terror e a "paz que supera a compreensão". Outras pessoas, como Kathleen, têm que lutar para manter o medo sob controle. Ao contrário da maioria das pessoas que me contaram suas experiências de livramento, Kathleen tinha consciência das realidades metafísicas e do poder criativo da consciência. Ela sabia exatamente o que teria que fazer para salvar sua vida e sua única incerteza parecia ser com respeito a sua capacidade de fazê-lo.

Kathleen

Aos vinte e três anos, Kathleen estava voltando para casa às duas horas da madrugada quando percebeu que um carro estava seguindo o seu. Ele continuava atrás dela após as paradas num posto de gasolina e num mercado, de maneira que Kathleen começou a despistá-lo fazendo uma série de voltas súbitas nas ruas de San Francisco. Achando que tinha conseguido fugir, ela dirigiu-se para seu apartamento.

Entretanto, quando saiu do carro, Kathleen percebeu que o homem que a vinha seguindo a tinha alcançado. Ele a interceptou a pé quando ela atravessava a rua, mas Kathleen recorda que mesmo então não ficou muito preocupada. Ela estava bem em frente a seu prédio e ele era um homem pequeno. Ela estava acostumada a lidar com caras que não entendiam meias-palavras e não previu que aquela seria um situação particularmente difícil. O homem tentou iniciar um diálogo, mas Kathleen dispensou-o de uma maneira amigável e prosseguiu andando. Nesse momento, ele puxou um revólver do bolso.

Kathleen disse que quando viu o revólver, irrompeu instantaneamente em lágrimas. "Tudo o que posso lhe dizer é que naquele momento entendi que todas as leis do universo tinham mudado — que nada era como eu achava que fosse e jamais voltaria a ser. Não consigo expressar o quanto é desconcertante perceber que algo como aquilo pode acontecer com você!"

O homem armado ordenou que ela voltasse a entrar no carro e dirigiu-o até um parque próximo. Durante todo o percurso, Kathleen sentiu-se como se estivesse em estado de choque. Ela se perguntava se deveria tentar saltar do veículo em movimento, mas ele tinha o revólver apontado para ela e ela não via como poderia chegar muito longe nas ruas desertas mesmo que não ficasse muito machucada na queda.

Quando eles chegaram no parque, ela lembrou que a polícia vinha encontrando cadáveres de mulheres ali. Aquela era a conversa da vizinhança nos últimos tempos. O raptor ordenou que ela saísse do carro e entrasse no arvoredo. Kathleen ofereceu a ele o dinheiro que tinha na bolsa, mas ele não estava interessado. Comunicou a ela que ia estuprá-la e matá-la. Disse que lamentava ter de matá-la — ele não gostava de fazer isso — mas que não havia outro jeito já que ela tinha visto seu rosto.

Foi então que Kathleen viu-se passando para um estado incomum de consciência. Seus sentidos se aguçaram, e os odores e ruídos das árvores impregnaram-se profundamente em sua mente. Ao mesmo tempo, não sentia absolutamente nenhum frio. Ela disse que sentia uma estranha leveza e que de repente passou da repulsa e medo para um sentimento de absoluta calma e afeição pelo raptor.

"É difícil explicar e sinto-me realmente constrangida ao falar sobre isso agora. Sentia-me desligada do que estava acontecendo. Era simplesmente como se tudo fosse acabar bem. Ao mesmo tempo, eu sentia que amava aquele cara. Era muito estranho! Entrei num estado de consciência peculiar no qual eu era simplesmente como um anjo em meu corpo, irradiando amor e compaixão para aquele homem que deveria me matar!"

O agressor ordenou que ela andasse através de alguns arbustos cerrados e continuou agitando a arma e descrevendo as coisas que faria com ela. Cada vez que ele mencionava matá-la, Kathleen mentalmente afastava a idéia, pensando resolutamente: "Não, você não vai fazer isto".

Kathleen disse que sentia que suas experiências anteriores com drogas psicodélicas como LSD e mescalina ajudaram-na por ter-lhe proporcionado uma experiência interior da maneira como a realidade é criada pelos pensamentos mantidos na consciência. Estava muito claro para ela que não devia ter medo nem aceitar a possibilidade de que o homem ia matá-la.

Kathleen enfatizou que sua recusa a fazer isso estava baseada em sua própria escolha, não na noção que tinha do homem com quem estava. Estava claro que ele tinha matado outras mulheres e pretendia seriamente fazer o mesmo com ela. Contudo, ela concentrou-se inteiramente na convicção de que ele não poderia matá-la. Ela disse que estruturou sua realidade pessoal de maneira a vê-lo como um pessoa que perceberia que ela era alguém que merecia ser bem tratada.

Enquanto eles passavam entre os arbustos na escuridão, Kathleen começou a falar com seu raptor de maneira casual e amistosa. Ela lhe disse que estava difícil andar e perguntou-lhe se podia apoiar-se no braço dele. Ele concordou, e ela apoiou-se nele, consciente de que estava criando em todos os sentidos a atmosfera de um casal de namorados.

Anos depois, Kathleen ria de constrangimento e perplexidade ao contar essa parte. "Continuei desempenhando o papel de dependente e tentando fazer com que ele tomasse conta de mim. Como se eu fosse uma dama em dificuldades e ele uma espécie de cavalheiro de quem eu dependia. Era como se eu estivesse tentando fazê-lo desempenhar o papel de Rhett Butler enquanto eu era Scarlet O'Hara!"

Quando eles alcançaram uma clareira, Kathleen continuou falando de maneira relaxada e loquaz a partir do estado alterado de calma em que tinha entrado. Ela falou de si mesma, tentando ajudá-lo a reconhecê-la como uma pessoa dotada de sentimentos como ele próprio, e fez-lhe perguntas sobre sua vida, algumas das quais ele respondeu. Eles se sentaram juntos no chão e ficaram conversando por bastante tempo, enquanto Kathleen irradiava compaixão angelical para aquele homem que pretendia estuprá-la e matá-la.

Quando ele brandia o revólver, Kathleen contou que só de vê-lo ficava com medo e perguntou se ele não se importaria em colocá-lo fora da vista para que ela não tivesse que vê-lo. Ele fez o que ela pediu. Kathleen disse que ele o mostrou várias vezes, evidentemente para provar que era macho, mas a cada vez ela pedia docilmente que o afastasse, e ele o fazia. Sua dependência feminina do tratamento gentil dele provavelmente proporcionou-lhe um modo alternativo de sentir-se forte, sendo cavalheiro em vez de agredi-la.

Por fim, ele a violentou. Com o revólver na cabeça, Kathleen não resistiu. Apesar de ter sido uma experiência horrível, ela permaneceu no estado alterado de calma e afeição por todo o tempo e tratou-o com bondade e compaixão a despeito do que estava acontecendo. "Cheguei a pedir desculpas pelo fato de meu corpo não estar produzindo qualquer lubrificação. Você já ouviu algo tão doido? Sempre senti vergonha de mim mesma por ter agido daquela maneira, mas naquela hora minha única preocupação era ser gentil com ele."

Kathleen ressalta que, por mais estranho que possa parecer até mesmo para ela, aquilo não foi uma transa. Ela se sentia desligada, afetuosa e absolutamente confiante de que havia uma bondade naquele homem que o impediria de matá-la. Concentrando-se totalmente naquela bondade, ela sentia que poderia trazê-la à tona.

Quando ele acabou de estuprá-la disse que tinha mudado de idéia. Talvez acabasse não matando a moça. Mas ela não deveria nunca contar a ninguém o que tinha acontecido. Kathleen prometeu sem vacilar e agradeceu sinceramente a ele por poupar-lhe a vida. Eles voltaram para o prédio de Kathleen e ele lhe disse para ficar sentada no carro dela até que ele passasse por ela no seu. Ela fez o que ele mandou, embora novamente tenha tido que resistir ao medo de que ele atirasse nela enquanto passasse. Entretanto, ele seguiu seu caminho sem nenhum outro incidente.

Kathleen denunciou o estupro à polícia imediatamente, mas eles não conseguiram encontrar o estuprador. Logo depois ela comprou um revólver que levou consigo por vários anos. Apesar de seu estado alterado de paz e amor na hora, depois ela experimentou uma tremenda raiva com relação ao incidente e está convencida de que poderia facilmente matar qualquer um que a tratasse novamente daquela maneira.

Ela também sentiu muita vergonha. Lembrando-se do que ocorrera, ela achou que tinha se comportado covardemente, sendo tão boa com alguém que a tinha submetido a uma experiência como aquela. Hoje, na qualidade de terapeuta matrimonial, familiar e de crianças, Kathleen tem consciência de conceitos com "identificação com o agressor", e é isso que ela acha que fez. Ela sentiu sua vida ameaçada e para salvar-se tinha se comportado de uma maneira servil. Kathleen disse que foi muito difícil integrar a consciência compassiva daquela noite com a consciência normal ou com a raiva vingativa que ela sentiu ainda por muitos anos.

"Foi como ser um anjo por um momento. É tudo o que posso lhe dizer. Eu não senti que estava fingindo importar-me profundamente com ele — realmente me importava. Toda vez que ele me ameaçava, eu sabia que era a sério e eu tinha que me esforçar para manter o medo sob controle. Eu tinha plena consciência de que estava usando o poder da mente para fazer com que a situação acabasse bem. Não que o estupro seja bom, mas é muito melhor do que a morte!

"Eu sabia que se permitisse que a possibilidade de ele me matar entrasse na minha mente, ela poderia manifestar-se fisicamente e que eu tinha que impedir que isso acontecesse. 'Oh, não. Não é isso que vai acontecer. Você acha que pretende fazer isso, mas na realidade não faria isso comigo.' Eu sei quão absurdo isso parece, mas a verdade é que tenho certeza até hoje que se tivesse admitido que a possibilidade de ele me matar existisse em minha realidade, ela teria ocorrido."

"O amor perfeito afasta o medo"

À medida que esses relatos se sucedem, fica cada vez mais difícil descartar a idéia de que o estado de consciência tranqüilo e afetuoso foi decisivo na mudança de uma situação de perigo. É evidente que as pessoas que foram submetidas a tais perigos acreditam nisso. O estuprador de Kathleen era um assassino confesso, bem como um estuprador, e não há motivos para duvidar de que ele estava disposto a levar a cabo sua ameaça de matá-la. De alguma maneira, por tornar-se "um anjo em meu corpo", ela persuadiu-o a poupar sua vida.

O destino muitas vezes salva um guerreiro indomável quando sua coragem persiste.

— Beowulf

Note-se que Kathleen estava propensa a acreditar que seu agressor ia estuprá-la, mas recusou-se terminantemente a acreditar que ele ia matá-la. Se a crença exerce alguma influência sobre o resultado, é exatamente o que poderíamos prever. Poderíamos prever que uma pessoa que acredita que pode ser estuprada, na realidade o pode ser, e que uma que não acredita que pode ser morta, não o pode.

Recordemos o que disse Jeanne: "Jamais considerei-me uma pessoa que poderia ser estuprada". E lembremos de Dona, que a princípio viu-se como alguém que poderia ser atacada por homens, e em seguida, decidiu que não era mais aquele tipo de pessoa. Mesmo aqueles que acreditaram estar prestes a morrer esforçaram-se por tentar uma saída melhor, como se não aceitassem realmente a inevitabilidade da morte.

Será simplesmente uma coincidência que nada tenha acontecido a nenhuma dessas mulheres que recusaram-se a acreditar na inevitabilidade da agressão, ou será que é a crença de que uma pessoa ou situação pode feri-la que abre a porta para que isso aconteça? Será que, de fato, tornamos as possibilidades reais ao acreditar nelas? Será possível que, concentrando-se em saídas melhores, as pessoas que me relataram suas experiências tenham conseguido transformá-las em realidades?

O amor como "último recurso"

No caso seguinte, Debra entendeu muito bem a probabilidade de ela e seu marido serem mortos. Entretanto, como Elizabeth, Kathleen e Rae, ela afastou mentalmente essa possibilidade para concentrar-se totalmente no lado positivo de seus agressores, procurando afetuosamente entrar em contato com a bondade profundamente oculta no interior deles.

Debra

Debra entrou em sua casa em Beverly Hills certa tarde e encontrou dois homens mascarados portando pistolas automáticas. Ela virou-se e correu para a porta, mas foi brutalmente agarrada por trás, arrastada para o quarto e amarrada pelas mãos e pés na cama. Os homens, falando com um sotaque do Oriente Médio, mandaram que ela abrisse o cofre para eles, mas ela explicou que não conhecia a combinação. Eles puseram uma máscara em seu rosto para que ela não pudesse nem ver nem falar e informaram-lhe que iam esperar seu marido chegar, obrigá-lo a abrir o cofre com a ameaça de que iam matá-la e depois matar a ambos.

Aqueles terroristas árabes tinham escolhido a casa de Debra porque ela e seu marido eram judeus ricos. Durante toda a tarde, enquanto um dos homens saqueava sua casa, o outro mantinha um rifle apontado para sua cabeça. Apesar da convicção de que a morte era iminente, Debra ficou surpresa ao descobrir que não estava com medo.

"Era como se eu estivesse fora do meu corpo, e sei que devo ter estado em algum estado alterado", ela me disse. "Você sabe como é quando se acabou de fazer as unhas e não se pode ir ao banheiro por alguns instantes por causa do estrago que causaria? Pois bem, eu estava justamente vindo da manicure naquele dia. Eu estava apressada para ir ao banheiro — talvez, se não estivesse com tanta pressa, tivesse percebido antes que havia algo de errado.

"De qualquer maneira, eles me empurraram para a cama de bruços e prenderam minhas mãos e pés por trás. Sei que estava num estado alterado porque só pude urinar três horas depois e não me lembro de ter sentido o mínimo desconforto, nem pelas cordas nem pela bexiga cheia."

Debra manteve sua mente num estado de perfeita paz interior. Apesar da fita adesiva colocada sobre sua boca, ela acabou conseguindo abrir uma pequena fenda pela qual podia falar e começou a conversar com o homem que a mantinha sob a mira do revólver. Debra é uma pessoa amável e extrovertida, mas foi engraçado ouvir seu relato de uma conversa muito corriqueira em tais circunstâncias extraordinárias.

Debra conseguiu fazer seu assaltante falar sobre sua cidade natal no Líbano e sobre sua família. Enquanto a tarde avançava, ele lhe falava muito abertamente sobre a perda de seu filho, sobre os empregos que tinha tido nos Estados Unidos e sobre as atividades terroristas das quais tinha participado, inclusive da morte de testemunhas como ela própria. Ele expôs em detalhes suas mágoas contra os judeus e Debra sentiu-se profundamente tocada pelo sofrimento que ele e seu povo tinham vivido.

Em seu estado alterado, Debra sentiu uma compaixão por aquele homem e seu parceiro, que ela acha difícil explicar. Eles pareceram-lhe ser pessoas estimáveis e ela compadeceu-se da dor que os tinha levado a viver violentamente. Viu-se encorajando e confortando o homem que mantinha o revólver apontado para sua cabeça e não sentia nenhum medo, embora não duvidasse de que ele fosse matá-la.

No decurso da longa tarde, o outro terrorista terminou de saquear a casa e decidiu estuprar Debra. Entretanto, seu parceiro, com quem ela tinha desenvolvido uma relação, não permitiu. Os dois discutiram acaloradamente por bastante tempo.

Três horas depois, o marido de Debra chegou. Os homens obrigaram-no a abrir o cofre e então o amarraram na cama ao lado dela.

"Você ama sua mulher?", o homem com quem estivera falando perguntou subitamente a seu marido.

"Sim", ele respondeu.

"Diga isso e ela!", ordenou o terrorista.

Quando seu marido disse "Eu te amo, Debra", os dois estavam convictos de que aquelas seriam as últimas palavras que ouviriam na Terra. Mas então os homens silenciosamente escapuliram. Eles andaram tão silenciosamente que nem ela nem seu marido os ouviram sair, mas Debra disse que pôde

112

sentir que estavam se retirando, como se estivesse afetivamente ligada a eles de alguma maneira.

Quando os dois por fim conseguiram libertar-se e chamaram a polícia, as autoridades ficaram surpresas por Debra não ter sido estuprada e ambos não terem sido mortos. A polícia identificou imediatamente os assaltantes como os que tinham cometido outros crimes semelhantes; eles jamais tinham deixado uma vítima viva. Além do mais, parecia estranho que eles tivessem confidenciado informações pessoais a Debra sem que tivessem certeza que ela não viveria para passá-las adiante.

Como ela não tinha visto os rostos de seus assaltantes, Debra não viu nenhum sentido em examinar as fotos de arquivo. Entretanto, a polícia estava quase certa de que sabia quem eram os homens e estava ansiosa para que ela desse uma olhada a fim de verificar se não os havia visto nas redondezas da casa antes de a assaltarem.

Quando afinal ela teve mesmo que examinar as fotos, Debra selecionou confiantemente as fotos de ambos os homens que a polícia tinha em mente dentre centenas de outras. Ela se surpreendeu com sua capacidade de reconhecer as pessoas naquelas fotos, apesar de não ter nenhuma lembrança de tê-las visto antes. Embora ela não possa descartar a hipótese da polícia de que os tenha visto nas redondezas, ela está pessoalmente convencida de que não. Por outro lado, ela acha que reconheceu seus seres interiores pela proximidade que teve com eles.

Debra diz que estava tão centrada na bondade que parecia haver naqueles homens que não sentiu nada por eles que não fosse um amor incondicional. Parecia-lhe que tinha deixado o corpo e que alguma presença amorosa tinha ocupado o seu lugar. Mesmo hoje, quando relata a experiência, ela sente como se tivesse acontecido com outra pessoa. É difícil para ela referir-se aos homens como "terroristas", porque soa muito violento e ela sentiu-os como amáveis e gentis. Por muito tempo ela achou que jamais conseguiria explicar devidamente o que aconteceu a qualquer outra pessoa.

Não abandone a sua função de amar em um lugar de desamor feito de trevas e falsidade, pois assim as trevas e a falsidade são dissipadas.

— A Course in Miracles

O caso de Debra representa uma surpreendente vitória do amor sobre o medo. A hostilidade da mente dos terroristas não foi correspondida por nenhum estado emocional equivalente nela. Como muitos daqueles com quem conversei, Debra sentiu que um poder superior infinitamente afetuoso tomou seu lugar, falando e agindo por ela. De alguma maneira, o amor incondicional que ela expressou inspirou uma compaixão correspondente naqueles homens violentos.

É possível que, desconsiderando os erros deles e centrando-se totalmente na sua bondade essencial, Debra tenha trazido essa bondade à tona? Ou será mera coincidência o fato de o estado mental de calma e amor incondicional sempre predominar nas experiências das pessoas que se safam da morte no último instante? Para responder a essas perguntas, precisamos ter uma noção mais clara dos conceitos de *coincidência* e *sorte*.

9

Por Acaso!

Sorte talvez seja o pseudônimo de Deus quanto ele não quer assinar.

— Anatole France

Inicio esta discussão sobre coincidência reconhecendo que não importa quantas pessoas correndo risco de vida passem para um estado mental estranhamente tranqüilo e então encontram uma saída, haverá sempre alguma possibilidade de a relação entre esses eventos ser coincidência. Essa possibilidade levou os naturalistas a supor que fatores puramente ocasionais podem explicar tudo.

Por exemplo, diz-se que se um bando de macacos fosse encerrado num quarto por toda a eternidade com uma máquina de escrever e bastante papel, eles acabariam produzindo todos os grandes romances ingleses. De acordo com essa lógica, não há circunstâncias que não possam ser explicadas pela interação despropositada de fatores fortuitos. A filosofia naturalista sustenta que mesmo as expressões máximas da inteligência e criatividade humanas são na verdade o resultado de processos evolutivos ininteligíveis.

Mas, apesar do fato de muitos se proclamarem, da boca para fora, adeptos da visão naturalista, essas pessoas *não se comportam na prática como quem realmente acredita nela*. O fato é que enquanto muitas coisas são *possíveis*, algumas são tão *improváveis* que é simplesmente impossível acreditar que elas realmente ocorreram. A mesma pessoa que insiste que teoricamente um macaco poderia escrever *Pride and Prejudice** riria de você se você tentasse provar que um macaco de fato datilografou por acaso uma frase inteligível.

O uso do senso comum

Vamos tornar esta questão um pouco mais concreta com um exemplo proposto pelo célebre químico, físico e filósofo da ciência Michael Polanyi.[20]

---

* Romance da escritora inglesa Jane Austen. (N. da T.)

Imagine que estamos olhando pela janela de um trem e observamos que há rochas numa encosta próxima arranjadas de maneira a formar o nome da cidade através da qual estamos passando. Instantaneamente supomos que elas foram colocadas ali intencionalmente pela intervenção humana. Sabemos que é *teoricamente possível* que as pedras rolem encosta abaixo e arranjem-se acidentalmente de maneira a formar uma palavra — não apenas *qualquer* palavra, mas também o nome da cidade pela qual estamos passando. Entretanto, também reconhecemos que é *astronomicamente improvável* que essa seja a verdadeira explicação do fenômeno.

Poderíamos aceitar a idéia de que pedras rolantes teriam formado acidentalmente uma única letra, mas não a seqüência exata de letras que formam o nome da cidade. Embora a coincidência seja uma explicação *possível*, há uma explicação muito mais simples que a experiência nos indica e que é infinitamente mais provável — que as pedras foram colocadas por alguém com um propósito inteligível em mente. O propósito óbvio é informar os viajantes com respeito à localidade em que se encontram para que eles possam decidir desembarcar do trem.

Se um companheiro de viagem chamasse a atenção para a "incrível coincidência" de as rochas formarem acidentalmente o nome da cidade, suporíamos que ele estivesse brincando. De fato, esperaríamos de qualquer criança com idade suficiente para ler a palavra que compreendesse que ela *não pode* ser produto de uma coincidência. *A significação do resultado é prova convincente de tratar-se de uma criação intencional com propósito inteligível.*

Coincidências significativas versus *coincidências insignificantes*

Coincidência significa propriamente uma constelação incomum de eventos, alguns dos quais têm acidentalmente algumas características comuns. O elemento comum dá às coincidências uma semelhança intrigante com eventos significativos intencionalmente organizados. Eles parecem ter algum significado, mas — sendo apenas ocorrências fortuitas — não têm.

Por exemplo, se estou a caminho de uma determinada loja no exato momento em que um comercial daquela loja é anunciado no rádio do carro, eu poderia considerá-lo uma coincidência. Dois eventos que têm algo em comum, e ambos bastante raros, coincidiram totalmente por acaso. O que significa o fato de eu por acaso ter ouvido o comercial quando estava a caminho da loja? Provavelmente nada. É por isso que tendemos a classificar as coincidências como "meras".

O psiquiatra Carl Jung cunhou o termo *experiências sincrônicas* para designar um subconjunto de eventos aparentemente fortuitos com elementos comuns que têm significados demasiado profundos para ser descartados como meras coincidências. O fato é que quando as coincidências são *demasiado* apropriadas às necessidades das pessoas envolvidas, tendemos a abandonar a idéia de que *são* coincidências e, ao contrário, suspeitamos que algum propósito oculto esteja dirigindo o resultado. Tomemos o casa de Alana como exemplo.

Alana

Alana diz que, quando era estudante e passava fome, ela ficou muito doente com uma grave infecção na garganta. O médico da clínica dos estudantes deu-lhe uma receita de antibióticos, mas ela descobriu que os remédios lhe custariam três dólares. Ela não tinha nem mesmo um dólar, de maneira que seguiu exausta em seu caminho para casa. Entretanto, algo chamou sua atenção na neve à beira do caminho quando deixou a clínica. Ao verificar, ela encontrou três notas de dólar novinhas em folha.

Pensar em três dólares e em seguida encontrar três dólares pode ser uma "mera coincidência", mas, para Alana, o fato de achar "acidentalmente" três dólares quando ela precisava tanto exatamente daquela quantia a qualifica como uma experiência sincrônica. As circunstâncias parecem arranjar-se por conta própria com um propósito inteligível em mente. É difícil evitar a impressão de que os eventos no mundo físico comportam-se da mesma maneira que nós mesmos nos comportaríamos se quiséssemos ajudar Alana.

Eis outro exemplo de sincronicidade.

Harvey

Eu estava conversando certo dia com um colega de faculdade chamado Harvey enquanto almoçávamos em sua sala de trabalho. Falávamos disso e daquilo quando o conceito de sincronicidade veio à baila e Harvey expressou seu total ceticismo. Discutimos o assunto com muitas piadas bem-humoradas de ambos os lados.

Harvey acabou observando que há anos não tinha uma discussão tão interessante sobre sincronicidade. De fato, a última vez tinha sido com uma jovem que era amiga de sua filha. Seu nome era Penny. Ao retroceder na memória, ele adquiriu um olhar sonhador. "Você sabe, acho que não pensei em Penny nos últimos quinze anos. É curioso como as pessoas podem ser importantes na vida da gente em um momento e depois desaparecer sem deixar vestígios. Fico me perguntando: o que será que aconteceu com ela?"

Meu amigo e eu voltamos à nossa discussão sobre sincronicidade, que foi logo interrompida por uma chamada telefônica. Harvey gelou ao ouvir a voz do outro lado da linha. Ele gaguejou uma resposta e, então, cobriu o bocal com a mão e resmungou: "É Penny!".

Quando desligou, Harvey parecia entorpecido. Ele contou que Penny tinha dito que estava justamente pensando nos velhos tempos e que sentiu uma grande necessidade de saber se ele continuava com o mesmo número de telefone.

"Imagino que você vai dizer que essa é uma prova da sincronicidade", Harvey riu nervoso.

"Exatamente", concordei.

As experiências sincrônicas de Jung parecem representar a intervenção divina em situações menos lúgubres do que aquelas que requerem livramento. O caso de Alana situa-se no limite entre as experiências sincrônicas e de livramento, uma que o achado do dinheiro "salvou-a" de mais ansiedade e da doença. O exemplo do escritório de Harvey, por outro lado, é puramente sincrônico. Parecia ter mais o propósito de abrir sua mente para a possibilidade de influências sobrenaturais do que salvar alguém do perigo. Nenhum deles pode ser classificado propriamente como coincidente.

Dizer que uma circunstância é significativa e que cumpre um propósito inteligível é o mesmo que dizer que ela não é realmente uma coincidência — não é um evento fortuito. Nas experiências sincrônicas, é como se uma mente mais abrangente que tem consciência de nossos pensamentos e necessidades estivesse arranjando os eventos no mundo físico de maneira a alcançarmos alguma meta ou mostrar-nos alguma verdade. Quando uma pessoa ou um animal dispõe o meio físico de maneira a alcançar uma finalidade desejada, concluímos que está agindo inteligentemente. Quando o universo se comporta da mesma maneira, seria irracional perguntar-se se ele também está sendo inteligente?

Distinção entre milagres e coincidências

Mas como sabemos se uma determinada coincidência é "mera" ou significativa? Será que todos esses casos de livramento representam os efeitos do puro acaso, ou poderiam eles refletir uma intenção na mente de Deus?

Os psicólogos normalmente tentam distinguir as coincidências dos eventos não-ocasionais pela estimativa da probabilidade de o resultado obtido *poder ter* ocorrido por acaso. Se as chances contra o acaso forem, digamos, menos do que cinco por cento, eles concluem experimentalmente que ela provavelmente não ocorreu por acaso.

Entretanto, embora essa estratégia seja exeqüível no laboratório, raramente é assim na vida real. Como podemos estimar as chances de Alana achar três dólares na neve exatamente quando precisava deles? Quais são as chances de o telefonema de Penny ocorrer durante uma discussão sobre sincronicidade e imediatamente depois de Harvey ter falado sobre ela pela primeira vez em quinze anos? O senso comum nos diz que as chances de tais coisas não ocorrerem são enormes, mas "enormes" não é um termo estatístico com o qual os cientistas podem trabalhar de uma maneira rigorosa.

O fato é que alguns eventos são tão raros, e tão extraordinariamente significativos, que não podemos nem mesmo começar a estimar o quão improváveis eles de fato são. Os naturalistas se contentam em supor que qualquer evento tem que ter *alguma* probabilidade de ocorrer por acaso, e ficam por aí. Entretanto, aquelas pedras na encosta também têm alguma probabilidade de estar lá por acaso, e eu, de minha parte, não ficaria satisfeita com atribuí-las ao acaso mesmo que tivessem sido encontrados na superfície lunar pelos primeiros astronautas a chegar na Lua!

Distinção entre coincidências
e casos de intervenção divina

Acho que existem três critérios que podem ser usados para distinguir os milagres das coincidências. Primeiro, em nossos casos de livramento, o estado alterado de tranqüilidade coincide com uma virada benéfica na sorte com muito mais freqüência do que a coincidência permite. Minha experiência tem indicado que muitas pessoas precisam apenas ouvir alguns desses relatos para perceber que a mesma coisa ocorreu com elas. Sendo acidentais por definição, as verdadeiras coincidências devem ser raras. Se a relação entre a paz interior e o livramento for tão comum quanto parece ser, ela poderá ser legitimamente classificada como uma ocorrência acidental incomum.

Segundo, não atribuímos a fatores ocasionais um evento cuja ocorrência é previsível. Por exemplo, a maioria de nós não considera uma coincidência o fato de o carro dar a partida quando giramos a chave de ignição. É exatamente isso que esperamos que ocorra. E, como veremos, as teorias místicas do todo o mundo predizem que ocorrem milagres sempre que alguém entra num estado de consciência de tranqüilidade meditativa e segue a orientação interior. Essas inversões positivas da sorte não podem ser coincidentes se são previstas pela teoria sobrenatural.

E finalmente, esses resultados são tão significativos, e tão singularmente apropriados às necessidades das pessoas envolvidas, que é difícil negar a conclusão de que foram intencionalmente arranjados por um consciência amorosa semelhante à nossa própria. Os milagres de livramento e as experiências sincrônicas representam um comportamento organizado e direcionado para uma finalidade por parte do próprio universo. A lógica rebela-se contra a idéia de que tais circunstâncias perfeitamente cronometradas e extraordinariamente significativas possam ser resultantes de mero acaso. Considere a experiência de Louise.

Louise

Minha aluna Louise contou-me que certo dia, em 1969, quando estava comprando comida, ela de repente "viu" seu marido, um piloto que servia no Vietnã, ardendo em chamas. Ela o ouviu chamando o nome dela e, logo depois, teve certeza de que ele morrera.

Louise largou o cesto com as compras no meio do supermercado e saiu correndo em lágrimas. Foi para casa e telefonou para sua mãe dizendo: "Por favor, venha pra cá imediatamente. Ralph morreu".

Quando o capelão da Base Aérea Naval de Miramar apareceu na frente de sua casa na manhã seguinte para lhe dar a má notícia, Louise e sua mãe encontraram-no à porta. "Sei que Ralph morreu", Louise anunciou secamente antes que ele pudesse falar. Depois ela descobriu que, levada em conta a diferença de horário, o avião de Ralph tinha caído no dia anterior exatamente na hora em que ela estava fazendo as compras.

Um cético certamente diria que Louise apenas imaginou por acaso que seu marido estava morrendo na hora exata em que realmente estava. Esposas de homens envolvidos em atividades arriscadas imaginam às vezes que seus maridos estão correndo perigo ou que foram mortos. Talvez essa tenha sido realmente uma coincidência, em vez de um fenômeno mediúnico que demonstra que as mentes são interligadas e que a distância não constitui uma barreira intransponível para a comunicação entre seres que se amam.

De que maneira podemos avaliar as probabilidades em um situação como essa? É possível estimar a probabilidade de um certo piloto ser abatido numa determinada missão, mas não é possível determinar a freqüência com a qual Louise poderia visualizar vividamente a morte de seu marido, porque essa foi a única vez que tal fenômeno aconteceu. Louise afirma enfaticamente que o incidente no supermercado não tinha absolutamente nada a ver com sua preocupação normal com o marido. Ela não se perguntava se ele estava bem nem temia que ele pudesse estar em perigo. Ela *soube* que ele estava morrendo no exato momento em que ele o estava de fato.

Vamos examinar outro caso em que a probabilidade de ocorrência ocasional é impossível de ser estimada, mas que é tão significativa que parece absurdo atribuí-la à coincidência.

Mel

Numa noite escura e sem luar, Mel estava voltando da cidade para um acampamento de crianças onde trabalhava como consultor. A visibilidade ao longo daquela pequena estrada rural era tão fraca que ele achou necessário caminhar com um pé na margem pedregosa e outro no asfalto para poder seguir as curvas. Ele caminhava na direção contrária do tráfego e, portanto, estava seguro de ver os faróis dos veículos aproximando-se a tempo de sair do caminho.

Enquanto andava rapidamente pensando nisto e naquilo, Mel de repente ouviu uma voz em sua mente dizendo: "Saia para a esquerda!". Mel ficou surpreso, mas não fez nada. A voz repetiu: "Saia para a esquerda, já!".

Mel nunca tinha ouvido nenhuma voz em sua cabeça e não sabia o que fazer com essa, a não ser que não ia se deixar levar por ela.

"Não. Por que deveria?", perguntou ele.

"Simplesmente faça isso!", a voz respondeu.

"Não!", repetiu Mel. "Isso é loucura."

"O problema com você é que ninguém pode te dizer nada!", a voz replicou. "Você sempre acha que sabe mais e nunca ouve. Você sempre foi teimoso. Você é completamente incapaz de aceitar um conselho? Ninguém está vendo. Você não ficará constrangido. Simplesmente saia da estrada!"

A obstinação de Mel tinha sido muitas vezes criticada por outros e ele teve que admitir que aquela acusação não era totalmente infundada. Era verdade que ele era uma pessoa muito teimosa e que normalmente preferia seguir sua própria deliberação. Mas dizer que ele era *totalmente incapaz* de aceitar conselhos era ir longe demais.

Para demonstrar à voz que ela estava errada, Mel deu um divertido salto para a esquerda. Afinal, ele estava sozinho no escuro e não havia ninguém ali para observar seu comportamento irracional. No momento em que seus pés tocaram no chão, ele sentiu uma forte rajada de ar acompanhada de um ruído sussurrante à sua direita. Um automóvel silencioso, trafegando sem faróis na contramão, tinha acabado de passar velozmente pelo pedaço de asfalto que ele tinha ocupado um momento antes. Se não tivesse saltado para a esquerda exatamente naquele momento, Mel teria sido atropelado.

Outra vez, embora seja fácil estimar a probabilidade de uma pessoa ser atropelada por um carro numa escura estrada rural, não temos nenhuma base possível para estabelecer a probabilidade da voz que falou para Mel. Aquela foi a única vez na vida que Mel ouviu uma voz na sua mente, dizendo-lhe que saísse para a esquerda, e foi também a única vez em sua vida que ele precisou de tal conselho. Chamar isso de uma mera "coincidência" parece absurdo e é abusar do significado que normalmente atribuímos à palavra.

No caso de Mel, é difícil evitar a conclusão de que alguma voz em sua consciência sabia do perigo iminente e agiu para adverti-lo. Se essa voz representa parte superior de sua própria mente, Deus, um anjo, um espírito guia ou coisa semelhante é algo que ainda precisa ser determinado. Mas a voz respondia clara e apropriadamente a uma necessidade que Mel nem mesmo reconhecia que tinha.

Note-se que essa experiência também assemelha-se a um tipo de prova. A voz poderia supostamente ter dito a Mel que um carro estava vindo, mas em vez disso disse-lhe para sair para a esquerda e não explicou mais nada. Mel salvou sua própria vida aceitando e executando uma forma de orientação interior que parecia não ter nenhum sentido. É possível que seu poder superior estivesse tentando ensinar-lhe a seguir sua intuição antes de seu intelecto?

O caso de Liz parece também envolver uma advertência intuitiva, embora não tenha se manifestado em forma verbal.

Liz

Atravessando de carro o Deserto de Mojave tarde da noite, Liz deixou-se levar pelas asas da fantasia. Em sua imaginação, ela se viu chegando a um local onde havia acontecido algum tipo de acidente. Um carro estava parado no acostamento, com as portas abertas. Uma figura feminina estava estirada imóvel no chão ao lado do carro. Um homem em mangas de camisas sinalizava freneticamente para que Liz parasse e prestasse ajuda.

Em sua fantasia, Liz parou no acostamento. O homem correu e abriu com um puxão a porta do carro. Sua cabeça aparecia pela abertura e então Liz ficou chocada ao perceber que havia um revólver em sua mão, apontado para ela. A mulher que parecera estar inconsciente estava atrás dele quando ele saltou para o banco ao lado de Liz.

Essa surpreendente reviravolta nos acontecimentos levou-a instantaneamente de volta à realidade. Que coisa mais estranha para imaginar! Liz não lembrava de alguma vez ter imaginado semelhante seqüência de ocorrências.

Cerca de quinze minutos depois, a cena que ela tinha imaginado manifestou-se diante dela como realidade física. Lá estava o carro, o corpo inerte da mulher e o homem em mangas de camisa como um vulto diante de seus faróis, sinalizando freneticamente para que ela parasse. Todos os detalhes da cena eram exatamente como tinham aparecido alguns minutos antes em seu devaneio. Reduzindo a velocidade, Liz olhou estarrecida para a cena, sem conseguir acreditar. O que tinha imaginado estava agora de fato acontecendo!

Liz é uma pessoa de bom coração e, numa situação como essa, normalmente ela faria exatamente o que tinha feito em sua fantasia. Entretanto, dessa vez, apesar de ser difícil para ela, passou pelo homem sem parar.

Rindo com sentimento de culpa diante da lembrança, ela disse: "Ao que eu saiba, eles eram pessoas decentes que realmente precisavam de ajuda. Elas provavelmente estão até hoje me xingando por não ter parado! Mas eu simplesmente não podia parar. Seria temerário demais depois daquela fantasia que eu tinha acabado de ter. Quando vi toda a cena recomeçando, eu tive certeza de que era um aviso e nada me faria cometer o mesmo erro pela segunda vez".

Em muitos dos relatos de livramento, vemos as pessoas serem intuitivamente guiadas a fazer algo que normalmente não pensariam em fazer, e esse comportamento incomum acaba por salvá-las. Isso levanta a fascinante possibilidade de tais proximidades da morte serem orquestradas em um nível superior para obrigar o indivíduo a escolher entre sua percepção consciente da situação e sua intuição. Talvez haja alguns problemas que não podem ser enfrentados com êxito unicamente pelo uso do intelecto, da experiência e da habilidade. É como se uma mente mais abrangente viesse até nós para oferecer-nos conselhos e informações úteis. O fato de essas mensagens serem normalmente anônimas não deveria levar-nos a concluir que são antes resultantes de fatores ocasionais do que mensagens significativas.

A seguinte experiência sincrônica ocorreu comigo. Veja se você acha que ela prova a existência de um poder superior que intervém em nossos assuntos quando chamado a fazê-lo.

Carolyn

Ela ocorreu há muitos anos, quando eu estava dirigindo sozinha de Los Angeles para Sedona, no Arizona. Enquanto percorria o grande deserto, comecei a sentir sintomas de ansiedade profunda. Sentia-me agitada e tinha uma fantasia recorrente com meu carro derrapando da estrada.

Por que eu estava subitamente tendo um ataque de ansiedade quando nunca antes tinha tido? Quando tentava ordenar as coisas, percebi que a altitude e o ar rarefeito tinham algo a ver com isso. Eu associava o ar rarefeito com as montanhas e lembrei-me da experiência que relatei na introdução, em que meu carro quase derrapou num precipício após a ruptura de um pneu no gelo escorregadio. Embora eu não tivesse ficado perturbada com a experiência quando ela ocorreu, percebi que meu corpo talvez tivesse desenvolvido uma reação fóbica a dirigir em condições que me faziam lembrar daquele fato.

A ansiedade tornou péssima a travessia do deserto, e isso me decepcionou, pois normalmente adoro viajar de carro. Eu parei para pernoitar e na manhã seguinte cheguei às montanhas. A ansiedade continuava, mas era tolerável. Eu podia consolar-me com o fato de ser final de primavera e, pelo menos, não haver neve nem gelo. Sabia que a ansiedade acabaria se esgotando se eu não permitisse que ela me paralisasse.

Logo comecei a notar neve nos veículos que se aproximavam e constatei que deveria haver alguma lá em cima. Minha ansiedade aumentou, mas eu continuei dirigindo enquanto as condições de tráfego pioravam. Não demorou para a estrada estar coberta de gelo e neve e eu estar totalmente tomada de pânico. Parei no acostamento e consultei o mapa.

Diante de mim havia uma extensão de dez milhas com um única pista para cada mão. No final daquela distância, eu poderia desviar-me para a via expressa, que estaria limpa de neve. Minha pista, eu já podia visualizar, contornava a encosta da montanha com um penhasco a apenas alguns metros do asfalto. Não havia resguardos de segurança que barrassem um veículo derrapante, e a estrada espiralada estava complemente coberta de neve e gelo. Meus piores temores tinham se realizado.

Fiquei ali sentada olhando para o mapa por uns dez minutos. Talvez eu devesse voltar dali? Levaria a maior parte do dia para fazer o longo caminho de volta, mas seria melhor do que encarar aquela distância de dez milhas até a via expressa.

No final, acabei decidindo prosseguir. Adoro as montanhas e sabia que se fugisse agora, o medo só ficaria pior da próxima vez. Não consegui imaginar-me desistindo de subir às montanhas pelo resto da vida por medo. Eu pediria ajuda a meu poder superior e, de alguma maneira, conseguiria vencer as próximas dez milhas.

Comecei a dirigir lentamente. Tomada pelo medo, eu apertava convulsivamente o volante, ofegando de ansiedade. A fantasia de deslizar pelo barranco a apenas alguns metros de distância intensificou-se como um pesadelo de filme de horror. Foi a experiência mais aterrorizante que já vivi.

Penso no meu poder superior como sendo Jesus, de maneira que comecei a repetir muitas vezes seu nome. Se eu pudesse simplesmente sentir sua presença e saber que ele estava comigo, eu relaxaria um pouco e de alguma maneira venceria o medo. Entretanto, após repetir "Jesus Cristo, Jesus Cristo" por vários minutos, tive que admitir que isso não estava me causando nenhuma melhora. Meu pânico aumentava, como se isso fosse possível!

"Muito bem", disse para mim mesma. "Pensemos nisso logicamente. Se estou invocando Jesus, ele deve estar comigo. Não pode ser verdade que ele não sabe da minha situação ou a esteja ignorando. Portanto, ele deve estar aqui. Mas isso não ajuda, porque não consigo sentir sua presença. Não consigo me livrar do pânico enquanto não sentir sua presença. Que faço agora?"

Nessa altura comecei a ter a idéia de que Jesus tinha uma mensagem para mim no rádio. Bem, eu em geral considero a possibilidade de internar meus pacientes quando eles começam a ter idéias como essa, de maneira que coloquei-a imediatamente de lado. Entretanto, ela continuou insistindo. "Ligue o rádio. Tenho uma mensagem para você."

"Isso é ridículo", pensei. "Devo estar realmente desesperada para pensar esse tipo de coisa!" Eu tinha desligado o rádio há quarenta e cinco minutos, porque era impossível sintonizar em alguma estação ali nas montanhas. E voltar a ligá-lo exigia que eu afastasse a mão do volante, justamente quando parecia que apenas a vigilância constante poderia ajudar-me a sair dali viva.

Mas a idéia persistia e, por fim, concluí que deveria ligar o rádio simplesmente para me ver livre dela. Ela estava desviando a minha atenção da direção. Nessa altura, eu andava em primeira marcha a cerca de 8 km por hora.

Liguei o rádio e, para minha surpresa, ele estava sintonizado numa estação com recepção perfeita. A voz de Neil Diamond irrompeu com um refrão familiar: "Procurando você, tocando em você, você tocando em mim, Doce Caroline!".

Inicialmente fiquei surpresa com a excelente recepção. Então, lembrei-me que deveria ser uma mensagem de Jesus para mim, de maneira que examinei as palavras. Eu estava reclamando que não conseguia obter a certeza de que ele estava comigo e ali estavam as palavras — juntamente com uma variante do meu nome — confirmando que estávamos em contato. Fiquei chocada e confusa. "A canção é para mim?", perguntei-me maravilhada.

Meu corpo respondeu à pergunta. Lágrimas escorreram por minha face e uma corrente de energia irrompeu em minha coluna. Não havia nenhuma dúvida em minha mente de que a resposta era "sim!". Impossibilitado de chegar diretamente à minha consciência, meu poder superior providenciara para que aquela canção em especial fosse tocada na estação em que meu rádio estava sintonizado e obrigou-me a ligá-lo exatamente no momento de ouvir as palavras de Jesus pela boca do cantor.

Rindo de alívio, acelerei confiante a uma velocidade normal. Parecia ridículo que eu tivesse tido medo de um pouco de neve e gelo.

No final da extensão de dez milhas para entrar na via expressa, eu já tinha decidido continuar pela estrada secundária através das montanhas, mas as autoridades tinham obstruído a rota por causa da neve. Lembro-me de ter pensado com certo desdém que eles estavam sendo desnecessariamente precavidos. Estava quase certa que *eu* poderia ter feito aquele percurso sem nenhum problema se eles tivessem permitido!

Não posso falar por você, mas acho extremamente ridícula a idéia de que o surgimento daquela frase em particular no rádio naquele momento seja uma mera coincidência. Não sei quais são as chances de uma pessoa chamada Carolyn, que está desesperadamente pedindo que seu poder superior reafirme sua presença, imaginar que poderia haver uma mensagem no rádio e, em seguida, ligar o rádio numa estação que está tocando as palavras exatas que ela mais quer ouvir, inclusive uma variante de seu próprio nome. Entretanto, tenho quase certeza que algo assim só ocorre por acaso em menos de cinco vezes a cada cem!

Devemos então subestimar a relação entre o estado alterado e os resultados positivos nos casos de livramento como pura coincidência? Acho que não. Não chegaríamos à conclusão que tal relação era coincidente se ela ocorresse em qualquer outra área de investigação científica. Um psicólogo experimental não ignoraria um padrão como esse se ele se referisse, digamos, ao aprendizado da discriminação nos ratos. É simplesmente nosso preconceito contra a possibilidade dos milagres que nos leva a supor, sem provas, que *não pode* haver uma relação causal entre a paz interior e os resultados positivos.

Mas se o surgimento constante do estado alterado de tranqüilidade não é simples coincidência, poderia ele estar relacionado com a precognição ou a sorte? No próximo capítulo, vamos considerar essas possibilidades.

10

Boa Sorte

Se o universo foi formado por uma confluência fortuita dos átomos, acredito também que uma combinação acidental das letras do alfabeto ocidental resultaria no mais engenhoso tratado de filosofia.

— Jonathan Swift

No capítulo anterior, lançamos dúvida sobre a possibilidade de a relação entre paz interior e a escapada de situações difíceis poder ser descartada como mera coincidência. O fato é que embora em teoria qualquer relação *possa* dever-se a uma coincidência, não atribuímos ordinariamente as circunstâncias a fatores acidentais quando eles: 1) ocorrem regularmente; 2) são previstos teoricamente; e 3) são profundamente significativos. As pessoas que me relataram suas experiências precisavam desesperadamente de ajuda e elas fizeram exatamente o que os místicos dizem levar à ocorrência de um milagre. O resultado parece proposital e é precisamente o que esperaríamos com base em uma visão de mundo sobrenatural.

Mas será que o estado de paz interior na verdade pode não ser nada mais do que o resultado de expectativas positivas, embora irracionais? Talvez essas pessoas suspeitassem que o resultado não acabaria sendo tão negativo quanto parecia e essa tenha sido a razão de elas não terem estado perturbadas. Talvez, a paz interior tenha sido o *efeito* da expectativa de um final feliz, em vez da *causa* dele.

A essa altura já deve ter ficado claro que essas pessoas não previram *conscientemente* o livramento. Muitas delas acreditavam que estavam prestes a morrer e ficaram extremamente surpresas quando isso não ocorreu. Embora elas estivessem em paz com a situação e sentissem que "tudo ia acabar bem", essa aceitação coexistia de algum modo com a expectativa de que seriam provavelmente feridas ou mortas.

Entretanto, há quem diga que esse sentimento de "estar tudo bem" baseia-se num conhecimento prévio *inconsciente*. Enquanto a mente consciente acreditava na probabilidade do desastre, uma outra parte da mente teria previsto o verdadeiro resultado e reconhecido que o perigo era apenas aparente. Vamos considerar esta possibilidade.

Precognição

A precognição é em geral considerada como uma capacidade de prever o futuro. Como Liz, que teve uma premonição que a advertiu a não parar para o casal no deserto, muitas pessoas passaram por episódios isolados em que elas sabem de antemão como algo vai se desenrolar. A conhecida experiência do *déjà vu* é um exemplo disso. Um número muito menor de pessoas cultiva a capacidade de prever o futuro e desenvolve o talento de "ler" os outros. Esses "videntes" muitas vezes ganham a vida com seus talentos precognitivos.

Há divergências no âmbito da comunidade científica quanto a se o conhecimento prévio é possível ou não. De um lado, renomados pesquisadores científicos da Universidade de Princeton e outras descobriram "indiscutíveis evidências estatísticas" de que ela ocorre.[15] De outro, nenhuma matéria de pesquisa está acima da crítica.

O conceito de predizer o futuro parece contradizer nossas idéias intuitivas a respeito da natureza do tempo. E apesar de a visão relativista do tempo da física moderna ser ela própria paradoxal e contrariar a intuição, é difícil para a maioria das pessoas conceber como alguém pode saber de coisas que ainda não ocorreram.

Quando os videntes falam do que fazem, entretanto, eles não afirmam falar com certeza sobre o futuro. Em vez disso, eles normalmente consideram-se intérpretes do futuro *provável* de uma pessoa, com base nas atuais intenções conscientes e inconscientes dela. Assim, uma pessoa com um impulso autodestrutivo inconsciente pode estar criando um futuro que envolve acidentes, doenças, etc. O vidente pressente essa intenção e o modo como ela provavelmente se manifestará.

A predição de um vidente é, portanto, uma afirmação de probabilidades. Se o futuro fosse inevitável, não haveria sentido em se fazer previsões. Todo o objetivo da especulação é tornar a pessoa consciente do que *pode* acontecer para que ela possa alterar as coisas se desejar. A vidente Diane coloca a questão da seguinte maneira.

Diane

"Se eu vejo que você está neste exato momento saindo do Bulevar Santa Monica, dirigindo-se para o sul pela via expressa 405 a 90 km por hora, não é difícil estimar onde estará dentro de uma hora. Mas é realmente apenas uma estimativa. O trânsito pode arrastar-se na próxima saída ou você pode encon-

trar um engarrafamento que manterá o trânsito parado por horas. Mesmo assim, se você prosseguir na sua rota atual, é muito provável que passará por San Diego nas próximas horas. Se você não quiser passar por San Diego, seria melhor que você fizesse algumas mudanças na rota.

"Da mesma maneira, posso sintonizar e ver onde uma pessoa se encontra em sua vida neste momento. Também posso ver o que ela está criando para seu futuro imediato. Mas o quadro muda totalmente se a pessoa muda sua atitude.

"Acho que o que eu faço é dar às pessoas uma alternativa. Posso mostrar a elas aonde suas intenções as estão conduzindo e posso ajudá-las a entender por que as coisas estão acontecendo da maneira que estão. Então, elas podem tomar suas próprias decisões quanto a se querem continuar no mesmo curso ou mudar."

Permitam-me ilustrar esse processo de elucidação do provável futuro de uma pessoa com um caso que me foi narrado por uma amiga.

Eileen

Eileen tinha tido uma carreira muito bem-sucedida como cantora popular, que a tinha levado a realizar várias turnês triunfantes pelo mundo. Talentosa, bonita e famosa, Eileen era uma daquelas mulheres que "pode ter o homem que desejar". Ela namorou com uma série de homens ricos, sofisticados e poderosos que, em sua maioria, também "pareciam deuses gregos".

Eileen ansiava pelo verdadeiro amor, mas de alguma maneira ele sempre esquivava-se dela. Um dia, ela foi consultar um vidente. "Quando encontrarei alguém para amar e casar?", perguntou.

"Nunca!", anunciou ele dramaticamente.

Eileen ficou chocada. Aquilo era um absurdo! Certamente não lhe faltava atenção masculina e ela estava ansiosa por encontrar um marido. Como aquele homem podia afirmar que ela jamais conseguiria?

"Veja os homens que lhe atraem", o vidente prosseguiu. "Como você pode encontrar o amor com qualquer um deles? Como eles poderiam amá-la? Eles são totalmente egoístas, voltados para si mesmos e loucos. Esses tipos não são capazes de amar nem a você nem a qualquer outra pessoa!"

Eileen refletiu tristemente sobre a galeria de velhacos com quem ela tinha tentado se relacionar e teve que admitir que era um espetáculo deprimente. Sem dúvida, eles eram fascinantes, românticos e "incrivelmente deslumbrantes". Mas o vidente estava certo. Cada um deles tinha acabado por se mostrar como um predador extremamente incapaz de amar ou respeitar uma mulher.

Alguns eram simplesmente narcisistas e emocionalmente inacessíveis, mas acabaram se revelando muito piores do que isso. Eileen recordou cons-

130

trangida seu breve namoro com um presidente sul-americano que depois descobriu ser responsável pela tortura e morte de milhares de pessoas. E um de seus amores perdidos estava agora cumprindo pena na prisão por ter assassinado um outro de seus ex-namorados a quem o tinha apresentado. Embora ela não soubesse que eles usavam drogas, acabou se revelando que eles envolveram-se em um grande negócio de cocaína que tinha dado errado. Por que ela sempre se envolvia com perdedores atraentes?

Profundamente chocada com a previsão que tinha recebido, Eileen começou a fazer psicoterapia. Ela começou a perceber como seu envolvimento com os homens tinha sido influenciado pelo processo de ter sido criada por uma mãe emocionalmente desequilibrada e sem pai. Aos poucos, as velhas feridas começaram a curar-se.

Atualmente, Eileen já está casada e feliz há catorze anos com um homem que é bem diferente dos que costumava namorar. Tão diferente, aliás, que quando ela saiu com ele pela primeira vez achou que tivesse cometido um grave erro! Eileen teve que esforçar-se muito para conseguir sentir-se à vontade com uma relação amorosa, mas será eternamente grata por ter feito esse esforço.

O fato de Eileen ter conseguido encontrar um marido maravilhoso não lhe parece provar que o vidente estava errado. Pelo contrário, ela acredita que ele possibilitou-lhe a boa sorte, fazendo-a encarar seus erros.

"Se ele não tivesse me despertado, eu poderia passar o resto da vida me desviando de caras maravilhosos em favor de canalhas fascinantes. Não é que não houvesse nenhum homem decente. Eu simplesmente não conseguia enxergá-los, até o momento em que a psicoterapia me ajudou a perceber minha falha."

A criação do próprio futuro

A teoria da precognição postula, portanto, que o futuro é criado por cada um de nós a cada momento. As intenções conscientes e inconscientes existentes há muito tempo manifestam-se no mundo físico para possibilitar que tenhamos experiências que são de algum interesse para nós. No caso de Eileen, a falta de modelos apropriados a tinha deixado com um legado de idéias errôneas sobre o que faz com que um homem seja "maravilhoso". Tais idéias condenaram-na a procurar compulsivamente por homens atraentes que eram arrogantes e insensíveis. A primeira parte de sua fantasia romântica ao estilo dos contos de fada se realizava, mas jamais alcançava o "viveram felizes para sempre".

Eileen conseguiu mudar sua sorte pela correção da idéia de que precisava de um homem lindo como um deus em vez de um mortal comum genuinamente amoroso e divertido. Enquanto ela se sentisse atraída por homens cruéis e egoístas, seu provável futuro seria uma sucessão de frustrações. Quando ela resolveu seus próprios problemas de relacionamento, viu-se atraída por um homem que era capaz de amá-la. Esse é um milagre pequeno mas importante, do tipo que ocorre freqüentemente em psicoterapia.

Como eu suspeito que todos os eventos da nossa vida são criados exatamente dessa maneira, não acredito que as pessoas que me relataram suas experiências de livramento tenham se sentido tranqüilas diante do perigo em função do conhecimento prévio. Não havia uma saída determinada a ser prevista e parece evidente que o mais provável de seus futuros possíveis seria trágico.

Já observamos que em tais situações é impossível avaliar *objetivamente* a probabilidade real de resultado positivo na ausência de qualquer hipotética intervenção sobrenatural. No entanto, esses casos de livramento são surpreendentes exatamente porque nós todos *sabemos* o que provavelmente ocorrerá quando se derrapa num barranco, se perde o controle do carro na via expressa ou se está à mercê de um estuprador ou assassino. Nosso sentimento de espanto diante da reviravolta na situação indica uma convicção subjetiva de que a probabilidade de um resultado positivo era de fato muito pequena.

Sorte

Mas e o argumento de que as pessoas que se salvaram simplesmente tiveram sorte? Enquanto os milagres são normalmente associados com uma aura de superstição, grandiosidade e arrogância espiritual, a afirmação de que alguém tem sorte é vista pela maioria das pessoas como mais humilde e realista. Pessoas que jamais imaginam afirmar que passaram por um milagre diriam efusivamente que tiveram um "golpe de sorte".

Entretanto, pode ser que o contrário seja verdade — é pomposo achar que se teve sorte e realista acreditar que se foi alvo de um milagre. É por isso que acredito que as únicas qualidades para se obter um milagre são que a pessoa dirija sua mente ao estado de tranqüilidade e siga a orientação interna. *Isso significa que pessoas comuns podem receber milagres se tomarem as atitudes necessárias.* A idéia de ter sorte, por outro lado, está muitas vezes relacionada com fantasias narcisistas nas quais o indivíduo se considera inconscientemente como especialmente preferido por Deus.

Como com a coincidência, o termo *sorte* é usado em mais de um sentido. Em alguns usos, ele é quase sinônimo de "a esmo". Tem-se "sorte" naquelas raras ocasiões em que um resultado desejado e muito pouco provável se manifesta. Se isso é tudo o que se pretende dizer com "sorte", então a nossa discussão anterior sobre coincidência aplica-se igualmente bem a ela.

Entretanto, há usos que não pretendem se referir ao "a esmo". Certas pessoas são supersticiosas com respeito à sorte. Os jogadores compulsivos, por exemplo, supõem muitas vezes que a vitória no jogo é uma evidência de que são de alguma maneira especiais e superiores aos perdedores. Se você tem sorte, "algo" vai fazer com que os dados caiam da maneira que você quer que eles caiam. Se você tem sorte, "algo" proverá a direção intuitiva em forma de pressentimentos: "Eu simplesmente sabia que o vermelho viria sempre voltado para cima", ou "Algo me disse que o cavalo número 6 seria o vencedor".

Quem ou o que é esse "algo" que faz com que as coisas aconteçam de acordo com nossas expectativas ou nos dá dicas valiosas que nos possibilitam vencer as chances? A "sorte" nesse sentido não soa como uma referência indireta a algum agente sobrenatural invisível com poder decisivo sobre os assuntos humanos? Não parece que alguns jogadores estão na verdade atraindo a intervenção divina, como ocorreu com Mel e Liz?

No contexto da mitologia greco-romana, o jogo compulsivo parece ser o sacramento de uma estranha religião na qual as pessoas buscam favores especiais de um deus ou deusa que favorecerá sua causa. Roga-se à "Deusa Fortuna" em antigos rituais religiosos, como se um objeto "de sorte" (sagrado), pedaço de tecido, ritual ou frase pudesse conferir poder e ser usado para invocar ou dispor de forças invisíveis. Nos tempos antigos, esse poder oculto era personificado na deusa Fortuna, cuja imagem continua estampada no baralho de tarô. Hoje, ela é chamada mais comumente de "Dama da Sorte".

É possível que os jogadores compulsivos sejam na verdade feiticeiros amadores? Uma jogada de sorte significa para eles que o poder sobrenatural está à sua disposição, enquanto a falta de sorte equivale a estar sendo punido por seu deus. Entretanto, qualquer que seja o resultado, ele dá ao indivíduo a sensação gratificante de ser importante para o universo. Se a Fortuna (Deus) elege alguém para dispensar-lhe seu amor especial ou ódio especial, essa pessoa tem que ser de fato muito especial!

Parece-me que atribuir milagres à sorte no sentido de ser o preferido pela Fortuna é basicamente um equívoco. Envolve a suposição de que há um poder sobrenatural que criou a todos nós mas que pode ser conquistado pela bajulação e induzido a favorecer os interesses de um indivíduo à custa de outro.

É evidente que isso é exatamente o que pensam muitas pessoas religiosas — orando para que seu país vença a guerra e supondo que têm direito a favores especiais de Deus. Seus adversários, naturalmente, pensam exatamente da mesma maneira.

Um clérigo para Abraham Lincoln durante a Guerra Civil nos Estados Unidos: "Vamos rezar para que o Senhor esteja do nosso lado".

Lincoln: "Não me preocupo com isso. O Senhor está sempre do lado da justiça. Oremos para que nós estejamos do lado do Senhor".

As experiências de livramento indicam que as pessoas têm acesso a milagres exatamente porque *não* se sentem especiais e porque *não* desejam a vitória pessoal. Antes, elas "amam seus inimigos", simpatizando-se com a dor deles e desejando uma solução que seja boa para todos.

De acordo com a perspectiva mística, os milagres não são sinais de favores especiais de Deus. Muito pelo contrário, *A Course in Miracles* os define como "sinais de amor entre iguais".[21] De acordo com essa visão, nós nos abrimos para a possibilidade de intervenção divina sempre que adotamos uma perspectiva mais abrangente na qual os interesses dos outros — inclusive de nossos assim-chamados "inimigos" — são tão importantes para nós quanto nossos próprios interesses. Quando reconhecemos nossos adversários como pessoas iguais a nós mesmos, que cometem erros mas que apesar disso merecem compaixão, adotamos uma atitude verdadeiramente construtiva. Em conseqüência, procuramos e encontramos soluções milagrosas que servem para todos.

As pessoas religiosas são especiais perante Deus?

Eu disse que a maioria ou todas as pessoas que me relataram suas experiências de livramento eram voltadas para a espiritualidade e que isso pode ter tido algo a ver com seu êxito em obter milagres. O leitor pode estar se perguntando se isso é uma afirmação de que elas possuem uma virtude especial que as torna merecedoras de favores especiais de Deus. Acho que a resposta é não. Não há pessoas especiais.

Como veremos no capítulo seguinte, os indivíduos que experienciam milagres podem de fato estar usando sua intuição para conectar-se com seu poder superior em um estado de meditação profunda. Se o estado meditativo é um pré-requisito para o milagre, não seria de surpreender que as pessoas que praticaram o aquietamento da mente e a escuta interior em busca de orientação o alcancem mais facilmente. Uma criança que foi treinada a discar o número 911 em uma emergência tem mais probabilidade de consegui-lo do que uma a quem nunca se ensinou essa saída. Entretanto, essa criança não é especial ou melhor do que as outras — apenas tem maior probabilidade de ter acesso rápido aos serviços de emergência. E sou de opinião que as pessoas que cultivam sua capacidade de voltar-se para dentro em busca de orientação não são melhores do que as outras nem mais amadas por Deus — apenas têm maior probabilidade de ter acesso a um milagre.

Resumindo, o conhecimento prévio não parece ser uma explicação apropriada para o estado alterado de tranqüilidade. Como veremos ainda mais claramente no Capítulo 12, há casos em que não havia nenhum resultado pré-determinado a ser previsto. Além do mais, esses são casos em que a pessoa não tem que ser vidente para saber que o resultado mais provável seria desastroso. Creio que esses causadores de milagres dispuseram-se intencionalmente a efetivar um resultado altamente improvável.

E, apesar de algumas pessoas realmente parecerem ter "sorte" no sentido de que as coisas comumente funcionam melhor para elas do que se poderia esperar, creio que isso acontece antes porque elas aprenderam a conectar-se intuitivamente com seu poder superior, e não porque são favorecidas pela Fortuna. No próximo capítulo, examinaremos mais de perto aquele estado de consciência tranqüilo, amoroso e desapegado e veremos que ele tem uma notável semelhança com os estados meditativos aos quais as pessoas criativas de todos os tempos recorreram como meio de obter acesso à orientação "intuitiva".

Segunda Parte

A Criação de Soluções Milagrosas

11

O Cultivo da Intuição

Assim, vemos que a meditação no sentido mais amplo da palavra é uma forma avançada de concentração em qualquer campo de investigação, seja ciência, arte ou filosofia. É o poder da mente concentrada que penetra na estrutura essencial de um objeto, resultando numa sensação de relação íntima ou identidade. Finalmente, o fluxo ininterrupto de pensamentos pode resultar num lampejo súbito de intuição.

— Haridas Chaudhuri

Estou afirmando que as pessoas que vivenciam milagres podem escapar do perigo por seguirem a orientação divina, e que o estado de consciência estranhamente calmo e desapegado que elas descrevem pode na verdade ser um estado meditativo. Mas seria realista supor que essas pessoas comuns estivessem meditando em meio a situações de perigo de vida? O que é exatamente a meditação e como ela pode ajudar?

Diz-se freqüentemente que *orar* é falar com Deus, enquanto *meditar* é ouvir a Deus. Muitas pessoas usam o termo *oração* para referir-se a ambas as atividades, mas creio que a distinção é importante. Ao orarmos, apresentamos nossos problemas à presença divina interior, suplicando ajuda. A meditação, por outro lado, é um estado mental profundamente concentrado no qual aquietamos a mente para comunicarmo-nos com os níveis mais profundos de nosso ser.

Cerca de 75 por cento dos americanos dizem que oram regularmente.[12] Entretanto, suspeito que um número muito menor deles foi educado para ouvir a resposta, e essa pode ser uma das razões pela quais as pessoas que pedem por milagres muito freqüentemente não os recebem. Se são necessárias tanto a oração quanto a meditação para que haja milagres, talvez a prece sozinha não seja suficiente para se produzi-los. Isso seria um pouco como fazer uma ligação em busca de ajuda e desligar antes de a pessoa que atendeu poder oferecer auxílio.

Se, como afirmam os místicos, você cria inconscientemente os problemas que o afligem com suas atitudes e crenças, então a única maneira de seu poder superior poder ajudá-lo seria encorajá-lo a mudar de atitude. Deus não pode desfazer as circunstâncias que você está formando sem violar seu livre-arbítrio. Como um pai amoroso que dá conselhos se solicitado mas que, do contrário, não interfere, nosso poder superior nos deixa decidir se queremos ouvir e aprender.

Aprendendo a meditar

Isso significa que as pessoas que querem obter milagres devem aprender a meditar. Embora aprender a meditar normalmente envolva uma certa prática e paciência, muitos adeptos dizem que meditar é na verdade um estado muito natural e que se pode entrar nele a qualquer hora do dia. Todo o mundo passa por momentos de desligamento e paz interior. O esforço despendido no treinamento meditativo resulta da dificuldade de *manter* uma atitude mental tranqüila e despreocupada. O ego está sempre intrometendo-se com distrações, e para muitas pessoas é extremamente fácil embarcar num trem de pensamentos irrelevantes e seguir com ele até o fim da linha.

Uma vez adquirido o hábito de focalizar a mente na tranqüilidade, entretanto, podemos meditar à vontade sem ter de recorrer a cantos, rituais, mantras, etc. Na verdade, as pessoas que se encontram num nível avançado de busca espiritual procuram viver em estado constante de meditação — mantendo uma comunicação ininterrupta com uma realidade superior. De fato, é bastante razoável supor que tal pessoa possa entrar rapidamente nesse estado diante de uma situação de emergência.

Ouvir a voz de Deus

A meditação é, portanto, um estado de consciência de amor, paz e despreocupação, no qual as pessoas dizem com freqüência que conseguem "ouvir" metaforicamente a "voz de Deus". Entretanto, como "ouvir vozes" é associado pelo senso comum com loucura, muitas pessoas relutam em reconhecer tal experiência.

Além do mais, a idéia de que o "Senhor do Universo" se dignaria a comunicar-se pessoalmente conosco parece a muitas pessoas como perigosamente pretensiosa. Por exemplo, existe uma velha piada entre os psicoterapeutas que diz que é perfeitamente saudável e normal falar com Deus. Entretanto, quando se começa a ouvir a resposta de Deus — então se está numa enorme encrenca!

Contudo, se estamos preparados para acreditar que existe um Ser sobrenatural que criou a nós todos, é certamente razoável concluir que nosso Criador gostaria de comunicar-se com suas criaturas. Rezar sem nenhuma esperança de que Deus ouça e responda à oração — isso seria *realmente* loucura!

A despeito do fato de indivíduos psicóticos serem às vezes atormentados por vozes estranhas e persecutórias, ouvir vozes é na verdade uma experiência corriqueira de pessoas completamente normais. Por exemplo, em sua divertida autobiografia, *Surely You're Joking, Mr. Feynman*, o Prêmio Nobel de física Richard Feynman conta-nos a interessante experiência que teve quando foi dispensado pelos psiquiatras do exército porque "ouvia vozes".[23]

Richard Feynman

Richard Feynman tinha passado a maior parte da Segunda Guerra Mundial em Los Alamos trabalhando no Projeto Manhattan e tinha acabado de voltar para casa no final da guerra, quando foi convocado para o exército. Como ele era um homem com uma tendência sincera para o absurdo, não deu imediata atenção ao fato de que não poderia ser convocado. Curioso para ver o que aconteceria, o jovem gênio apresentou-se no quartel.

Feynman passou pelos exames físicos sem dificuldade, mas não foi aprovado na entrevista psiquiátrica simplesmente por ter sido estritamente sincero. Interrogado se alguma vez tinha ouvido vozes em sua mente, Feynman garantiu ao psiquiatra que as ouvia constantemente. Perguntado se ele alguma vez sentira comunicar-se mentalmente com sua esposa falecida, Feynman reconheceu que com muita freqüência desligava-se e tinha longas conversas com ela. Parece que isso era tudo o que o médico do exército precisava saber para concluir que Feynman era mentalmente desequilibrado e totalmente incapacitado para servir à pátria!

A maioria dos psicoterapeutas reconhece hoje que todos nós temos interlocutores internos com os quais mantemos um constante diálogo interior. Nosso ego (personalidade) é feito de múltiplas subpersonalidades (por vezes chamados "arquétipos" ou "estados egóicos"), cada uma inclinada a argumentar fervorosamente em favor de sua própria perspectiva.

Os psicoterapeutas muitas vezes intermedeiam as disputas no interior da personalidade, facilitando o diálogo entre as subpersonalidades conflitantes. Essas "vozes" individuais são às vezes identificadas com rótulos variados, como *criança interior, figura materna/paterna crítica, rebelde, autoritário, submisso,* etc. Tão intensos podem se tornar esses conflitos entre as subpersonalidades que pessoas perfeitamente normais chegam às vezes a sentir como se em sua cabeça ressoasse os berros de um comitê em discussão!

Quem sabe se perdida entre as muitas vozes vociferantes do ego não exista realmente uma outra que fala em nome de Deus. Talvez, como dizem os místicos, nós todos a ouçamos sem compreender seu significado. Mas o que é exatamente essa "voz de Deus"? Será ela ouvida por pessoas que não sejam nem santos nem loucos?

Consciência

Se é verdade que a voz de Deus é familiar a todos, mas não reconhecida como tal, então é provável que a conheçamos por outros nomes. A "voz da consciência" é um desses rótulos. A consciência é freqüentemente descrita como "a vozinha calma que ensina a distinguir entre o certo e o errado". Ela foi tradicionalmente considerada como uma fonte divina de inspiração moral, acessível a cada pessoa no íntimo de sua própria mente.

A consciência é a presença de Deus no homem.

— Emanuel Swedenborg

As pessoas voltadas para a espiritualidade usam a consciência como uma bússola interna que as orienta quando elas começam a perder o rumo — um corte suprema à qual podem apelar quando outras pessoas as acusam de estar erradas. Por exemplo, foi a consciência que instigou vários pacientes do psicólogo Abraham Maslow a divergir de formas culturalmente aceitas de imoralidade, como o racismo e a escravidão.[23]

Maslow descobriu que humanistas extraordinários, como Mohandas Gandhi e Abraham Lincoln, atribuíam seu senso de responsabilidade a um poder maior do que eles próprios. Eles se sentiram muitas vezes "chamados" por Deus para prestar algum serviço à humanidade e dirigidos por Deus em seus esforços para executar tal obrigação moral.

Não digas nada de minha religião. Ela só diz respeito a Deus e a mim mesmo. Sua evidência para o mundo deve ser procurada em minha vida: se ela tem sido honesta e prestativa à sociedade, a religião que a tem regido não pode ser má.

— Thomas Jefferson

Não admira que os naturalistas não vejam nada de sobrenatural na consciência. Para eles, ela é apenas uma outra voz do ego moldada de acordo com os valores morais de nossos pais. "Certo" e "errado" dependem simplesmente do que as pessoas em uma certa época e um certo lugar foram condicionadas a considerar apropriado.

Se a consciência não passa de um produto da educação, ela não tem nenhum direito legítimo de proclamar-se uma autoridade moral universal. Neste caso, o amor caritativo poderia ser "certo" para uma pessoa enquanto o canibalismo ou o sadismo seriam igualmente "certos" para outra. Como o naturalismo tem exercido grande influência neste século, estamos atualmente vivendo numa atmosfera de relativismo moral, em que é tanto ignorante quanto arrogante supor — como fizeram pessoas como Gandhi, Lincoln, Jefferson e Martin Luther King Jr. — que temos a responsabilidade moral de descobrir e aderir a um padrão de bondade absoluto conferido por Deus.

Intuição

Enquanto a moralidade tem uma dimensão política que transforma a consciência numa questão delicada, *intuição* é um termo para designar a voz de Deus que atualmente goza de considerável credibilidade. Isso provavelmente reflete o fato de que, enquanto não queremos que Deus nos diga o que fazer, a maioria de nós não faz objeções a uma sugestão ocasionalmente útil.

A palavra *intuição* significa *ensinamento interior*. Em toda a história, as pessoas criativas reconheceram a existência de uma voz interior que responde brilhantemente a nossos pedidos de informação e orientação, embora seja facilmente afugentada pela tagarelice mental. A intuição torna-se discernível somente quando aquietamos o ego, relaxamos profundamente e nos distanciamos psicologicamente de nossos problemas — quer dizer, quando meditamos. Normalmente achamos que as pessoas que desenvolveram o acesso à intuição são felizardas, imaginativas, visionárias e altamente criativas.

Por causa de suas conotações sobrenaturais, o *status* da intuição é, em última instância, tão controverso quanto o da consciência. Os naturalistas não conseguem admitir que ela possa representar algo mais do que um estranho pressentimento feliz. Na visão deles, uma percepção intuitiva não passa de uma vaga e inconfiável imagem da verdade que surge de associações fortuitas no âmbito da memória, do sistema nervoso ou da mente inconsciente.

Contudo, Jeffrey Mishlove, diretor da *Global Intuition Network*, observa que sempre existiram pensadores importantes que acreditavam que a intuição reflete uma capacidade humana de conexão extra-sensorial com um campo abstrato de informações existentes no universo.[24] Os gênios, de Sócrates a Einstein, reconheceram que, em momentos de profundo relaxamento mental, as soluções de problemas enigmáticos parecem deslizar espontaneamente para a mente receptiva.

A intuição na arte, na música e na literatura

Os artistas sempre confiaram nas inspirações fornecidas pela intuição. Os antigos gregos, por exemplo, atribuíam a criatividade artística às "musas", nove divindades menores consideradas mentoras dos seres humanos receptivos por implantar idéias em suas mentes. Grandes artistas até hoje dizem que é como se as novas idéias brilhantes fossem elaboradas em algum outro lugar e, de repente, passadas para eles para que as executem.

143

Wolfgang Amadeus Mozart, por exemplo, era um menino-prodígio que escrevia música como as outras pessoas transcrevem ditados. Desde sua primeira infância, ele era capaz de relaxar profundamente e entrar em sintonia com belíssimos arranjos orquestrais tocando em sua mente. Ele então simplesmente os transcrevia tal como os escutava. Eis o que ele diz.

Quando estou com boa disposição, talvez passeando de carruagem, caminhando após uma boa refeição ou numa noite insone, então os pensamentos precipitam-se da melhor maneira possível em mim. De onde e como — não sei e não consigo descobrir.[25]

Em conseqüência dessa sintonização interior, Mozart pôde escrever músicas "divinas" de espantosa complexidade em meio a muitas distrações. Ele não *criava* música, mas a *transmitia* de alguma fonte fora de si mesmo. É adequado considerá-lo um compositor "inspirado".

O filósofo Friedrich Nietzsche afirmou que escreveu sua obra-prima *Assim Falou Zaratustra* sob a influência de uma inspiração semelhante.

Ouve-se, não busca-se; recebe-se sem pedir ao doador; como um relâmpago, um pensamento irrompe, por necessidade, perfeito em forma — nunca tive que escolher. É um arrebatamento, uma enorme agitação que às vezes encontra alívio numa torrente de lágrimas; um estado de ser inteiramente fora da própria pessoa com a mais clara das consciências. Tudo acontece num grau supremo de involuntariedade, como numa irrupção de sentimentos de liberdade, de poder, de divindade.[26]

A intuição na ciência

A função vital da intuição não se limita às esferas da música, da arte e da literatura. Os cientistas também fazem uso dela. Por exemplo, Michael Polanyi — um brilhante físico-químico que formou dois ganhadores do Prêmio Nobel — observou que os cientistas medíocres tentam fazer descobertas pela aplicação do método de tentativa e erro a hipóteses desenvolvidas pelo pensamento lógico. Eles utilizam métodos racionais e empíricos, mas pouca intuição.[20]

Polanyi ressaltou que os cientistas verdadeiramente grandes de toda a história chegaram a importantes concepções teóricas intuitivamente. Não há dúvida de que os pesquisadores proeminentes também fazem pesquisas empíricas e pensam racionalmente em seus problemas. Entretanto, a solução, quando aparece, quase sempre assume a forma de um súbito lampejo intuitivo que lhes permite simplesmente "ver" como as coisas funcionam. Então, eles fazem pesquisas para comprovar a resposta que sua visão interior já revelou.

É evidente que esses *insights* científicos não podem ser dons do ego racional, uma vez que eles às vezes surgem em forma simbólica ou até mesmo em sonhos. Por exemplo, a estrutura da molécula de carbono foi descoberta por um químico que sonhou com uma serpente mordendo sua própria cauda. E a máquina de costura foi inventada por Elias Howe depois de ter sonhado com um cavaleiro empunhando uma lança com um furo na ponta. Todos os esforços anteriores para desenvolver tal máquina tinham fracassado porque eles utilizavam agulhas comuns com o furo na ponta oposta à que perfurava o tecido.

A intuição na psicoterapia

É também amplamente reconhecido que os melhores psicoterapeutas, desde Freud, sempre se basearam na intuição. Eles relaxam, sintonizam-se com seus pacientes e sentem-se guiados a intervir corretamente. O contraste entre essa abordagem intuitiva e a mais racional e empírica ficou evidente quando dois pesquisadores decidiram examinar os métodos de dois profissionais proeminentes. Entre seus objetos de estudo estava o brilhante hipnoterapeuta Milton Erickson.

Os pesquisadores descobriram que eram capazes de identificar uma série de comportamentos comuns a todos os grandes terapeutas. Por exemplo, eles tendiam a sentar-se em uma postura que espelhava a do paciente. Usavam palavras e metáforas apropriadas exclusivamente à mentalidade da pessoa que estavam tentando ajudar. A partir de tais observações empíricas, os investigadores deduziram os princípios de uma boa psicoterapia relacionados com a postura, a escolha do vocabulário, os movimentos dos olhos, etc.

Entretanto, diz-se que quando Erickson viu suas conclusões, ele explodiu em risadas. "Eles pensam que me entenderam", ele disse, "mas o que eles têm é a casca, e não a noz."[27] A noz era, obviamente, a intuição. Erickson não controlava seu comportamento. Se ele fizesse tais coisas conscientemente, não estaria realmente presente na relação com o paciente. Pelo contrário, ele simplesmente relaxava e fazia o que se sentia inspirado a fazer a cada momento — com efeito mágico.

A intuição nos negócios

A intuição também exerce um papel vital nos negócios e finanças. Por exemplo, o PSI Communications Project da Faculdade de Engenharia de Newark explorou as capacidades precognitivas de mais de cinco mil executivos.[28] Eles descobriram que os presidentes que tinham duplicado os lucros de suas empresas durante os cinco anos precedentes saíram-se muito melhor nos testes de precognição do que seus homólogos menos bem-sucedidos. E mais, cerca de 80% desses homens e mulheres de negócios fenomenalmente bem-sucedidos disseram que acreditavam em percepção extra-sensorial a partir de sua própria experiência. Pela utilização de suas capacidades intuitivas, esses "vencedores" encontraram uma maneira de antever tendências e desenvolveram o dom de estar no lugar certo na hora certa.

A intuição, portanto, parece ser um aspecto essencial da criatividade em todas as áreas. Por exemplo, o renomado sociólogo e filósofo nascido na Rússia Pitirim Sorokin ressaltou que as formas de conhecimento empírica, racional e intuitiva complementam-se naturalmente. Fazendo uso apropriado de cada uma delas, podemos esperar chegar a uma apreensão da "verdade total".[29]

Como Polanyi, Sorokin acreditava que a ciência ocidental contemporânea tinha erroneamente exaltado o empirismo e o racionalismo à custa da intuição. Ele nos viu suspensos à beira de uma mudança cultural que nos conduzirá de volta a uma profunda valorização dos modos intuitivos de apreensão da realidade.

Premonições intuitivas

A intuição não apenas provê *insights* criativos e orienta as pessoas para fora de situações perigosas; como já vimos, muitas pessoas utilizam a intuição para evitar problemas. "Algo" as adverte para parar antes que seja tarde demais. Tomemos o caso que Brett me relatou com respeito ao súbito ataque de pânico de sua mãe no aeroporto.

Brett

Quando Brett era adolescente, ele, a mãe e o irmão estavam voltando para casa de uma visita a amigos da família em outra cidade. Eles estavam no aeroporto, sentados no portão de embarque, quando a mãe de Brett teve uma premonição de desastre. Segundo Brett, ela de repente ficou "fora de si".

"Em um minuto estávamos tranqüilos, esperando embarcar em nosso vôo; no minuto seguinte, ela não apenas se recusou a deixar que algum de nós embarcasse, mas também ficou desvairada com respeito a nossas malas. Mamãe exigiu que o pessoal do aeroporto transferisse nossa bagagem para outro vôo imediatamente.

"Bem, nessa altura o avião já estava sendo carregado. Os funcionários do portão de embarque insistiam que, embora pudessem transferir nossas passagens, não havia como transferir nossa bagagem àquela altura.

"Apesar de mamãe ser normalmente uma pessoa bastante reservada e educada, de súbito ela passou a gritar com aquelas pessoas feito uma louca. Meu irmão e eu estávamos morrendo de vergonha. Para que você tenha uma idéia do quanto ela estava desconcertada, lhe digo que ela conseguiu fazer com que eles atrasassem o vôo para descarregar nossa bagagem.

"Depois dessa introdução, imagino que você não ficará surpresa ao saber que o avião caiu. Houve poucas mortes, mas algumas das pessoas que morreram ocupavam nossos lugares.

"Meu pai é deficiente físico e tem dificuldade para acomodar-se e sair dos assentos de avião; por isso, minha família sempre viaja na primeira fileira do compartimento de primeira classe. Mesmo meu pai não estando conosco naquela viagem, seu agente de viagem tinha nos reservado aqueles lugares como uma questão de rotina. Como eles eram lugares muito bons, suponho que alguns dos outros passageiros tenham se transferido para eles durante o vôo. Todos eles morreram.

"A queda e as mortes foram noticiadas pela televisão antes de conseguirmos comunicar a meu pai a mudança de vôo. Quando ele ouviu que vôo era e que parte do avião tinha sido mais atingida, ele supôs que éramos nós que tínhamos morrido. Mas graças à intuição de minha mãe, estávamos ainda perambulando pelo aeroporto quando aquele avião caiu."

Os céticos dirão que a mãe de Brett estava agindo irracionalmente e que foi por puro acaso que seu comportamento depois mostrou-se justificado. "O que dizer de todas as pessoas que têm medo de voar, apesar do fato de seus aviões não caírem?", eles perguntarão. "Estatisticamente, é inevitável que algumas pessoas neuróticas ocasionalmente reservem lugares em vôos que de fato podem ter problemas."

Embora isso sem dúvida seja verdade, não é realmente importante. A mãe de Brett não tinha um medo crônico de voar. Ela ficou subitamente com medo de deixar a família viajar naquele determinado avião, embora estivesse perfeitamente à vontade com a idéia de embarcar em outro imediatamente depois. E sua preocupação incluía seus pertences, o que não é típico de pessoas que são simplesmente fóbicas com respeito a viajar de avião. Essa mulher teve uma intuição de que viajar naquele avião em particular seria desastroso para sua família, e no fim ela estava certa.

Na mesma linha, há outro caso relatado por uma ex-estudante de psicologia.

Rachel

A caminho do trabalho para casa certa tarde, Rachel foi subitamente tomada de terror. Seu apartamento sempre lhe parecera um porto seguro, mas agora a idéia de entrar nele encheu-a de um inexplicável terror. Quanto mais ela se aproximava dele, mais aumentava seu pânico. Ela freou o carro para colocar seus pensamentos em ordem a vários quarteirões de casa.

Rachel nunca tinha sentido algo parecido com aquilo. Disse para si mesma que estava sendo ridícula, mas a cada vez que tentava religar o carro para prosseguir para casa ela começava a ofegar, transpirar e tremer. Depois de vinte minutos de luta, ela concluiu que simplesmente não conseguia. Não podia ir para casa.

Tendo nascido e crescido na mesma cidade, Rachel tinha muitos amigos e parentes a quem ela poderia ter ido visitar. Qualquer um deles ficaria contente por poder oferecer-lhe uma cama para passar a noite, mas ela teria que explicar por que não tinha ido para casa. Como ela poderia deixar que alguém soubesse que ela estava tomada de um medo irracional? Eles achariam que ela tinha ficado louca!

Por fim, Rachel decidiu ir para um hotel. Ela odiou gastar dinheiro com o hotel, mas preferia isso a que alguém ficasse sabendo do quanto ela estava maluca. Quando despertou pela manhã, a sensação de pânico tinha desaparecido completamente. Que idiota ela tinha sido! Pelo menos ninguém ficaria sabendo.

Rachel pagou a conta e foi para casa tomar banho e trocar de roupa. Quando ela estacionou na sua vaga na garagem, um vizinho precipitou-se para ela e passou-lhe o número do telefone de um oficial de polícia a quem ela deveria telefonar. Seu apartamento tinha sido assaltado na tarde do dia anterior. Juntando as peças dos relatos dos vizinhos, a polícia concluiu que o assalto tinha ocorrido na hora em que Rachel estava indo para casa.

"Foi bom você não ter voltado diretamente para casa do trabalho!", disse-lhe o oficial que ela contatou. "Sabemos que esses caras são profissionais — eles devem ter se atrapalhado bastante para ficar lá até a hora em que você ia chegar. Não sei lhe dizer quantas pessoas são mortas a cada ano ao chegar em casa em meio a um roubo e ver o que não deveriam. Se você tivesse entrado naquele apartamento às cinco e meia, eu não apostaria um centavo em suas chances de estar aqui agora!"

Você jamais conseguirá convencer Rachel ou a mãe de Brett que foi apenas por coincidência que seu súbito pânico irracional salvou-as de serem agredidas ou mortas. Elas irão para o túmulo acreditando que "algo" avisou-as do perigo. Mas o que é esse "algo" que nos alerta da ocorrência de um assalto a quilômetros de distância ou da queda de um avião que não ocorrerá antes de uma hora? O que é esse algo que ensina aos Mozarts deste mundo como criar uma grande obra de arte e aos Einsteins onde encontra-se a solução para seus problemas? Não poderia ser a orientação divina?

Intuição e meditação

É difícil fugir à conclusão de que as pessoas extraordinariamente felizardas e criativas voltam-se para dentro em busca de inspiração. Todas essas pessoas parecem relaxar, abandonar suas preconcepções acerca de um problema e sintonizar com sua intuição para perceber o que está realmente ocorrendo e o que fazer a respeito. Será simplesmente por coincidência que essa atitude de neutralidade emocional e sintonização interna é tão semelhante ao que as pessoas voltadas para a espiritualidade chama de *meditação*? E será apenas outra coincidência que ela se pareça tanto com o processo interno daquelas pessoas que experimentam milagres de livramento?

As pessoas religiosas dizem que "Deus as guia", enquanto os cientistas bem-sucedidos relatam que, em momentos de relaxamento, eles "percebem repentinamente o verdadeiro estado das coisas" por uma faculdade intuitiva que é ainda pouco entendida. Jogadores e homens de negócios prósperos "seguem seus pressentimentos", enquanto os artistas criadores dizem poeticamente terem sido "inspirados pelas musas". E aquelas pessoas que vivenciam o que venho chamando de milagres de livramento dizem que elas apenas desligaram-se emocionalmente e que, então, "algo" se sobrepôs a elas, fazendo-as comportar-se de uma maneira que, do contrário, jamais cogitaram.

Colocadas diante de problemas que elas não conseguem resolver, pessoas altamente bem-sucedidas de todo o mundo acalmam-se, voltam-se para dentro de si mesmas e, então, vêem-se orientadas para uma solução surpreendente. E note-se que parece não importar se elas consideram ou não a fonte dessa inspiração como sendo "divina". Conforme disse Mozart: "De onde e como — isso eu não sei nem posso descobrir".

Talvez a máxima ironia seja o fato de a pessoa não precisar nem mesmo acreditar em Deus para receber os benefícios da orientação divina. Se *consciência* e *intuição* são de fato simplesmente outros nomes para designar a voz de Deus, os ateus assumidos podem ser igualmente, ou até mais, receptivos às incitações divinas do que as pessoas que se orgulham de ser religiosas. Quando as pessoas voltadas para a espiritualidade "oram", "meditam" ou "consultam a consciência" em busca de orientação, as pessoas éticas não-religiosas "consideram as conseqüências de suas escolhas" ou "tentam ver o que será melhor para todos a longo prazo". A linguagem é diferente, mas a atividade parece ser a mesma. Os agnósticos e ateus podem estar ouvindo a voz de Deus sem mesmo saberem disso.

Se você não é orientado para uma fé (ou mesmo que seja), procure Deus no silêncio — procure interiormente.

— Peregrina da Paz

Mas o que dizer a respeito da fonte misteriosa de sabedoria à qual as pessoas têm acesso por meio da intuição? E em que sentido ela pode ser considerada "sobrenatural"? No próximo capítulo, procuraremos responder a essas perguntas quando explorarmos a convergência cada vez maior dos pensamentos científico e espiritual.

12

Apalpando o Elefante Cósmico

As noções gerais sobre o entendimento humano que são ilustradas pelas descobertas da física atômica não são totalmente desconhecidas, estranhas nem totalmente novas. Mesmo em nossa cultura elas têm uma história, e, nas tradições budista e hinduísta, um lugar mais considerável e central. O que vamos encontrar é uma exemplificação, um encorajamento e um refinamento da antiga sabedoria.

— Julius Robert Oppenheimer

Há uma célebre parábola sufi sobre quatro homens cegos que, pela primeira vez, entram em contato com um elefante. Eles acercam-se do enorme animal com vívida curiosidade e apalpam a parte dele que conseguem tocar.

"Oh", exclama o primeiro, tentando envolver uma enorme perna com seus braços, "agora entendo. Um elefante é muito semelhante a uma árvore."

"Não", corrige o segundo, estendendo a mão para tocar na vastidão do flanco do elefante, "um elefante se parece muito com uma muralha."

"Estão ambos equivocados", declara o terceiro, tentando agarrar-se à tromba do enorme animal. "Um elefante é muito parecido com uma cobra."

"Não consigo imaginar de onde vocês tiraram essas idéias!", exclama o quarto, segurando a cauda. "É evidente que um elefante é exatamente igual a uma corda!"

Essa fábula é usada há séculos para ilustrar as discrepâncias entre as descobertas da ciência e do misticismo. Ela ressalta o fato de que as observações científicas sempre são feitas a partir de um ponto de vista limitado e focalizado em um campo restrito de estudo. As conclusões alcançadas por esse método podem ser todas bastante corretas a partir da perspectiva da qual são vistas, mas podem, no entanto, não apreender a essência do fenômeno como um todo.

Pela intuição, os místicos tentam obter uma visão sintética do "elefante" cósmico como um ser completo envolvido em atividades significativas. Os cientistas, por outro lado, normalmente tentam mantê-lo imóvel por um instante para poder analisar minuciosamente uma parte da tromba, da perna, do torso ou da cauda. Não é de surpreender que eles não pareçam estar falando da mesma coisa!

Em conseqüência dessa diferença de abordagem, os físicos do século XIX chegaram a conclusões sobre a natureza do universo que pareciam ser totalmente incompatíveis com as percepções intuitivas dos místicos. Como poderia o cosmos, que tinha evoluído desordenadamente a partir da matéria inanimada, ser aquela entidade viva, inteligente e voltada para Deus que as pessoas espirituais viam?

Entretanto, a parábola sufi sugere também que, se os cegos continuassem explorando o elefante por um tempo suficientemente longo — compartilhando informações entre si —, acabariam tendo uma percepção mais completa do objeto de exame. Quando suas observações tivessem abarcado toda a entidade viva e suas atividades corriqueiras, suas descrições começariam a parecer muito próximas das dos visionários.

E foi exatamente isso que ocorreu com os físicos do século XX. Eles finalmente conseguiram juntar informações suficientes sobre o universo para compreender que, apreendido como um todo, ele é de fato muito semelhante ao que os místicos descreveram. As teorias da relatividade e dos quanta abriram uma janela para uma dimensão misteriosa e até "sobrenatural" da realidade. Conforme Fritjof Capra e outros observaram, nos dias de hoje é às vezes difícil detectar a diferença entre as afirmações feitas pelos físicos modernos e as dos antigos mestres espirituais.[30]

Enquanto a ciência naturalista que a maioria de nós aprendeu na escola parecia excluir totalmente a possibilidade de milagres, alguns físicos contemporâneos estão eles próprios oferecendo explicações plausíveis sobre como os milagres poderiam atuar. Nossos cientistas às apalpadelas ainda não chegaram a um *perfeito* acordo com os místicos quanto à natureza do elefante cósmico, mas os dias da "árvore, muralha, corda" já estão distantes. Como revela a citação do físico Julius Oppenheimer que inicia este capítulo, o novo e revolucionário universo quântico não é "novo" nem "revolucionário" para os estudiosos do saber sagrado. Veremos que luz a ciência contemporânea tem a lançar sobre nossa investigação dos milagres.

A existência da mente

Conforme já vimos, os naturalistas tomaram como certo por muito tempo que o pensamento se reduzia à atividade dos neurônios no cérebro. Entretanto, muitos cientistas contemporâneos sentem-se compelidos a descartar essa idéia. Por volta da metade do século XX, uma "revolução na consciência" estava ganhando forças no âmbito da física e espalhando-se para outras disciplinas. A teoria de que os fenômenos mentais podiam ser desconsiderados simplesmente não era mais convincente.

Em primeiro lugar, o papel de uma consciência observante é central na teoria da relatividade. No nível quântico, não é possível afirmar absolutamente que as coisas físicas existem antes de elas serem observadas. Em seu livro *Bridging Science and Spirit,* Norman Friedman explica:

> O paradoxo é este: precisamos de partículas de matéria para formar os objetos de nosso mundo cotidiano (inclusive nós mesmos) e precisamos de um objeto nesse mundo cotidiano (nós) para definir e observar tais partículas. A observação implica a consciência. Qualquer teoria que pretenda descrever a realidade nos termos da física contemporânea tem que incluir o papel da consciência.[31]

Hoje, na esteira da revolução da consciência, a maioria dos cientistas em todos os campos aceita a idéia de que os fenômenos mentais são reais. Como disse o Prêmio Nobel Roger Sperry, sabe-se hoje que os pensamentos dirigem a atividade dos neurônios do cérebro assim como um roteiro televisivo dirige a atividade dos elétrons na tela de uma TV.[32] A visão naturalista de que apenas as coisas físicas são reais foi severamente criticada. De fato, há atualmente um questionamento sério quanto a se os objetos *físicos* realmente existem.

"Ó Deus, o que pode ser a matéria?"

É irônico que enquanto a mente tornava-se "real" para os cientistas modernos, o *status* da matéria tornava-se cada vez mais problemático. O físico dinamarquês Niels Bohr, por exemplo, insistiu que não existe "realidade objetiva" no nível subatômico. Isso quer dizer que não há nenhum mundo "real" lá fora. Sabemos pelo princípio da incerteza de Heisenberg que o observador influencia inevitavelmente a percepção, e isso mostra a alguns cientistas que estamos vivendo em uma enorme ilusão perceptual gerada em nossa própria mente. Como disse o físico John Wheeler: "Por mais conveniente que seja nas circunstâncias cotidianas dizer que o mundo existe 'lá fora' independente de nós, não é mais possível sustentar essa visão".[33]

A existência do livre-arbítrio

Em lugar do universo-objeto feito de bolas de bilhar, típico da física do século XIX, os cientistas modernos referem-se a partículas vivas que expressam significado e respondem inteligentemente às informações codificadas no âmbito de seus campos energéticos. Segundo o físico Freeman Dyson: "Toda partícula do universo é um agente ativo que faz escolhas entre os processos fortuitos."[34]

Portanto, ao contrário do que os naturalistas nos levariam a acreditar, o livre-arbítrio revela-se existir mesmo no nível das partículas, e muitos cientistas acreditam hoje que o universo pode ser fundamentalmente antes mental do que material. Observa o astrônomo britânico sir James Jeans: "O conhecimento caminha em direção a uma realidade não-mecânica; o universo começa a parecer mais com uma grande idéia do que com uma grande máquina."[35]

Além do mais, tornou-se evidente que essa "grande idéia" não está sujeita às leis naturais que regem a atividade da matéria no âmbito do mundo físico. Ela é literalmente "sobrenatural".

Por exemplo, o físico John Stewart Bell demonstrou que quando duas partículas interagem e, em seguida, separam-se, elas continuam a influenciar-se instantaneamente — isto é, com uma velocidade maior do que a da luz. Como se sabe que nada no universo tridimensional consegue exceder a velocidade da luz, Bell concluiu que tem de haver um nível "mais profundo" no universo, no qual as partículas quânticas conectam-se instantaneamente — *uma dimensão causal invisível que existe fora do mundo natural e não está sujeita às limitações do espaço e do tempo.*[31] Isto é, obviamente, o que os místicos vêm dizendo há milhares de anos.

Alguns físicos deste século concluíram que os místicos estavam totalmente certos ao dizer que a matéria não passa de uma ilusão perceptual gerada no interior da mente. E se o universo é de fato uma "grande idéia", certamente não é irracional querer-se conhecer o Ideador. O que é a inteligência inconcebível que está fora da natureza — o arquiteto sem forma de todas as formas físicas? Como veremos, apesar de os físicos contemporâneos terem-lhe dado muitos nomes, fica evidente a partir de suas descrições que estão referindo-se à mesma entidade que os místicos chamam de Deus.

Segundo o físico Werner Heisenberg, esse nível "mais profundo" do universo é uma dimensão de informação que cria a forma a partir do informe pela orquestração do comportamento da energia.[31] Ela literalmente coloca a energia "em forma", fazendo-a exibir as propriedades da matéria. Isso significa que o mundo tridimensional e palpável de nossa experiência corriqueira nasce e depende de uma dimensão informe e não-manifesta de idéias. Heisenberg opina que há um infinito mar de conhecimentos no qual alguns cientistas estão começando a reconhecer o plano causal sobrenatural que os místicos chamam de mente de Deus.

Uma abordagem científica dos milagres

Vamos fazer uma pequena pausa para observar o significado de tudo isso. Se a natureza representa a evolução ordenada e previsível dos acontecimentos no espaço e no tempo, então os milagres são casos de "interferência" no espaço e no tempo por parte de uma inteligência que está fora deles. Na verdade, *A Course in Miracles* refere-se aos milagres como "intervalos de tempo que escapam ao padrão" — interlúdios durante os quais o espaço e o tempo são rearranjados para adequar-se às nossas necessidades.[21]

Lembremos que o livramento parece estar muitas vezes associado com o desprendimento da realidade comum e com uma sensação de atemporalidade onírica. Por exemplo, um acidente automobilístico que está na realidade ocorrendo a uma velocidade ofuscante parece estar se desenvolvendo em câmara lenta. É como se as pessoas que experienciam milagres de livramento passassem temporariamente sua atenção para uma dimensão intemporal de pensamento, onde encontram-se na condição de *decidir* o que acontecerá a seguir. Agora os físicos estão nos informando que existe realmente uma dimensão causal intemporal a partir da qual nossa mente cria a experiência que temos da realidade física. Vamos examinar mais de perto o que eles estão dizendo sobre ela.

O nível "mais profundo" do universo

O físico David Bohm disse que o mundo físico passa a existir quando as mentes interagem com o que ele chamou de hierarquias de "estruturas informativas complexas".[36] No âmbito dessa "ordem implicada" conceitual, Bohm levantou a hipótese de todos os futuros possíveis se "desdobrarem" como potenciais. Esses futuros possíveis existem apenas como idéias, mas Bohm disse que quando uma determinada idéia torna-se o foco de atenção de alguém, ela é "desdobrada" da ordem complexa e manifestada em forma física como um conjunto de circunstâncias que expressam simbolicamente aquela idéia. Isso quer dizer que um pensamento foi "tornado manifesto" pelo interesse de uma consciência observante em ter a experiência correspondente. O cientista Norman Friedman elabora essa questão crucial da seguinte maneira:

> Um dos postulados básicos da teoria quântica afirma que um sistema inicial pode potencialmente desenvolver-se em uma série de estados, cada um com uma dada probabilidade de ocorrência. Sabemos, porém, que apenas uma possibilidade pode realmente ocorrer. De acordo com a interpretação aceita da teoria quântica, o estado verdadeiro ou "real" dessas probabilidades é atualizado por uma observação; isto é, o estado "real" é transformado em realidade por um observador. *O observador torna-se, portanto, um criador e dá sua forma ao sistema.* [Os grifos são meus.] Sem o observador, o sistema encontra-se em estado potencial, aguardando para passar a existir.[31]

154

A criação do mundo físico

Os mestres espirituais sustentaram por muito tempo que uma idéia na mente de Deus é "tornada manifesta" no mundo físico pela atenção concentrada e crença daqueles que a experienciam. Por meio da oração e de afirmações positivas, por exemplo, a pessoa concentra-se conscientemente na criação do resultado que ela deseja. Entretanto, se esses físicos estão certos, quer façamos tais coisas intencionalmente ou não, nossos pensamentos estão sempre ocupados em criar aquelas possibilidades que acreditamos que sejam reais.

Venho afirmando no decorrer deste livro que os milagres tornam-se possíveis sempre que alguém passa subitamente de um estado mental de medo ou raiva para um estado alterado tranqüilo de consciência. A física do século XIX não tinha espaço para tal visão — se a mente não era real, não havia como uma mudança mental afetar o mundo físico. Entretanto, hoje sabemos que a mente *é* real. Ela não só "afeta" o mundo físico como também, literalmente, dá existência a ele.

Se nossos pensamentos *criam* o mundo físico, deveria ser óbvio que mudando nossos pensamentos podemos *mudar* o mundo. Será possível que, ao estudar a maneira pela qual o mundo físico é trazido à existência pela atividade da mente, os cientistas tenham silenciosamente elucidado o mecanismo dos milagres sem perceber o que fizeram?

A mudança da realidade pela mudança de atitude mental

Vamos tornar um pouco mais concreta essa idéia de que somos todos criadores, aplicando-a à conhecida situação de livramento. Se os físicos estão certos ao afirmar que, no nível quântico, estamos todos criando a "realidade" que vivemos, o que isso significa em termos do comportamento comum? Em que sentido escolhemos o que nos acontecerá a seguir?

Todas as pessoas a quem chamo "fazedoras de milagres" enfrentaram o perigo com o que inicialmente parecia ser uma convicção irracional de que tudo ia acabar bem. Elas pareciam sentir que seu bem-estar último estava assegurado, o que quer que acontecesse com seu corpo físico. Estou afirmando, na verdade, que essa "fé" na manutenção de seu bem-estar pode ter exercido um papel vital na criação dos resultados positivos que elas alcançaram. Será que a atitude mental da pessoa é a chave para a seleção do futuro possível que será concretizado? Veremos como isso pode funcionar.

Heidi

Heidi é uma adolescente de San Diego que fraturou a coluna em um acidente automobilístico. Ela foi retirada dos escombros paralisada da cintura para baixo e temeu-se que ela permanecesse naquele estado pelo resto da vida. Muitas pessoas, inclusive seus médicos, acreditam que a recuperação de Heidi daquele grave deslocamento da coluna foi milagrosa.

O neurocirurgião de Heidi descreveu sua lesão como a pior que já tinha visto. Em uma escala de 0 a 5, seus médicos estimavam que sua chances de voltar a caminhar estavam entre "0 e 1". Embora não quisessem desestimulá-la, eles admitiram, quando alguém os pressionou, que nunca tinham visto ninguém se recuperar de tão grave deslocamento da coluna. Conforme um de seus médicos confidenciou à enfermeira dela: "Esta é uma criança que jamais voltará a andar!".

Heidi conta que sua prece constante durante todo o período de provação era: "Senhor, fazei com que isso acabe. Vós podeis deixar-me morrer, ou podeis me fazer voltar a andar, ou ainda ajudar-me a aceitar o que vier. Mas, de alguma maneira, fazei com que isso acabe".

Note-se que, como muitas outras pessoas que obtiveram milagres, Heidi suplicava a ajuda divina, mas não se atrevia a dizer a Deus o que fazer. Se fosse a vontade de Deus que ela morresse ou sobrevivesse como paraplégica, ela estava preparada para aceitar a situação e tentar torná-la o melhor possível. Parecia-lhe que, com a ajuda de Deus, ela poderia de alguma maneira ficar bem, independentemente do que acontecesse com ela. Ela concentrava-se em conservar um sentimento de paz interior e bem-estar independentemente do que ocorresse.

No entanto, Heidi acreditava em milagres e jamais abandonou a esperança de voltar a caminhar. Sempre que seus médicos e enfermeiras comentavam sobre suas poucas chances, a resposta de Heidi era: "Nunca me digam isso!". Ela sabia que suas chances eram poucas, mas estava determinada a fazer tudo o que pudesse para recuperar-se totalmente. Como outros que se salvaram, Heidi negava a *inevitabilidade* de um final negativo, embora não negasse sua *possibilidade*.

Heidi disse que enquanto prolongavam-se os dias no hospital sem nenhuma evidência de melhora, era-lhe cada vez mais difícil manter vivas suas esperanças. Por fim, desesperada, ela suplicava: "Senhor, dai-me simplesmente algo — algum sinal de mínimo progresso para eu poder melhorar". No dia seguinte, ela descobriu que era capaz de mexer o dedão do pé, mesmo que muito levemente. Segundo Heidi, era o sinal de Deus pelo qual tinha suplicado. Ela concentrou todos os esforços naquele pequeno movimento, procurando expandi-lo. Pela concentração total naquele único sinal encorajador que tinha recebido, creio que Heidi concentrou o poder de sua mente para concretizar um futuro muito improvável, porém possível.

Contrariando as previsões de todos, Heidi saiu andando do hospital um mês depois do acidente. Quando a encontrei, ela estava andando quase normalmente — uma leve manqueira era tudo o que restava de sua paraplegia.

Ela está convencida de que sua recuperação foi uma dádiva de Deus, mas quero ressaltar que ela também teve uma participação como co-criadora. Por manter incansavelmente a concentração mental necessária, ela encontrou um meio de transformar algo que era apenas uma possibilidade remota numa manifestação física. É assim que os milagres são criados.

Aqui vemos mais um exemplo de pessoa que persistiu na crença de que tudo ia acabar bem, apesar de todas as informações negativas que estava recebendo. Esse é um bom exemplo da maneira com um indivíduo pode criar a "realidade" de sua escolha pela atitude mental. Como isso poderia funcionar?

Suspeito que, quando Heidi reagiu com calma à ameaça de incapacitação vitalícia, ela estava investindo sua crença na idéia reconfortante de que "Deus está comigo, tudo vai acabar bem". Ao fazer isso, ela estava automaticamente escolhendo a experiência de "tudo bem" dentre as infinitas possibilidades disponíveis no âmbito da ordem implicada. Isso quer dizer que seu estado mental positivo, otimista, deu acesso à experiência correspondente na dimensão causal.

Notemos também que a idéia de recuperação total teria sido rejeitada como "irreal" por uma pessoa que não tivesse a fé de Heidi em Deus. Ela compreendeu muito bem que seria preciso um milagre para curá-la, mas isso não significava para Heidi que ela não podia esperar ser curada. "Sim! Um milagre pode acontecer", ela pensou. "Deus *pode* me curar, e eu vou fazer tudo o que posso para que isso aconteça!"

Todos os relatos de livramento que consideramos fortalecem a visão espiritualista de que nossa decisão quanto a como interpretar as experiências faz com que se manifeste um resultado que corresponde e justifica nossa interpretação. Como Heidi reagiu às suas poucas chances com fé e esperança, ela se sentiu calma em meio a todas as adversidades. Seu otimismo criou então um resultado que fez com que a fé e a esperança parecessem justificadas. Da mesma maneira, quando reagimos com medo, temos acesso a possibilidades assustadoras; quando acreditamos que a raiva é justificada, o universo coopera com acontecimentos enfurecedores.

(O medo) não apenas nos machuca psicologicamente e agrava as tensões mundiais; através de tal concentração negativa, tendemos também a atrair as coisas que tememos. Se não tememos nada e irradiamos amor, podemos esperar que coisas boas ocorram.
— Peregrina da Paz

Alguns físicos parecem hoje concordar com os místicos em que o mundo não passa de uma ilusão de percepção que parece diferente para cada pessoa.

De acordo com essa visão, *seu* mundo terá a aparência correspondente à crença que *você* decidiu adotar. Uma coisa como essa parecia cientificamente impossível, mas a ciência está hoje explicando como os pensamentos podem determinar as experiências físicas.

Isso significa que nossa conclusão sobre qual reação emocional é "exigida" por uma situação influencia a direção que as coisas tomarão no momento seguinte. Quando Elizabeth decidiu acreditar que seu agressor armado era na realidade um cara decente que se comportaria com integridade se suas responsabilidades lhe fossem lembradas, foi esse o futuro possível que ela procurou concretizar. Quando Karen e Mike despencaram de um rochedo no escuro, mas decidiram acreditar que não tinham por que se preocupar — que tudo, de qualquer maneira, ia acabar bem — foi esse o futuro possível que eles fizeram manifestar-se. Quando Brian tratou os prisioneiros amotinados como amigos que apreciariam uma boa piada, foi assim que eles tornaram-se em seu mundo. Suspeito que sempre que alguém diz — e acredita verdadeiramente — que "não há nada com que se preocupar", a afirmação acaba revelando-se verdadeira!

Além do mais, mesmo que o "pior" aconteça e alguém morra, isso não significa necessariamente que o estado alterado de tranqüilidade não tenha exercido uma influência positiva sobre o futuro da pessoa. Várias cosmologias pregam que o estado mental de uma pessoa moribunda determina as experiências após a morte. As pessoas que morrem em "estado de graça" podem entrar imediatamente em uma esfera celestial onde sua fé e amor atraem para elas uma recompensa bem merecida. Em todo caso, a paz interior é a própria recompensa.

Como mudar a realidade coletiva

Tanto os físicos como os metafísicos parecem estar convergindo para o entendimento de que cada um de nós cria a própria experiência. A única diferença entre os fazedores de milagres e os outros é que os primeiros têm consciência de que seus pensamentos podem influenciar o curso dos acontecimentos. Quem quer que tenha compreendido isso reconhece instantaneamente o absurdo de esperar o pior. Lembra de Kathleen, que recusou-se terminantemente a acreditar que o homem que a estuprou fosse também matá-la? Ela sabia que não devia investir nenhuma energia mental na concretização de sua própria morte.

A mente é muito poderosa e nunca perde sua força criativa. Ela não dorme jamais; está criando a todo instante. É difícil reconhecer que o pensamento e a crença unem-se numa torrente de força que pode literalmente mover montanhas.

— A Course in Miracles

O interesse próprio seria capaz de levar qualquer um que tenha compreendido o poder da mente a abandonar os pensamentos negativos e condenatórios em favor de outros positivos, calmos e afetuosos. Essa é a razão de muitos caminhos espirituais enfatizarem o pensamento positivo e a fé na graça divina. Por exemplo, no livro *Mastering Your Hidden Self: A Guide to the Huna Way*, Kahuna Serge King explica que o poder que a mente tem de criar nossas experiências físicas está na base do misticismo havaiano.

A idéia mais fundamental da filosofia Huna é que cada um de nós cria sua própria experiência pessoal da realidade, por meio de nossas crenças, interpretações, ações e reações, pensamentos e sentimentos. Não que a realidade seja criada para nós em conseqüência dessas expressões pessoais; nós é que somos criadores, co-criadores com o próprio Universo. [A filosofia] Huna trata da aprendizagem consciente disso. Essa idéia, entretanto, não é exclusiva do sistema Huna. Ela é compartilhada, embora freqüentemente apenas nos ensinamentos esotéricos, por praticamente todas as religiões conhecidas pelo homem. Infelizmente, ela é raramente pregada ou praticada às claras.[38]

A escolha do seu futuro

A teoria sobrenatural geral que estamos considerando prega que, investindo mentalmente na possibilidade de que X ocorrerá, nós fazemos com que se torne muito mais provável que X ocorra. Se somente uma pessoa tiver investido no X, fica inteiramente a critério dessa pessoa imaginar ou não a existência de X.

Por exemplo, uma vez que a incapacitação de Heidi afetava diretamente somente a ela, ela provavelmente detinha o controle total do resultado. As orações e pensamentos positivos de seus entes queridos sem dúvida ajudaram a estimulá-la e apoiá-la na sua esperança de um milagre, mas, em última instância, era ela quem deveria decidir que final obter. Mas e quando uma situação envolve os destinos de muitas pessoas? Por exemplo, se o X representa a "paz mundial"?

De acordo com os místicos, para mudar as ilusões coletivas é preciso uma ação coletiva. Pela esperança e empenho em prol da paz mundial, um indivíduo aumenta a probabilidade de ela ocorrer. Entretanto, todos os demais também participam com seus votos. Enquanto a maioria das pessoas do mundo achar que têm algo a ganhar com a agressão, as guerras continuarão.

No entanto, a cada vez que persuadimos alguém a procurar soluções que sejam justas para todos os envolvidos, a paz na terra torna-se mais próxima. De acordo com essa visão, os grandes acontecimentos mundiais que afetam a todos nós são decididos através de um processo democrático do qual todos participam. O que na realidade ocorre representa a soma dos pensamentos de todos com respeito ao fato. Quando um número suficiente decide atuar apenas com base no amor, a paz prevalece.

Um dia, uma senhora me disse: "Peregrina, estou orando com você pela paz, mas é claro que não acredito que ela seja possível". Eu perguntei: "Você não acredita que a paz seja a vontade de Deus?". "Claro que sim", ela respondeu, "eu sei que é." Eu disse: "Como você pode me dizer que a vontade de Deus é impossível? Ela não só é possível como é também inevitável; o que depende de nós é o quando ela se realizará".

— Peregrina da Paz

Cooperação com o universo

Agora eu compreendo que há uma distância enorme entre as descobertas da física quântica e a dinâmica dos fenômenos de livramento, mas acredito que suas conexões acabarão se revelando. O que significa, afinal, dizer que nossas escolhas mentais determinam o que acontecerá no mundo físico? Estamos literalmente dando existência ao mundo através de nossos *pensamentos*; e, se mudamos nossos pensamentos, o mundo terá de mudar também. É assim que os fazedores de milagres de todos os tempos explicaram sua capacidade de influir na realidade. Alguns físicos afirmam hoje que é assim que as coisas provavelmente funcionam, e os relatos das pessoas que se salvaram indicam que é assim que elas funcionam *de fato*.

Parece que, apesar das diferenças de abordagem, os cientistas modernos e os místicos antigos afinal estão apalpando o mesmo "elefante". Os milagres talvez sejam a capacidade da mente de impedir que um potencial insatisfatório se manifeste no mundo físico e colocar outro no lugar. As pessoas que criam milagres parecem adeptas da mudança do foco de atenção para imaginar seu mundo de maneira diferente. Gino, por exemplo, imaginou que seu fígado estava sarando. Muitas das pessoas que compartilharam suas surpreendentes viradas de destino parecem ter sido guiadas de dentro para simplesmente imaginar que — ao contrário das aparências — elas não estavam realmente correndo nenhum perigo. Conforme consta na Bíblia: "Aquilo em que acreditais é o que vos acontece".

Agora que já temos alguma idéia de como um fenômeno sobrenatural como o milagre pode ser validado cientificamente, veremos o que os místicos têm a dizer sobre a natureza de Deus e do universo.

13

O Que é Deus?

Teísta e ateu: a disputa entre eles é se Deus deve ser chamado de Deus ou se deve ter outro nome.

— Samuel Butler

Vimos no capítulo anterior que alguns físicos modernos parecem estar encontrando uma dimensão causal sobrenatural da realidade que tem notável semelhança com as descrições que os místicos fazem de Deus. Mas Deus existe realmente?

Se essa questão significa, "Há evidências da existência de um velho senhor onipotente e onisciente, mas um tanto quanto temperamental, que julga todos os mortais?", suspeito que a resposta seja não. Entretanto, embora essa idéia de Deus seja comum a todas as religiões do mundo, ela não passa de uma óbvia tentativa de simplificar e antropomorfizar um conceito muito mais complexo e sofisticado de Deus aprendido intuitivamente pelos místicos das diversas fés.

Neste capítulo, vou tentar formular uma visão mística "genérica" do universo, a qual podemos comparar com a atual visão científica. Ela é "costurada" pelo uso de metáforas de diferentes tradições espirituais e reconhece uma essência comum que subjaz a muitas delas.

No passado, afigurava-se muitas vezes que a ciência contradizia a religião e que as diferentes religiões contradiziam-se mutuamente. Porém, creio que se pensarmos naquilo que os membros mais iluminados das diferentes fés acreditam ser verdade, encontraremos uma quantidade surpreendente de princípios comuns. Apesar de usarem diferentes metáforas para descrever o que vêem, os grandes pensadores do mundo — antigos e modernos, religiosos e seculares — estão na realidade mais de acordo do que em desacordo quanto à natureza do "elefante" cósmico.

Creio na Verdade fundamental de todas as grandes religiões do mundo. Creio que todas provêem de Deus.

— Mohandas Gandhi

A natureza do universo

A visão espiritualista em geral afirma que existe um poder superior exterior, de amor e inteligência infinitos, que criou tudo o que existe a partir de si mesmo. Muitas tradições místicas descrevem Deus como a própria causa da existência. Sendo a fonte original da consciência que deu "origem" a todas as mentes individuais que manifestam-se nesta dimensão física, Deus é muitas vezes comparado com um "pai celestial" ou uma "grande mãe". Entretanto, aqueles que querem evitar tal antropomorfismo descrevem Deus como um poder superior informe, amor, o vazio pleno, o princípio criativo do universo, a lei divina, o motor primeiro ou o Curso supremo das Coisas.

Termos como esses mostram uma semelhança notável com as descrições que os físicos oferecem do plano invisível das idéias que dão origem ao mundo natural. Vimos que os cientistas vêem hoje o universo com um ser vivo, do qual cada partícula parece pensar, participar e fazer escolhas. Alguns chegam a concordar com os metafísicos em que não somos corpo, mas mente, e que existimos no interior de uma vasta mente universal de inteligência e complexidade inimagináveis — uma dimensão sobrenatural ideal que sustenta nossa existência e realiza nossos desejos dando forma a qualquer idéia que nossas mentes cogitem.

Criação — a visão científica

Como os místicos, os cientistas modernos também referem-se a um "tempo" anterior à ilusão de separação entre tempo e espaço, quando tudo era unidade. Segundo os físicos e astrônomos, toda a matéria do cosmos encontrava-se então comprimida em um ponto quase absoluto. Em algum momento da eternidade, a energia contida no ponto explodiu em todas as direções. Os cientistas não conseguem explicar o que provocou esse "big bang" do qual surgiu este universo tridimensional.

A visão naturalista sustenta que, quando a energia comprimida irrompeu, ela criou as dimensões do espaço e do tempo e assumiu a aparência de matéria física. De acordo com essa visão, em pelo menos um dos fragmentos de matéria causados por essa explosão cósmica — o planeta Terra — a vida surgiu acidentalmente e começou a evoluir.

Entretanto, como já vimos, muitos físicos acreditam hoje que a matéria só pode ganhar existência através da atividade de uma consciência observante. Isso parece implicar que o universo físico não poderia manifestar-se sem que uma Mente universal preexistente tivesse concebido a sua existência. À semelhança da visão espiritual da criação também esta situa a Mente no *princípio* da seqüência causal e não no término.

A visão científica atual sustenta que o universo físico continuará a expandir-se até o momento em que o "big bang" não conseguirá mais dominar a atração gravitacional das partes umas para as outras. Então, ele inverterá sua direção e começará a contrair-se, retornando por fim ao ponto inicial imensurável. O tempo, o espaço e a matéria, todos deixarão de existir como se nunca tivessem existido. E voltará a existir apenas a unidade eterna.

Criação — A visão mística

O tempo não é nada mais do que a medida de duração dos corpos físicos, e o que não é corpo está além do tempo e da medida de duração.
— Saadya Gaon, Emunath V'deoth 2:5

As grandes tradições espirituais do mundo vêem este assunto de maneira um pouco diferente. Elas afirmam que a teoria do "big bang" representa uma metáfora espacial e temporal dos eventos que na realidade ocorrem na consciência.

De acordo com várias tradições espirituais, Deus deu início ao processo de criação pela projeção de si mesmo em um filho original — no Judaísmo, Cristianismo e Islamismo, o Adão bíblico. Diz-se que Deus criou esse primeiro ser a partir de seu desejo de ter um objeto para amar.

Como a própria Força Criadora, o primeiro filho de Deus também almejou uma felicidade maior pela criação de outros seres com quem compartilhar amor. Com a total aprovação da Mente Primeira, aquela primeira criatura ampliou mais a mente de Deus, dando existência a outros filhos de Deus. Todos esses novos "irmãos" e "irmãs" também foram criadores. Dessa maneira, dizem os místicos, passou a existir um universo de mentes (espíritos) — separados, mas interligados — em constante multiplicação.

A perspectiva mística sustenta que somente a mente (espírito) é, em última instância, real, uma vez que ela é tudo o que Deus é e, portanto, tudo o que é criado por ela própria. Se essa visão é correta, são nossas mentes e não nossos corpos que foram criados "à imagem e semelhança de Deus". Milhares de anos antes de os cientistas começarem a suspeitar que a mente fosse real e a matéria ilusória, aos praticantes de meditação era revelada a mesma coisa através da intuição.

A separação

Há também uma crença amplamente difundida de que quando a Mente Primeira se manifestou em outros seres, alguns de nós decidimos nos tornar independentes de nosso Criador. Embora na realidade não fôssemos capazes de fazer isso, pudemos *imaginar* que o fizemos, pelo mesmo processo de dissociação psicológica (esquecimento motivado) que continuamos a usar até hoje.

De acordo com esse ponto de vista, escolhemos esquecer nossa eterna igualdade com todos os outros filhos de Deus porque queríamos descobrir como seria ser "especial' e melhor do que os outros. Assim, a aventura da separação tinha como propósito possibilitar que nos sentíssemos diferentes, para que pudéssemos competir uns com os outros e provarmo-nos merecedores de *amor especial* — isto é, o amor que é dado a alguns e negado a outros.

Para manter nossa presença, tornamo-nos extremamente atentos às diferenças entre nós e passamos a atribuir valores a todos. Isso levou-nos a uma obsessão pelo julgamento. "Sou mais bonito (e, portanto, melhor) do que você!" "Sim, mas eu sou mais rico (e, portanto, melhor) do que você!" "Mas eu sou mais generoso (e, portanto, melhor) do que vocês todos!" Cada característica que assumimos no âmbito da ilusão física tinha como intenção distinguir-nos dos outros e tornarmo-nos merecedores de um amor especial (ou, não conseguindo esse, de um ódio especial). O mais importante era ser especial — separado e diferente.

Os místicos predizem que a ilusão de separação acabará quando a atração do *amor incondicional* superar o desejo do indivíduo de obter amor *especial*. No momento em que nós, filhos de Deus, perdermos todo desejo de julgar a nós mesmos e aos outros como *indignos de amor*, nos reuniremos rejubilantes uns com os outros. Então, a separação em espaço e tempo não servirá a mais nenhum propósito. Os filhos de Deus voltarão a descansar tranqüilamente na consciência da igualdade e unidade eternas.

Embora os cientistas só tenham chegado à teoria do "big bang" no século XX, parece que os pensadores espiritualistas já discutiam algo muito semelhante há milhares de anos. Em lugar de uma explosão mecânica, eles falam de uma decisão de separar. Em vez de força da gravidade, eles falam da atração do Amor. Enquanto as metáforas naturalistas caracterizam o universo como fortuito e despropositado, os místicos há muito tempo o consideram uma mente ampla na qual as coisas ocorrem por razões inteligíveis.

A função do julgamento na manutenção da separação

As tradições místicas de todo o mundo concordam em que o desejo de julgar criou e mantém nossa sensação de estarmos separados de Deus e uns dos outros. O livro do Gênese, por exemplo, afirma que Adão e Eva comeram do fruto da Árvore do Conhecimento e esse ato os tornou conscientes do bem e do mal, distinção que nunca antes tinha existido em suas mentes. Isso quer dizer que eles esqueceram-se do amor incondicional e começaram a dividir conceitualmente o universo de Deus em coisas que eram "boas" e, portanto, "merecedoras de amor especial", e outras que eram "más" e, portanto, "indignas de amor".

Muitas tradições espirituais consideram o amor que ficou contaminado pelo julgamento e tornado condicional como um pálido reflexo do Amor Incondicional que pode ser experimentado na ausência de julgamento. Isso significa que nós, filhos de Deus, que decidimos classificar nossas experiências em boas e más — amando somente as partes da realidade que satisfazem nossa expectativas e rejeitando todas as outras —, nos privamos das alegrias do amor incondicional. Como Deus *é* amor incondicional, também nos privamos da consciência de nossa relação contínua com a base de nossa existência. Através da decisão de julgar, nós efetivamente nos "expulsamos do Paraíso".

A ilusão física

Os sistemas espirituais de todo o mundo concordam em que, ao adotar o julgamento, nós criamos a ilusão do espaço e do tempo. Começamos a imaginar-nos em um universo material ilusório onde tudo estava separado de todo o resto. Os hindus chamam essa ilusão física dualista de maya. Em sua *Autobiography of a Yogi*, Swami Paramahansa Yogananda resumiu a antiga perspectiva védica do universo físico da seguinte maneira.

A ciência física não pode, portanto, formular leis fora de maya: a própria trama e estrutura da criação. A própria natureza é maya; a ciência natural tem que necessariamente lidar com sua inevitável qüididade. Conseqüentemente, a ciência permanece numa alteração perpétua, incapaz de alcançar uma finalidade; embora capaz de descobrir as leis de um cosmos já existente e em funcionamento, é impotente para detectar o Legislador e Único Operador. Vencer maya foi a tarefa atribuída à raça humana pelos profetas milenares. Superar a dualidade da criação e perceber a unidade do Criador foi concebida como o propósito supremo da humanidade.[37]

Os pensadores iluminados de várias crenças compararam esse universo físico ilusório com um sonho dos filhos de Deus. Por exemplo, a Bíblia diz que Adão adormeceu no Paraíso e não faz nenhuma referência a ele ter algum dia despertado. Concorda-se amplamente que o único verdadeiro "despertar" é alcançado pela iluminação espiritual (salvação) — processo no qual revertemos nossa dissociação e recordamos quem e o que realmente somos. Esse estado desperto, no qual transpomos todas as ilusões para recordar nossa relação com Deus, é chamado de consciência crística, consciência de Krishna, realização da natureza búdica interior, viver em harmonia com o eterno Tao, dançar o próprio sonho desperto, fusão com a divindade, etc.

As causas do sofrimento

Como o julgamento leva à separação, as religiões de todo o mundo atribuem a ele a causa de todo sofrimento. Por exemplo, o Buda identificou como causas do sofrimento humano o apego e a aversão — a tendência a julgar tudo e, em seguida, apegar-se a algumas experiências e tentar separar-se de outras. Ser rico é uma experiência à qual muitas pessoas gostariam de apegar-se, enquanto a pobreza é geralmente vista com aversão. De acordo com Buda, um indivíduo "iluminado" é "imparcial", evitando atribuir qualquer juízo de valor às coisas que parecem ocorrer no âmbito do sonho físico.

Creio que as atitudes das pessoas que tiveram experiências de livramento dão uma idéia dessa consciência imparcial. Heidi, por exemplo, que recuperou-se de um grave deslocamento da coluna (como discutimos no capítulo anterior), não se apegou à idéia de que só poderia ser feliz se pudesse andar, nem apavorou-se com imagens assustadoras da vida infeliz que poderia ter se não se curasse. Certamente ela preferia voltar a andar e fez tudo o que pôde para concretizar essa possibilidade. Mas se fosse necessário, ela estava preparada para ficar satisfeita com o que quer que a vida lhe oferecesse. Em todos os casos de livramento, as pessoas que realizaram milagres contemplaram a possibilidade de ferimento ou morte com uma notável disposição imparcial de aceitar a realidade como ela era.

O Buda também demonstrou que, quando abandonamos de uma vez por todas o julgamento, recuperamos a consciência de nossa "natureza búdica interior" e descobrimos que a dimensão física na realidade não passava de uma ilusão. Por que julgar um sonho que você mesmo escolheu sonhar? Se você não gosta do que está sonhando, a coisa mais sensata a fazer é mudar o sonho ou, melhor ainda, acordar.

Essa atitude para com o julgamento é praticamente universal no âmbito do pensamento místico. Consideremos, por exemplo, esses comentários de um mestre taoísta.

O Caminho Supremo não é difícil para aqueles que não têm preferências. Quando tanto o amor quanto o ódio estão ausentes, tudo fica claro e desmascarado.
Entretanto, ao fazer-se a menor distinção, o céu e a terra ficam infinitamente separados.

— Terceiro Patriarca Chinês

Jesus expressou a mesma idéia por meio da ênfase no perdão. O perdão reverte uma decisão anterior de julgar alguém ou algo. Jesus reconheceu que todos os seus irmãos e irmãs mereciam o amor incondicional, independentemente do papel que exercessem no interior da ilusão física.

Céu e inferno

Enfatizando antes a mente do que a matéria, os místicos consideram a unidade do ser que já existiu e que voltará a existir como um estado de união com Deus ou "céu". Dessa perspectiva, a separação de Deus pelo julgamento é considerada como um ato voluntário que tem que ser conscientemente revertido — não por ser moralmente repreensível, mas simplesmente porque não satisfaz. O estado de separação leva inevitavelmente ao conflito e à alienação.

Primeiro porque, tendo esquecido que somos eternamente ligados à Mente de Deus e sustentados por ela, experimentamos uma espantosa sensação de isolamento e vulnerabilidade. No âmbito da ilusão física, parecemos ser o corpo — o corpo pode sofrer e morrer.

Além do mais, uma vez que o significado da nossa vida não é compreensível sem a referência à nossa relação com o universo, as pessoas que não acreditam em Deus geralmente concluem que suas vidas não têm nenhum sentido ou que é tarefa delas criarem seus próprios sentidos. Se você refletir sobre isso, perceberá que é a mesma coisa.

A sensação concomitante de alienação, falta de sentido e desespero, que os existencialistas consideram como próprio da condição humana, é o que os místicos chamam de "inferno". Jean-Paul Sartre disse, em certa ocasião, que "O inferno são os outros"; e, de fato, a percepção do inferno resulta da idéia de que *existem* outras pessoas — que somos indivíduos separados com interesses conflitantes.

Se o espaço e o tempo são ilusórios, o inferno não pode ser um "lugar" onde os mortos são atormentados após a morte, mas apenas um estado mental doloroso e assustador dos eternamente vivos. Tampouco o inferno é infligido por Deus como um castigo pelo pecado. O inferno é a conseqüência natural de imaginar-se separado de Deus. O que o Ser onipresente, de quem se originou tudo, saberia sobre a separação? Podemos nos imaginar separados de Deus, mas Deus não tem a mesma ilusão.

Céu e inferno são estados de existência. Céu é estar em harmonia com a vontade de Deus; inferno é estar em desarmonia com a vontade de Deus. Pode-se estar em qualquer um dos estados em qualquer um dos lados da vida. Não há inferno permanente.

— Peregrina da Paz

O julgamento causa o medo

Muitas filosofias espirituais identificam o ego como o aspecto ilusório da mente que distinguimos para cultivar as idéias de separação e julgamento.

Quando julgamos os outros — concluindo que são indignos de amor e merecem sofrer pelo que fizeram —, projetamos inevitavelmente nossas próprias tendências críticas no universo. Isso nos leva a imaginar que Deus quer nos punir por nossas falhas, exatamente como nós queremos punir os outros pelas delas. Para a pessoa identificada com o ego, Deus é uma figura aterrorizante — o supremo pai punitivo de quem não se pode ocultar nenhum pecado.

Isso significa que todo aquele que se identifica com o ego sofre de medo e culpa crônicos. Os mestres espirituais afirmam que isso vale tanto para os que acreditam conscientemente em Deus quanto para os que não acreditam. Quanto mais julgamos, mais tememos o julgamento divino. O ateísmo pode ser um esforço desesperado para escapar desse medo e dessa culpa sem eliminar sua verdadeira causa.

O ego tenta lidar com os efeitos negativos do julgamento projetando-os para fora da mente, para a ilusão física. Ali, a culpa e o medo assumem a forma de circunstâncias externas punitivas, como as doenças, agressões, perdas e rejeições. Alguns mestres espirituais dizem que, ao fazer-nos sofrer desse modo, esperamos inconscientemente aliviar o castigo que prevemos vir de Deus por nossas faltas. Infelizmente, essa estratégia não alivia nossas aflições, mas apenas obscurece sua causa. O problema passa a parecer médico, econômico, ou social, em vez de resultante de nossos próprios pensamentos condenatórios.

A renúncia ao julgamento produz milagres

As pessoas que praticam a meditação para libertar a mente da identificação com o ego descobrem que o julgamento não faz mais nenhum sentido para elas. A iluminação espiritual manifesta-se, em parte, como uma atitude de aceitação geral e de reverência para com todas as coisas. A ausência completa de julgamento permite que as pessoas iluminadas amem até mesmo seus ex-inimigos sem reservas.

Note-se que é exatamente essa consciência que prevalece nas pessoas que passam pela experiência de livramento. Elas suspendem o julgamento e projetam somente amor incondicional, mesmo para aqueles que estão prestes a matá-las.

A renúncia ao julgamento torna a pessoa "propensa ao milagre", porque ela representa uma renúncia à identificação com a perspectiva cronicamente atemorizada e ressentida do ego. Segundo os místicos, as mudanças dramáticas na ilusão física que chamamos de "milagres" são produzidas pelas correspondentes mudanças mentais em favor do amor incondicional.

Como o mundo não passa de uma ilusão projetada por nossas mentes, a mente tranqüila projeta um mundo tranqüilo. Portanto, a pessoa que está disposta a ver o "bem" em todas as outras coloca-se fora da ilusão física que, subitamente, volta a estar bem. Uma vez perdoada, a "traição" de um amigo passa a ser apenas um mal-entendido tolo. A mente tranqüila consegue rapidamente reaver o controle de um carro derrapante e aqueles que não dão importância a um diagnóstico terrível descobrem muitas vezes que ele acaba mostrando-se apenas indevidamente pessimista. Dessa maneira, o amor incondicional realmente liberta o mundo da dor e das trevas.

Se o medo é o resultado inevitável do julgamento, no momento em que alguém assume o amor incondicional o medo deve desaparecer imediatamente. A Bíblia diz, por exemplo, que "o amor perfeito dissipa o medo". É exatamente o que vemos nas pessoas que passaram pela experiência de livramento. O estado "iluminado" pode durar apenas alguns instantes, mas nesses instantes elas permanecem extremamente destemidas. Então, a convicção delas de que o universo é, em última instância, um lugar seguro e afetuoso é projetada para a experiência física como uma miraculosa reviravolta nos acontecimentos, transformando um pesadelo num sonho feliz.

O juízo final

Embora imaginemos que Deus aprecia tanto o julgamento quanto nós, os mestres espirituais iluminados de todo o mundo afirmam que isso não é verdade. A crença de que o julgamento às vezes é apropriado é exatamente o que nos *separa* de Deus. Na verdade, segundo *A Course in Miracles*,[21] o muito temido "Juízo Final" mencionado no Novo Testamento não será absolutamente um ato de Deus. Pelo contrário, ele não passará da decisão final de cada indivíduo de abandonar o julgamento. Quando você pessoalmente tiver feito *seu* "juízo final", você estará livre para unir-se com os outros no céu do amor incondicional.

Nós só escapamos do inferno e retornamos ao céu pelo reconhecimento de que não temos nem o direito nem a capacidade para jugar qualquer outra pessoa. O julgamento é sempre uma justificativa para negar o amor. A salvação está em reconhecer que *não há* nenhuma justificativa para negar o amor. Se fomos todos criados do Amor, então o amor é o que *somos*. Imaginar que podemos restringir o amor, ou expressar qualquer outra coisa, é viver na ilusão.

No presente capítulo e no anterior, vimos que há vozes importantes tanto na física quanto na metafísica que concordam em que a consciência cria o mundo físico e que nossas escolhas quanto ao que pensar, sentir e acreditar determinam o que acontecerá conosco. Creio que pela aplicação inteligente desse princípio, todos nós podemos tornar-nos fazedores de milagres. Agora que já temos algumas bases teóricas, vamos examinar mais de perto a aplicação prática desse princípio.

14

O Senhor Proverá!

Se você soubesse o quanto seus pensamentos são poderosos, você jamais teria qualquer pensamento derrotista ou negativo. Uma vez que criamos pelo pensamento, precisamos nos concentrar muito intensamente em pensamentos positivos. Se você pensa que não consegue fazer algo, você não o conseguirá. Porém, se você acha que pode, ficará surpreso ao descobrir que pode. É importante que nossos pensamentos sejam sempre para o melhor que poderia acontecer em qualquer situação — para as coisas boas que gostaríamos que acontecessem.

— Perègrina da Paz

Se nossas crenças e expectativas determinam o que é possível em nosso mundo, aqueles que enfrentam o perigo com uma atitude otimista devem ser capazes de superar todos os obstáculos.

Os místicos sempre afirmaram que as "leis imutáveis do universo" são comparáveis às regras de um jogo que os filhos de Deus disputam no tabuleiro do espaço/tempo tridimensional. Elas são acordos coletivos — as limitações sob as quais normalmente concordamos em atuar. Contudo, em toda a história, sempre existiram fazedores de milagres que descobriram que eram livres para violar as leis físicas.

As capacidades milagrosas que desafiam as leis naturais são denominadas *siddhis* pelos iogues. Enquanto alguns iniciados procuram deliberadamente obter poder pessoal por meio do cultivo desses "poderes" místicos, os seguidores de vários caminhos são aconselhados a simplesmente ignorá-los, considerando-os como distrações da finalidade última da liberação espiritual. O fascínio pelos *siddhis* poderia deter a pessoa por tentá-la a sentir-se especial e procurar gratificação no mundo das ilusões, em vez de ir além dele para unir-se com Deus.

No entanto, muitas pessoas descobrem que as capacidades milagrosas surgem espontaneamente quando elas centram a mente no amor incondicional. Por exemplo, há relatos de levitação durante a meditação de pessoas tão diferentes quanto Santa Teresa D'Ávila e Swami Nagendra Nath Bhaduri. Uma mulher hindu chamada Giri Bala, bem como uma católica da Baviera chamada Theresa Neumann, desenvolveram ambas a capacidade de viver das energias do universo, ficando sem comer por décadas. O faquir muçulmano Afzal Khan materializou objetos do nada, exatamente como o moderno avatar hindu Sai Baba, e há relatos de que santos hindus e sufis andaram sobre as águas exatamente como se diz que Jesus fez.

Tenha ou não uma pessoa cultivado intencionalmente poderes milagrosos, os milagres parecem ocorrer naturalmente sempre que ela entra em um estado de consciência tranqüilo, imparcial e "iluminado". As evidências dos relatos de livramento mostram que Deus pode proteger e de fato protege aqueles que apóiam-se no amor incondicional. As pessoas que me relataram suas escapadas por um triz não tinham desenvolvido capacidades místicas através de uma longa prática. Seu livramento não foi tanto o resultado do "poder pessoal" quanto da "graça divina".

O papel do livre-arbítrio nos milagres

Várias religiões pregam que a devoção ao Amor pode nos oferecer um lugar seguro onde quer que estejamos. Infelizmente, poucas pessoas sabem como recorrer ao amor incondicional quando experiências destrutivas lhes são impingidas por outros. Todos nós temos um livre-arbítrio inviolável, mas como observou o místico Gurdjieff, poucos o usam.[39] Como Dorothy em Oz, a maioria de nós fica dando voltas com seus "sapatos vermelhos" sem perceber o poder extraordinário que eles têm.

O exercício do livre-arbítrio é mais exceção do que regra. A imensa maioria das pessoas simplesmente supõe que quando está diante da morte *tem que* ficar apavorada, que quando as pessoas a ameaçam, ela *tem que* odiá-las. Essas reações defensivas são condicionadas no ego desde que somos muito pequenos, mas elas também têm bases biológicas. Na verdade, não ocorre à maioria das pessoas *tentar* amar seus "inimigos". Quando usamos o livre-arbítrio para centrar a mente na paz e oferecer amor incondicional a qualquer pessoa, nos tornamos invulneráveis, mas poucas pessoas compreendem isso.

Um Filho de Deus pode reconhecer seu poder em um momento e mudar o mundo no momento seguinte. Isso porque, ao mudar sua atitude mental, ele mudou o mais poderoso mecanismo de mudança que lhe foi dado.

— A Course in Miracles

A chave para a
invulnerabilidade milagrosa

Se o livre-arbítrio assegura a cada um o direito de recusar-se a envolver-se em interações perigosas, como exatamente isso funciona? Vamos considerar o caso de Dona — a garota que foi seguida por um estuprador até a lavanderia de um prédio isolado.

Você deve se lembrar de que Dona transmitiu mentalmente a seu potencial agressor que o estupro que ele tinha planejado não era "com ela" — que ele tinha seguido "a pessoa errada". Sem julgá-lo, nem julgar seu desejo de estuprar *alguém*, ela deixou claro que *ela* não estava disposta a assumir o papel de vítima na interação de proveito próprio que ele estava propondo. Segundo os místicos, quando alguém exerce o livre-arbítrio para abandonar o julgamento e excluir-se de uma situação de perigo como Dona fez, sua palavra é lei. Ela deixa o futuro agressor na situação de ou desistir da agressão ou de procurar outra pessoa para exercer o papel complementar de vítima.

O livre-arbítrio significa que o agressor não pode proceder sem uma mínima cooperação mental da vítima pretendida. Acima de tudo, a pessoa que está sendo atacada tem que consentir em considerar a interação entre eles como um ataque. Se a vítima pretendida decide considerar o comportamento agressivo como um pedido de amor — como fez Phil quando o bêbado ameaçou agredi-lo —, não resultará nenhuma interação.

Além do mais, a pretendida vítima também tem que concordar em entrar no jogo de acordo com algumas regras aceitáveis para ambos com respeito ao que é possível. Pessoas com Jeanne, que asseveram que não é possível estuprá-las, ou como Dona, que insistem em transformar-se em gigantes enormes, estão estabelecendo regras próprias para a interação. O que se espera que um estuprador faça diante de uma vítima que não pode ser estuprada ou que tem o dobro de seu tamanho? É simplesmente impossível!

Invulnerabilidade

Quando abandonamos o julgamento e restabelecemos a mente no amor incondicional, estamos seguros como estaríamos se alcançássemos o "pique" numa brincadeira de criança. Enquanto estivermos em contato com o "pique", nossos adversários não nos podem tocar. Da mesma maneira, Deus garante a nossa segurança enquanto residirmos no amor.

Isso significa que uma pessoa apoiada no amor incondicional é literalmente invulnerável. As tradições espirituais de todo o mundo consideram o destemor, a compaixão e a paz interior inabaláveis como características que identificam as pessoas iluminadas, e tais qualidades são consideradas por todas elas como garantias de proteção milagrosa.

Treinamento xamânico

Uma comunidade africana leva tradicionalmente os meninos suspeitos de terem potenciais xamânicos para uma clareira na floresta. Os mais velhos, fortemente armados, fazem ruídos para atrair a atenção de um leão e, em seguida, escondem-se entre as árvores, deixando o menino à sua própria sorte. Se o leão mata o menino, eles concluem que ele não poderia ser um xamã.

Quando adulto, um indivíduo que sobreviveu a essa iniciação recordou seu enfrentamento com o leão. Ele tinha cerca de três anos de idade na ocasião e não tinha nenhuma consciência do que estava ocorrendo. Ele recorda ter ficado sentado no capim alto desfrutando do sol. Quando a grande fera apareceu, ele ficou impressionado com sua beleza e majestade. Encantado com aquele imponente novo amigo, ele fitou intensamente os olhos amarelos do leão com espanto e adoração. Pelo que pareceu um longo tempo, os dois simplesmente ficaram embevecidos um diante do outro. Então, o leão virou-se e foi embora, e o menino foi levado para ser treinado como xamã.

Embora esse método de orientação vocacional seja um pouco pesado demais para o meu gosto, fica contudo evidente que aquele povo entende que os indivíduos espiritualmente conscientes reagem às ameaças com uma extrema calma, amor e destemor. Em lugar de tentarem defender-se, eles refugiam-se num estado contemplativo. Como *A Course in Miracles* expressa de maneira sucinta, "amar sem atacar" é a condição necessária e bastante para a ocorrência de milagres.[21]

Se as pessoas ficam seguras quando decidem não atacar as outras pelo julgamento, isso significa também que ninguém pode ser realmente agredido contra a sua vontade. Contudo, parece que as pessoas *podem* ser agredidas contra a vontade delas. O que dizer disso?

Querer versus *desejar*

É conveniente estabelecer aqui uma distinção entre *querer* e *desejar*. *Desejar* é uma atividade fraca e insegura realizada pelo ego — a parte da mente que acredita na ilusão física. Como o ego é dividido em muitas partes, os desejos de um ego entram muitas vezes em conflito uns com os outros. Por exemplo, "Eu gostaria que eles me fizessem presidente da empresa" pode coexistir com "Gostaria de ter mais tempo para minha família" e "Gostaria de não ter tantas responsabilidades".

Querer, por outro lado, é a expressão de um propósito unificado. Os místicos dizem que podemos criar tudo aquilo que quisermos inteiramente — tudo aquilo que quisermos sem conflitos ou reservas. As pessoas que tiveram suas vidas preservadas "queriam" realmente salvar-se, ou meramente "desejavam"? Vamos dar uma olhada mais de perto no caso de Dona.

No momento em que ela encarou seu antagonista nos olhos, Dona reconheceu que ela *costumava* achar que poderia haver alguma vantagem psicológica em colocar-se como a vítima de um homem violento. Talvez esse benefício antevisto envolvesse a simpatia dos outros ou a pena de si mesma, ou ainda a possibilidade de manipular posteriormente o agressor pela culpa. Na verdade não sabemos.

Mas qualquer que tenha sido a motivação, no tempo que tinha passado desde que ela tinha sido maltratada por seu padrasto, Dona tinha chegado a compreender que ser uma vítima não lhe proporcionava mais nada do que ela queria. Ela tinha superado o papel de vítima e nada que aquele homem pudesse fazer iria alterar esse fato.

Este é um propósito íntegro. É o exercício do livre-arbítrio. Dona percebeu que tinha uma *escolha* quanto a como reagir a seu agressor em potencial, e compreendeu também que nada no mundo a faria reagir diante dele como uma vítima a partir de uma posição de medo ou raiva. Pelo que Dona podia perceber, aquele homem tinha a força necessária para atacar seu corpo, mas não poderia dominar sua mente sem que ela o permitisse. E ela não ia permitir.

Note-se que se Dona tivesse ficado com medo ou raiva, ela teria interpretado sua posição da mesma maneira que seu agressor. Isso seria cooperar involuntariamente com ele na escolha de um futuro possível no qual ele teria o poder de agredi-la. Em vez disso, ela criou uma realidade pessoal na qual seu futuro agressor não era nenhum páreo para ela. E como o poder centrado da vontade calmamente integrada de Dona era muito mais forte do que os desejos fracos e confusos do estuprador, ela conseguiu virar a mesa e dominar a mente *dele*. Um bandido enorme foi obrigado a deixar o caminho antes que aquela pequena jovem passasse por cima dele!

A interação de Elizabeth com o veterano que a raptou com uma faca ilustra o mesmo ponto. Depois de ter passado para um estado de paz interior, Elizabeth conseguiu reduzir aquele matador altamente treinado a um trapo emocional confuso e ensopado de suor. Ela simplesmente se recusou a nutrir a idéia de que ele poderia feri-la, e ele não pôde concretizar aquele futuro possível sem a sua cooperação mental.

O fato de essas mulheres não serem *fisicamente* tão fortes quanto os homens que tensionavam agredi-las foi irrelevante. A mente é a força criativa. Diante da falta absoluta de concordância mental quanto ao que poderia e iria acontecer entre eles, os agressores não conseguiram levar suas intenções a cabo.

A questão central é que, se você parte do nível do ego, você pode *desejar* escapar e até mesmo *orar* pelo livramento, mas você não pode *querer* o livramento. Querer pressupõe uma mente liberta de julgamentos e integrada na paz interior. Ninguém que esteja com medo ou raiva está em condições de querer qualquer coisa.

Além do mais, como o nosso poder superior recusa-se a interferir em nossa liberdade de escolha, ele pode apenas ajudar-nos guiando-nos para o uso devido da vontade. Deus não removerá os pensamentos de perigo e condenação que preferirmos manter. Isso significa que nem mesmo a oração consegue funcionar para as pessoas que agarraram-se ao ponto de vista do ego.

Os pensamentos das pessoas identificadas com o ego são crivados de julgamentos. Em conseqüência disso, elas muitas vezes pedem erroneamente por vingança ou ascendência sobre outros, em vez de paz. Deus, entretanto, não pode tomar o partido de uma pessoa contra outra ou atender a uma prece egoísta. Todas as coisas são possíveis quando uma saída favorável para todos é nossa única meta, mas os milagres não podem ser alcançados por aqueles que preferem ver-se como vítimas indefesas de pessoas "más" que "merecem" ser punidas. Os arrogantes e vingativos são abandonados à própria sorte. Eles não invocaram apropriadamente a intervenção divina.

A escolha de um futuro melhor

Se nossos pensamentos estruturam nossa percepção da realidade, a interpretação que fazemos de uma situação é um momento decisivo, ramificando-se em muitos futuros possíveis. Os caminhos que escolhemos confiando na paz e no amor levam à boa sorte. Aqueles que escolhemos com base no medo, no ressentimento, na tristeza, na indignação e na culpa levam-nos a descer para o conflito e a perda. É como se existissem dois mundos — um celestial e outro infernal. Por meio de nossos pensamentos, escolhemos em qual deles viver. No excerto abaixo, a psicoterapeuta Jacquelyn Small explica como o medo e a raiva criam a ilusão de um mundo ingrato.[40]

Minha consciência, neste momento, está habitando um mundo que eu criei, onde reside toda negatividade com respeito a este assunto particular! Até que eu escolha mudar-me desse "lugar", essa negatividade acrescenta-se a si mesma, atraindo mais negatividade, e eu posso ficar subjugada. Se eu optar por uma experiência positiva, *ascendo* a um outro universo que imediatamente coopera e, instantaneamente, obriga o movimento a manifestar um resultado positivo. E à medida que o positivo ganha força, tenho uma sensação maravilhosa, encantada com a beleza do mundo à minha volta.[40]

Todo momento oferece uma oportunidade de escolher novamente. Vamos examinar mais de perto esse processo de escolha pelo qual nossa realidade pessoal é criada.

A *manifestação da realidade física*

O dinâmico pregador afro-americano, Reverendo Ike, faz uma clara analogia entre atenção e dinheiro. Ele observa que todas as pessoas têm a mesma capacidade de "prestar"* atenção e que, desse ponto de vista, todos nós temos a mesma capacidade de realizar nossa vontade. O que torna diferentes os nossos destinos é *no que* escolhemos prestar atenção.

De acordo com a interessante metáfora monetária do Reverendo Ike, nós, de fato, "compramos" experiências para nós mesmos "prestando" atenção nelas. Muito literalmente, nós "pagamos para entrar" em diferentes ilusões. A atenção que compra uma experiência de perigo ou rejeição não é diferente da atenção que compra uma experiência de paz e amor. O conteúdo da ilusão é diferente, mas o modo como nossa mente as fazem manifestar-se fisicamente é o mesmo.

O Reverendo Ike observa que as pessoas bem-sucedidas normalmente dispõem de uma atitude desembaraçada de "eu posso", que faz pouco dos obstáculos. Quer elas atribuam sua boa sorte às próprias capacidades ou ao poder de Deus atuando através delas, elas, contudo, investem sua atenção e crença na idéia de que existe um poder interior que consegue superar qualquer dificuldade. Elas acreditam que merecem o sucesso e empenham-se com confiança na direção de um futuro possível no qual elas conseguem o que procuram. Em conseqüência disso, um resultado feliz em breve manifesta-se em suas vidas.

Usando exatamente o mesmo processo criativo para produzir um resultado diferente, podemos decidir ceder à idéia de que somos vítima de alguém, desfrutando temporariamente do sentimento de indignação justa que sentimos quando reclamamos das injustiças. Entretanto, sem sabermos, nossos pensamentos estão incansavelmente invocando experiências correspondentes da ordem implicada.

Sem perceber, cada um de nós está continuamente exigindo algo do universo para provar que o ponto de vista que escolhemos é justificado pelos fatos. Quando digo, "Posso lidar com isso", ou "Estou de saco cheio", ou "Não há justiça no mundo", o universo automaticamente arranja as circunstâncias físicas de maneira a fazer com que minhas crenças se tornem verdadeiras em minha experiência. Ao prestar atenção somente naqueles aspectos de uma situação que apóiam minhas idéias preconcebidas, eu crio para mim mesmo uma ilusão particular na qual as coisas ocorrem de acordo com minhas convicções. Então, com certeza, em *meu* mundo você *não pode* conquistar a prefeitura, e os homens só *querem* "uma coisa".

---

* "Paying" [pagar, em inglês]. (N. T.)

Isso quer dizer que estamos todos vivendo em mundos diferentes, onde ocorrem diferentes tipos de coisas. O que é realista no universo de uma pessoa está fora de questão no de outra. Por exemplo, jamais esquecerei de uma mulher chamada Nancy, com que eu costumava trabalhar. Ela expressou uma inveja melancólica quando lhe contei de uma agradável viagem que eu tinha feito a uma cidade distante.

"Você terá férias logo", eu disse, "por que você também não vai para lá?"

"Oh!" Nancy respondeu com um tom chocado. "Eu não posso fazer isso! Se eu deixasse a cidade, todo mundo pensaria que fui fazer um aborto!"

A idéia de que *alguém* pudesse fazer uma associação tão bizarra simplesmente jamais tinha passado pela minha cabeça, mas essa mulher estava vivendo numa realidade particular onde "todo mundo" achava uma oportunidade para condená-la. Esse era o pequeno universo assustador no qual ela vivia, e eu fiquei feliz por não ser obrigada a viver nele.

A idéia de que nossos pensamentos determinam o que acontece conosco diz respeito tanto à continuidade da vida comum quanto à interrupção "milagrosa" desse mesmo cotidiano. A maioria de nós permite que nossas crenças sejam moldadas por influências externas, como a família, a cultura e a educação. Pensando e reagindo sempre conforme esse condicionamento, obtemos sempre os mesmos resultados entre as infinitas possibilidades existentes na ordem implicada. Dessa maneira, criamos para nós mesmos a experiência de um mundo estável e previsível, embora não necessariamente gratificante.

Se o ponto de vista espiritualista for correto, existe, portanto, uma força sobrenatural em nossa mente que pode realizar milagres para nos apoiar e proteger quando a mente está em paz. Alguns mestres comparam esse poder a um espírito que provê todas as nossas necessidades. Tudo o que é preciso para ter acesso a essa ajuda milagrosa é confiar tranqüilamente nos impulsos do amor, rejeitando a idéia de que o julgamento — e seus concomitantes medo e raiva — é sempre justificado. Os seguintes excertos da *Autobiography of a Yogi*, de Swami Paramahansa Yogananda, oferecem alguns exemplos interessantes de como nosso poder superior pode tomar conta de nós se confiarmos nele em todas as situações.

O Senhor proverá

Swami Yogananda, na época um adolescente chamado pelo seu apelido de infância "Mukunda", estava decidido a deixar a escola para estudar com seu guru. Sua família estava igualmente decidida a fazê-lo entrar na faculdade e tornar-se um homem de negócios. Aqui, o irmão de Mukunda, Ananta, quer convencê-lo da loucura que é seguir uma vida espiritual.

"Então você se sente totalmente independente da riqueza do Pai." O olhar de Ananta era inocente ao retomar a conversa do dia anterior.

"Estou consciente da minha dependência de Deus."

"Falar é fácil! A vida o protegeu até hoje. Seria bem diferente se você tivesse que esperar da Mão Invisível casa e comida! Você não demoraria a andar esmolando pelas ruas."

"Nunca! Eu não colocaria minha fé antes nos passantes do que em Deus! Ele pode prover a seus devotos milhares de recursos além da tigela de mendigo."

"Mais retórica! Suponha que eu sugerisse que sua jactanciosa filosofia fosse testada neste mundo tangível?"

Ananta desafia Mukunda e seu colega Jitendra a ir até a cidade de Brindaban sem uma única rúpia para comer nem para a passagem de volta de trem, com o compromisso de não pedirem comida nem dinheiro nem revelarem sua condição a ninguém. Ananta, convencido de que seu irmãozinho ingênuo está prestes a aprender uma importante lição, diz que se eles não perderem nenhuma refeição e conseguirem voltar antes da meia-noite, ele permitirá que Mukunda o inicie como seu discípulo. Os meninos aceitam o desafio.

Jitendra mantinha um silêncio lúgubre enquanto o trem percorria a distância. Finalmente, ele se moveu; inclinando-se, ele me beliscou com força numa parte delicada.

"Não vejo nenhum sinal de que Deus vai prover nossa próxima refeição!"

"Cale-se, seu Tomé incrédulo; o Senhor está trabalhando conosco."

"Não é da sua conta!" Desviei o olhar rudemente.

"Você também pode fazer com que Ele se apresse? Já estou morrendo de fome só de pensar no que temos pela frente. Eu saí de Banaras para ver o mausoléu de Taj, não para entrar no meu próprio!"

"Anime-se, Jitendra! Não estamos aqui para ver pela primeira vez os prodígios sagrados de Brindaban? Estou profundamente feliz só de pensar que vou pisar o chão consagrado pelos pés do Senhor Krishna."

A porta de nosso compartimento foi aberta; dois homens sentaram-se. A próxima parada do trem seria a última.

"Rapazes, vocês têm amigos em Brindaban?" O estranho diante de mim assumiu um interesse surpreendente.

"Vocês estão provavelmente fugindo de casa sob o encantamento do Ladrão de Corações.* Eu também sou de temperamento devocional. Tomarei como meu dever providenciar para que vocês tenham comida e abrigo desse calor escaldante."

---

* Hari, um nome afetuoso pelo qual Sri Krishna é conhecido de seus devotos.

"Não, senhor, deixe-nos a sós. O senhor é muito amável, mas errou ao julgar que fugimos de casa."

Não houve mais nenhuma conversa; o trem parou. Quando Jitendra e eu descemos para a plataforma, nossos companheiros enlaçaram seus braços nos nossos e chamaram um táxi puxado por cavalos.

Descemos diante de um eremitério imponente, situado entre árvores de sempre-viva num jardim bem cuidado. Nossos benfeitores eram evidentemente bem conhecidos ali; um garoto sorridente nos conduziu sem comentários a uma sala de visitas. Logo, veio juntar-se a nós uma mulher de certa idade, de aparência nobre.

"Gauri Ma, os príncipes não puderam vir." Um dos homens dirigiu-se ao anfitrião do *ashram*. "No último instante, os planos deles foram por água abaixo; eles enviaram profundos pêsames. Mas trouxemos dois outros convidados. Assim que os encontramos no trem, senti-me atraído por eles como devotos do Senhor Krishna."

"Até logo, amiguinhos." Nossos dois conhecidos encaminharam-se para a porta. "Voltaremos a nos ver, se Deus quiser."

"Vocês são bem-vindos aqui." Gauri Ma sorria de uma maneira maternal. "Vocês não poderiam ter vindo em melhor dia. Eu estava esperando dois patronos reais deste eremitério. Que vergonha se minha comida não encontrasse ninguém para apreciá-la!"

As palavras aprazíveis tiveram um efeito surpreendente sobre Jitendra: ele irrompeu em lágrimas. A "perspectiva" que ele temera em Brindaban estava tornando-se um entretenimento régio; seu súbito ajuste mental foi demais para ele. Nossa anfitriã olhou-o com curiosidade, mas sem comentário; talvez ela estivesse familiarizada com as mudanças súbitas dos adolescentes.

O almoço foi anunciado; Gauri Ma conduziu-nos para uma varanda de jantar, com odores de temperos agradáveis. Ela desapareceu numa cozinha adjacente.

Eu estivera premeditando aquele momento. Escolhendo o lugar apropriado no corpo de Jitendra, dei-lhe um beliscão tão forte quanto o que ele tinha me dado no trem.

"Seu Tomé, incrédulo, o Senhor trabalha — e depressa!"

Consumada a suntuosa refeição, Jitendra volta a duvidar. O almoço fora apenas um acaso feliz. Como eles iriam ver Brindaban ou retornar a Ananta sem dinheiro?

"Você se esquece rapidamente de Deus, agora que sua barriga está cheia." Minhas palavras, não amargas, eram acusatórias. Que curta é a memória humana com respeito aos favores divinos! Nenhum homem vive sem ter visto algumas de suas preces atendidas.

"Provavelmente não vou me esquecer da loucura de ter-me aventurado com um doido como você!"

"Cale a boca, Jitendra! O mesmo Senhor que nos alimentou vai mostrar-nos Brindaban e levar-nos de volta a Agra."

Um homem bastante jovem de aparência agradável aproximava-se a passos rápidos. Parando sob nossa árvore, ele se curvou diante de mim."

Caro amigo, você e seu amigo devem ser estranhos aqui. Permitam-me ser seu anfitrião e guia."

É muito difícil que um indiano fique pálido, mas o rosto de Jitendra ficou subitamente pálido. Eu recusei educadamente a proposta.

"Certamente, você não está me expulsando?" O susto do estranho teria sido cômico em quaisquer outras circunstâncias.

"Por que não?"

"Você é meu guru." Seus olhos procuraram os meus confiantemente. "Durante as minhas devoções do meio-dia, o abençoado Senhor Krishna apareceu numa visão. Ele me indicou duas figuras desamparadas sob esta mesma árvore. Uma face era a sua, meu mestre! Muitas vezes eu a vi em meditação. Que alegria se você aceitar meus humildes serviços!"

O benfeitor leva os garotos a um passeio por vários santuários e consegue convencê-los a aceitar sua oferta de guloseimas e um monte de notas de rúpias. Mukunda o retribui iniciando-o na Kriya Ioga. Os dois "Cinderelas" retornam antes da meia-noite enchendo a mesa de Ananta de rúpias.

"Jitendra, a verdade!" O tom de Ananta era cômico. "Esse sujeitinho não andou fazendo um assalto?"

Mas à medida que ouvia o relato, meu irmão foi ficando sério e, por fim, solene.

"A lei da oferta e procura chega a níveis mais sutis do que eu supunha", disse Ananta com um entusiasmo espiritual nunca antes notado. "Entendo pela primeira vez sua indiferença para com os cofres e as acumulações vulgares do mundo."

Por tarde que fosse, meu irmão insistiu para receber *diksha* (instrução) em Kriya Yoga. O "guru" Mukunda teve que assumir, em uma mesma noite, a responsabilidade por dois "discípulos" não almejados.[37]

Notemos que já quando adolescente, Yogananda tinha aprendido a confiar em Deus em todas as coisas. Ele recebeu muitos milagres porque permaneceu calmo e afetuoso em todas as circunstâncias e porque ele confiantemente *esperava* por eles. Yogananda acreditava que ele — e, de fato, todo mundo — era protegido por um poder superior amoroso e generoso. Uma vasta experiência tinha-o convencido da existência de uma mão invisível que generosamente providenciava para satisfazer cada uma de suas necessidades.

15

A Invulnerabilidade Milagrosa

Mesmo que caiam mil homens à tua esquerda e dez mil à tua direita, não serás atingido.

— Salmo 91:7

Se uma pessoa que ama incondicionalmente é literalmente invulnerável, conclui-se que o amor incondicional é a melhor forma de defesa pessoal. Isso levou ao estudo das artes marciais como uma disciplina espiritual no Oriente. Nas artes marciais, como o kung fu, o aikidô e o caratê, a luta física é um laboratório para o aprendizado do estado mental destemido, tranqüilamente alerta e intuitivamente sintonizado, presente na consciência espiritual elevada. Subentende-se que, em qualquer disputa, o indivíduo que tiver mais capacidade de manter a calma e o amor diante do perigo vencerá. A força bruta e as habilidades físicas são decididamente de importância secundária.

O consumado artista marcial usa suas habilidades apenas em defesa própria e de outros — nunca para atacar ou dominar. Focalizando a consciência em um único ponto, "os guerreiros pacíficos" sintonizam-se com a intuição e parecem saber o que seus adversários vão fazer antes deles próprios. De alguma maneira, o adepto espiritual está sempre preparado para responder com um mínimo de esforço e resultado máximo.

O conceito de *guerreiro pacífico* pode parecer inicialmente, para alguns ocidentais, como uma contradição, mas para muitos ele será familiar pela leitura de um livro inspirador intitulado *Way of the Peaceful Warrior*, de Dan Millman.[41] Como explica Millman, o poder pessoal é cultivado e expresso antes pelo autodomínio do que pela dominação de outros. Ele envolve o uso da força antes para a defesa do que para aterrorizar ou explorar. O guerreiro pacífico não se esforça absolutamente para lutar; mas, quando o combate é necessário, ele é destemido e extremamente eficaz.

Consideremos o exemplo do soldado norte-americano Alvin York. Muitos leitores se lembrarão do popular filme *Sergeant York*, no qual Gary Cooper representou esse homem simples que tornou-se o herói mais condecorado da Primeira Guerra Mundial.

Sargento York

Alvin York era um "montanhês rústico" que tinha sido um grande viciado em bebida e briga antes de ter tido uma experiência espiritual que provocou uma reviravolta em sua vida. Transformado por seu novo senso de ligação pessoal com Deus, ele humildemente procurou o perdão das pessoas que tinha ofendido e começou a levar uma vida de sobriedade, rigorosa honestidade e absoluta não-violência. Quando irrompeu a Primeira Guerra Mundial, York requisitou a condição de *Conscientious Objector*.*

Porém, como sua seita religiosa era pequena, sem uma tradição reconhecida de não-violência, seu requerimento foi negado. Recrutado para o exército, York tinha que decidir que iria ou não servir. Ele meditou intensamente sobre suas responsabilidades conflitantes para com Deus e sua pátria e acabou concluindo que não seria necessariamente imoral matar em uma situação em que a morte de alguns era a única maneira de salvar muitas vidas.

Quando a unidade de York foi confrontada abertamente pelas forças alemãs, esse homem não-violento enfrentou a situação que ele tinha decidido que poderia justificar a violência. Voltando-se para seu interior em busca de orientação, ele foi levado a tomar a questão em suas próprias mãos. A matança tinha que ser detida. York ordenou a seus homens que permanecessem encobertos tanto quanto fosse possível, e rastejou para abrir caminho atrás das fileiras inimigas.

Aquele montanhês sem instrução empregou então suas habilidades de caça contra os recursos imensamente superiores do exército alemão. Os anos passados espreitando a caça em busca de alimento tinham-lhe ensinado a mover-se silenciosamente e a permanecer invisível para sua presa. A extraordinária perícia no tiro ao alvo que tinha lhe auferido prêmio tornava-o agora capaz de mirar com precisão os atiradores alemães e destruir sistematicamente seus pontos de tiro aparentemente inexpugnáveis.

Os alemães não tinham defesa contra aquele silencioso e implacável adversário atrás de suas próprias fileiras. Ficaram assustados e confusos. Como um soldado após outro era abatido pelo assassino invisível, concluíram que estavam sendo atacados por todos os lados. Quando York comunicou-lhes que estavam cercados e exigiu a rendição, eles estavam bastante preparados para acreditar que era verdade. Quando a poeira se dissipou, Alvin York tinha sozinho vencido a batalha e capturado pessoalmente quase mil soldados inimigos!

A façanha do Sargento York foi aclamada como um milagre por muitos. Ele foi laureado com a Medalha de Honra do congresso norte-americano, bem como com as honras supremas da Inglaterra e França. Com sua modéstia

---

* Pessoa que por consciência recusa-se a participar ativamente da guerra (N.T.).

característica, York disse que apenas tinha feito o que qualquer um faria nas mesmas circunstâncias.

Aquele guerreiro fenomenal sempre lamentou o fato de ter tido que matar tantos alemães. Apesar de ser um homem pobre, ele recusou-se a tirar vantagem de sua condição de herói após a guerra e negou as ofertas de dinheiro por endossos comerciais. À sua maneira de pensar, matar pessoas pode ser às vezes necessário, mas não é nenhum motivo de vanglória.

O Sargento York é um exemplo maravilhoso de guerreiro pacífico. Ele não odiava nem temia os alemães; simplesmente queria impedi-los de matar seus camaradas. Sozinho, aquele homem consciencioso fez o que um grande número de soldados armados não tinha conseguido fazer. E embora York tenha matado uma série de pessoas, está claro que ele salvou muito mais vidas — tanto entre os aliados quanto entre os alemães — por acabar rapidamente com a batalha e captura de centenas de prisioneiros. Ambos os lados justificavam sua guerra gloriosa com a idéia de que Deus estava do seu lado, mas Deus — como sempre — estava dirigindo a mão de um homem que amava seus inimigos e queria apenas o fim da violência.

A resolução pacífica de conflitos

As pessoas que seguem o caminho do guerreiro pacífico descobrem que a maioria dos conflitos pode ser resolvida sem derramamento de sangue. O combate de fato é mais exceção do que regra. O seguinte relato escrito por Terry Dobson e reproduzido no livro *How Can I Help*, de Ram Dass e Paul Gorman, oferece outro exemplo extraordinário da consciência pacífica e compassiva, que é considerada o "segredo" do sucesso nas artes marciais.[42] Note-se quão estreitamente este relato corresponde às experiências de livramento que estivemos discutindo. Aqui, como naquelas, o "inimigo" não é vencido em combate físico, porém transformado em amigo.

Aikidô em ação

Aqui Terry Dobson descreve uma comovente experiência de suas viagens pelo Japão.

O trem estrepitava e chocalhava pelos subúrbios de Tóquio numa modorrenta tarde de primavera. Nosso vagão estava relativamente vazio — algumas donas de casa com seus filhos a tiracolo, algumas pessoas idosas indo às compras. Eu olhava distraído para as casas sujas e as fileiras de cerca viva empoeiradas.

Em uma estação as portas abriram-se e, de repente, a tarde tranqüila foi perturbada por um homem vociferando imprecações violentas e incompreensíveis. O homem entrou cambaleando em nosso vagão. Ele usava roupas de operário, era grande e estava bêbado e sujo. Berrando, ele cambaleou sobre uma mulher com um bebê no colo. O tropeço a fez cair sobre um casal idoso. Foi um milagre o bebê não ter ficado machucado.

Aterrorizado, o casal levantou-se e correu com dificuldade até a outra ponta do vagão. O homem dirigiu um chute para o traseiro da mulher idosa, mas não conseguiu acertá-lo porque ela desviou-se rapidamente. Isso deixou o bêbado tão enfurecido que ele agarrou o suporte de metal do centro do vagão e tentou arrancá-lo. Percebi que uma de suas mãos estava cortada e sangrando. O trem prosseguia balançando, enquanto os passageiros estavam gelados de pânico. Eu me levantei.

Eu era jovem então, há cerca de vinte anos, e em muito boa forma. Eu vinha treinando umas oito horas de aikidô quase todos os dias pelos últimos três anos. Eu gostava de arremessar e lutar. Achava que era valente. O problema era que minha habilidade marcial não tinha sido testada em combate real. Como aprendizes de aikidô, não nos era permitido lutar.

"Aikidô", meu professor tinha repetido muitas vezes, "é a arte da reconciliação. Quem quer que tenha a intenção de lutar rompeu sua conexão com o universo. Se você tentar dominar as pessoas, já está derrotado. Nós estudamos para resolver conflitos, não para iniciá-los."

Eu escutava suas palavras. Esforçava-me arduamente. Chegava mesmo a atravessar a rua para evitar os Chimpiras, os vagabundos das máquinas de jogo que perambulavam pelas estações de trens. Minha paciência me exaltava. Eu me sentia tanto valente quanto santo. Em meu íntimo, entretanto, eu desejava uma oportunidade legítima de salvar o inocente pela destruição do culpado.

"É agora!", eu disse para mim mesmo enquanto me levantava. "As pessoas estão em perigo. Se eu não fizer algo imediatamente, alguém será ferido."

Ao ver-me de pé, o bêbado identificou um objeto para sua fúria. "Aha!", ele riu. "Um estrangeiro! Você precisa de uma aula de costumes japoneses!"

Segurei-me levemente na correia suspensa do teto e lancei-lhe um olhar de desagrado. Eu planejava partir aquele valentão ao meio, mas ele teria que dar o primeiro passo. Eu queria deixá-lo louco, de maneira que juntei os lábios e soprei-lhe um beijo insolente.

"Muito bem!", eles esbravejou. "Você vai ganhar uma lição." Ele se preparou para arremeter-se contra mim.

Uma fração de segundo antes de ele conseguir avançar, alguém gritou: "Ei!" Foi de partir os ouvidos. Lembro-me da qualidade estranhamente animada daquela voz — como se você e seu amigo estivessem procurando por algo e ele, de repente, o tivesse achado. "Ei!"

Eu girei para a esquerda e o bêbado para a direita. Ambos topamos com um japonês velho e pequeno. Ele deveria andar pela casa dos setenta anos, um cavalheiro minúsculo, sentado ali em seu quimono imaculado. Ele não deu nenhuma atenção a mim, mas irradiou um sorriso luminoso para o operário, como se tivesse um segredo muito importante e esperado para comunicar-lhe.

"Venha cá", o velho disse em linguagem simples, acenando para o bêbado. "Venha cá conversar comigo." Movimentou levemente a mão.

O grandão encaminhou-se para ele, como se preso por uma corda. Ele plantou os pés belicosamente diante do velhinho e urrou mais alto do que o estrepitar das rodas: "Por que diabos eu tenho de falar com você?". O bêbado estava agora de costas para mim. Se seu cotovelo se movesse apenas um milímetro, eu o derrubaria.

O velho continuou a sorrir para o bêbado. "O que você andou bebendo?", ele perguntou, com os olhos brilhando de interesse. "Estive bebendo saquê", o operário berrou, "e não é da sua conta!" Salpicos de cuspe atingiram o velho.

"Ó, isso é ótimo", o velho disse, "absolutamente maravilhoso! Sabe, eu também adoro saquê. Todas as noites, minha mulher e eu (ela tem 76 anos) aquecemos uma pequena garrafa de saquê e vamos com ela para o jardim, onde nos sentamos num velho banco de madeira. Contemplamos o pôr-do-sol e verificamos como está nosso caquizeiro. Meu bisavô plantou aquela árvore, e nós estamos preocupados com sua recuperação das tempestades de neve que tivemos no inverno passado. Mas ela tem-se recuperado melhor do que eu esperava, especialmente levando-se em consideração a qualidade do solo. É gratificante contemplá-la quando vamos tomar nosso saquê lá fora e desfrutar o anoitecer — mesmo quando chove!" Ele olhou para o operário, com os olhos cintilantes.

Enquanto se esforçava para acompanhar a fala do velho, a expressão do bêbado começou a abrandar-se. Seus punhos se soltaram lentamente. "É", ele disse. "Eu também adoro caquizeiros..." Sua voz desapareceu.

"Sim", disse o velho sorrindo, "e tenho certeza de que você tem uma esposa maravilhosa."

"Não", contestou o operário. "Minha mulher morreu." Muito suavemente, balançando ao movimento do trem, o grandão começou a chorar. "Eu não tenho mulher, não tenho casa, não tenho trabalho. Tenho tanta vergonha de mim mesmo." Lágrimas lhe escorriam pelo rosto; uma contração de desespero atravessou seu corpo.

Agora era a minha vez. Parado ali em minha jovem inocência bem asseada, minha honradez "torne-este-mundo-seguro-para-a-democracia", de repente me senti pior do que ele.

Então, o trem chegou na minha estação. Enquanto as portas se abriam, eu ouvi o velho cacarejar compassivamente. "Pois é...", disse ele. "É uma situação difícil, realmente. Sente-se aqui e fale-me sobre isso."

Virei a cabeça para dar uma última olhada. O operário estava esparramado sobre o assento, com a cabeça no colo do velho. O velho estava acariciando seus cabelos sujos e embaraçados.

Enquanto o trem se afastava, sentei-me num banco. O que eu tinha querido fazer com os músculos, o homem tinha conseguido com palavras ternas. Eu tinha acabado de assistir o aikidô na prática e a essência dele era o amor. Eu teria que praticar aquela arte com um espírito inteiramente diferente. Levaria muito tempo até que eu pudesse falar sobre a solução de conflitos.[42]

O narrador desse relato reconhece a essência do aikidô nas atitudes do velho, embora talvez aquele velho japonês soubesse muito pouco ou nada sobre as artes marciais em si. O poder milagroso do amor incondicional parece ser um "segredo" que foi descoberto em todo o mundo por pessoas instruídas e não-instruídas. Quando o usamos, "inimigos" perigosos podem ser milagrosamente desarmados por crianças pequenas, bailarinas e frágeis velhinhos. No entanto, a coragem, a consciência e o autodomínio que o estado alterado afetuoso reflete permanecem como as realizações supremas de toda uma vida humana.

Ahimsa (amor infinito, não-violência) é uma arma de potência inigualável. É o bem supremo da vida. É o atributo dos corajosos; na verdade, é tudo o que eles têm. Ele não está ao alcance dos covardes. Não é um dogma sem sentido ou sem vida, mas uma força viva e vivificante. É o atributo especial da alma.

— Mohandas Gandhi

O amor incondicional na Praça da Paz Celestial

Ele não luta e, por essa razão, ninguém abaixo do céu pode lutar com ele.

— Tao Te King

Wang Wei Lin

Este capítulo sobre a invulnerabilidade milagrosa não ficaria completo sem uma referência ao jovem chinês Wang Wei Lin, que fez parar um tanque na Praça da Paz Celestial durante a revolta estudantil de 1989 em Beijing. Muitos dos que assistiram ao espetáculo pela televisão jamais se esquecerão da coragem daquele jovem. Os soldados tinham ordens para passar por cima de todos os manifestantes que estivessem em seu caminho, e as estavam cumprindo. Mas aquele estudante em particular parecia inconsciente do perigo ao colocar-se diante de um tanque e ordenar que ele parasse.

Bloqueado pelo estudante gritando e gesticulando, o motorista do tanque hesitou e, em seguida, parou. Ele tentou muitas vezes contornar o jovem, mas para qualquer lado que se dirigisse, o manifestante simplesmente colocava-se de novo diante dele. O jovem parecia quase estar *dançando* com o tanque — homem e máquina caminhando juntos num tango fatal.

Por fim, Wang Wei Lin saltou para cima do próprio tanque. Ele começou a bater na blindagem de aço, parecendo decidido a entrar nele. Eu esperava ver o jovem fuzilado ou atropelado a qualquer instante, mas outros estudantes acabaram rompendo o impasse. Eles saíram correndo dentre a multidão, agarraram o estudante e o levaram para um lugar seguro.

Testemunhas da cena relataram posteriormente que Wang Wei Lin não estivera gritando acusações ou ameaças, mas antes chamando o motorista do tanque para que descesse e fosse falar com ele. Como as pessoas que me relataram suas experiências de livramento, ele tinha respondido à agressão com amor e tratado o "inimigo" como um irmão equivocado. Estou pessoalmente convencida de que ele estava atuando sob a orientação de seu poder superior e que foi protegido por um milagre.

Como outros jovens chineses, Wang Wei Lin quase certamente tinha sido educado para ser ateu. No entanto, sua falta de convicções religiosas não fez a menor diferença em sua capacidade de alcançar um milagre. Que evidência mais clara poderíamos ter de que a verdadeira espiritualidade não é uma questão de pronunciar palavras que soam religiosas nem de ser um membro pagador de dízimos da igreja "certa"? Ela começa e termina com a vontade de expressar nada mais e nada menos do que o amor incondicional. Como o amor incondicional pode ser tão verdadeiro para os ateus e agnósticos quanto o é para as pessoas religiosas, os milagres ocorrem tão facilmente na China moderna quanto na antiga Jerusalém, nas montanhas do Tibete ou nas ruas de Los Angeles.

Se a paz interior pode nos tornar invulneráveis à agressão de outros, ela também não poderia nos proteger contra os ataques vindos do interior de nosso próprio corpo? No capítulo seguinte, vamos considerar algumas maneiras pelas quais algumas pessoas usaram a disposição mental milagrosa para curar-se fisicamente.

16

Curas Milagrosas

É tão arriscado ser condenado por um médico quanto por um juiz.

— Sir Thomas Browne

A segurança milagrosa provida pelo amor incondicional não significa que a pessoa verdadeiramente voltada para a espiritualidade não vá morrer. O espírito vive eternamente, mas o corpo não. Todos nós algum dia vamos nos despojar da forma física e os milagres de livramento não podem ser usados para prolongar indefinidamente a nossa existência física.

As evidências de inúmeros relatos de livramento indicam que, se você alcança o estado de consciência desapegado, pacífico e compassivo que constitui a "disposição para o milagre", seu poder superior *vai* ajudá-lo. Porém, a natureza dessa ajuda nem sempre é previsível.

Se não é sua hora de deixar o plano físico, a ajudar divina pode assumir a forma de uma escapada por um triz, como ocorreu com as pessoas que narraram suas experiências de livramento. Se é chegada a sua hora de partir, a ajuda divina pode manifestar-se em forma de uma transição fácil do corpo para uma agradável experiência pós-morte. Mesmo quando a intervenção divina não prolonga a nossa existência, ela pode contudo melhorar a qualidade de nossa vida, mostrando-nos como curar nossas relações e encontrar um sentido no sofrimento.

Por exemplo, a francesa com quem Elizabeth Paige conversou na ilha grega de Páros morreu de câncer pouco tempo depois.[5] Entretanto, de seu leito de morte ela procurou expressar sua gratidão para com a Srta. Paige por tê-la ajudado a resgatar sua capacidade de amar e perdoar. Parece que aquela mulher sentiu que sua paz interior era um tesouro por si só, mesmo que não evitasse a morte. Pedir a intervenção divina garante o melhor resultado, embora o "melhor resultado" nem sempre seja a continuidade da vida na sua forma atual.

Além do mais, mesmo que o estado mental perfeito para a ocorrência de milagres nos deixasse totalmente invulneráveis a acidentes, agressões e doenças, isso apenas significaria que a morte teria de nos atingir de alguma outra forma. A morte de Swami Paramahansa Yogananda em 1952 pode servir como exemplo.[37]

A morte de Yogananda

Quando Paramahansa Yogananda compreendeu que sua missão na terra estava concluída, ele ofereceu um banquete a seus seguidores no Biltmore Hotel em Los Angeles. Depois de concluir seu discurso após o jantar e propor a seus convidados que tirassem suas últimas fotos, Yogananda entrou em meditação pela última vez e deixou seu corpo para nunca mais retornar. Entre os iogues, essa saída consciente e definitiva do corpo é chamada "tomar mahasamadhi". A morte física não tem necessariamente que ser violenta ou dolorosa para aqueles que deixaram de investir no sofrimento.

Os efeitos curativos da paz interior

Se é verdade que a mente cria o corpo, então quando nossos pensamentos deixam de sustentar a doença ela deve desaparecer. Entretanto, apesar de isso ser "simples", não é necessariamente "fácil". Uma coisa é mudar de marcha rapidamente em uma situação de emergência para evitar um acidente ou assalto, mas outra bem diferente é manter o sentimento constante de paz interior que é necessário para reverter uma doença grave.

Manter a paz interior pode ser especialmente difícil em caso de doença, uma vez que o perigo normalmente não desaparece rapidamente. Pode ser extremamente fácil para a pessoa doente sentir-se desencorajada quando não vê seus esforços construtivos serem imediatamente recompensados com um alívio permanente. Além do mais, a dor e a incapacitação podem ser deprimentes em e por si mesmas. Sem dúvida, os pensamentos negativos contribuem para a doença, mas é também verdade que a doença leva a pensamentos negativos.

Se nossa saúde está sendo constantemente influenciada por nossos pensamentos, pode-se esperar que o pensamento conflitante produza resultados diversos. Isso quer dizer que os episódios esporádicos do estado mental pacífico propício ao milagre que impede a ocorrência de um acidente ou assalto não bastam para operar uma cura total e permanente. A cada vez que recaímos nos padrões mentais negativos, podemos criar para nós mesmos o mesmo problema.

A diferença entre a mudança temporária e a cura permanente é ilustrada pelo seguinte relato.

Lou

Há alguns anos eu andava constantemente preocupada com um amigo que estava com AIDS. Lou tinha sido estudante de psicologia do curso de graduação que eu lecionava, mas tinha tido que abandoná-lo quando a doença piorou. Eu não o via há meses e só tinha falado algumas vezes com ele pelo telefone.

Certa noite, enquanto eu ia para o meu grupo de meditação, estava pensando em Lou e tive a idéia de pedir a todos que fizéssemos juntos uma visualização na qual transmitíssemos energia para todas as pessoas que estavam doentes. Eu visualizei Lou no centro do círculo e pensei também nas outras pessoas que eu sabia estar necessitando de cura. Cerca de uma semana depois, recebi um telefonema de Lou.

"Carolyn, você fez alguma sessão de cura para mim às nove horas da noite da terça-feira passada?"

Tive que pensar. Terça-feira. Era a minha noite de meditação. E foi mais ou menos às nove horas que nós tínhamos realmente começado a meditar. No que tínhamos nos concentrado na terça-feira passada? Ah, sim, tínhamos enviado energias curativas a algumas pessoas, e Lou tinha sido uma delas.

"Sim, acho que sim", respondi. "Como você soube?"

Lou disse que na última terça-feira ele tinha se sentido tão mal que fora para a cama muito cedo, apesar de saber que não conseguiria dormir.

"Por volta das nove horas, senti que você entrou no meu quarto e fez um trabalho de cura", Lou prosseguiu. "Eu sabia que era você porque tinha meditado com você daquela vez e consigo sentir a sua energia. Você fez um trabalho de cura em mim e eu caí num sono profundo — de fato, foi a primeira vez depois de meses que dormi a noite inteira. Quando acordei pela manhã, todas as manchas tinham desaparecido! (Ele tinha sarcoma de Kaposi, que deixa a pele manchada.) Senti-me incrivelmente bem — melhor do que nos últimos seis meses. Recuperei o apetite, também, e engordei sete quilos na semana passada. Eu tinha que telefonar para agradecer a você!"

Lou não ficou mais surpreso do que eu por esse resultado. Muitas autoridades espirituais sustentam que nosso poder superior nos incita intuitivamente a oferecer milagres às pessoas que estão em condições de aceitá-los, exatamente como Jim foi impelido a oferecer a cura a Sam no mesmo dia em que ele decidiu colocar seu destino nas mãos de Deus. É evidente que meu poder superior me impeliu a enviar energias curativas para Lou em um momento em que ele estava predisposto a receber um milagre.

Entretanto, devo acrescentar que os sintomas de Lou acabaram retornando e que ele morreu de AIDS aproximadamente um ano após esse incidente. Pode-se, é claro, argumentar que foi por mera coincidência que Lou teve uma remissão temporária que ele atribuiu à energia espiritual que eu lhe enviara, na hora exata em que eu estava orando por sua cura. Entretanto, existe também a possibilidade de que Lou tenha realmente recebido algum benefício milagroso da oração, embora não permanente. Por que mesmo a cura milagrosa pode ser provisória? E poderia haver casos em que a cura permanente não fosse nem mesmo desejável? Se quisermos compreender por que as pessoas morrem de uma determinada maneira e em uma determinada hora, teremos antes de tudo que entender por que elas vivem.

Vida e Morte

O simples fato de propor questões sobre os propósitos da vida e da morte poderá parecer a alguns leitores como um desvio total da "atitude científica". A ciência naturalista afirma que a vida é um acidente e que perguntar "Por que" é cometer o erro de atribuir propósito a um processo puramente mecânico. Entretanto, como já vimos, existem cientistas com inclinações espirituais, assim como místicos e filósofos, que sustentam que a vida tem um propósito — que o mundo físico ilusório é, na verdade, uma escola freqüentada pelos seres espirituais que querem superar o medo e aprender a amar.

Como com qualquer outra escola, estamos aptos a deixá-la quando concluímos nossos estudos. Se utilizamos todas as oportunidades e aprendemos tudo o que fora possível aprender das experiências, estamos aptos para prosseguir. Embora os que ficam para trás possam lastimar, a conclusão pode se dar em qualquer idade.

Suspeito que isso explica o extraordinário desapego com que as pessoas que me relataram suas escapadas por um triz contemplaram a possibilidade de sua própria morte. Considerando-se os acontecimentos do ponto de vista da consciência superior, elas não se sentiam *preparadas* para morrer, mas estavam *dispostas* a morrer se fosse essa a decisão de seu poder superior — isto é, se elas tivessem concluído sua aprendizagem. Tendo se libertado momentaneamente da identificação com o ego, a possibilidade da morte física não lhes pareceu aterrorizante, mas apenas um pouco decepcionante. Talvez os que estejam realmente preparados para morrer não se sintam desapontados.

A perspectiva espiritualista postula, portanto, que a morte física pode às vezes ser oportuna, apropriada e até mesmo bem-vinda. Por exemplo, muitas pessoas que passaram por experiências próximas da morte relatam que retornaram a esta vida por um senso de dever e que anseiam pelo momento em que sua missão aqui estiver concluída, para que possam reunir-se com os entes queridos numa dimensão não-física. A morte parece não aterrorizar aqueles que a viram "de perto".

A escolha da própria morte

Muitos místicos dizem que na verdade nós escolhemos a hora e a maneira de morrer, apesar de — diferentemente de Yogananda —, a maioria de nós não fazer isso conscientemente.

Edgar Cayce

Há muitos anos, o grande médium americano Edgar Cayce estava prestes a entrar num elevador, quando ele notou que havia algo de peculiar nas pessoas que já estavam nele. Observando-as melhor, Cayce percebeu que nenhuma delas tinha aura. (A aura é uma emanação de luz colorida que, segundo os médiuns, permeia e circunda os corpos vivos.) Cayce nunca tinha visto pessoas sem aura, de maneira que retrocedeu e deixou que o elevador prosseguisse sem ele. Um instante depois, o cabo rompeu-se e o elevador caiu no poço, matando todos os seus ocupantes.

O fato de que ninguém no elevador tinha aura indicava que os espíritos já tinham deixado seus corpos. Os místicos dizem que quando estamos aptos para concluir nossa encarnação, arranjamos inconscientemente acidentes, assaltos e doenças para nos descartarmos dos veículos físicos.

Uma situação como a vivida por Cayce, em que pessoas prontas para morrer são inconscientemente levadas a entrar num elevador que está prestes a cair, pode ser o outro lado dos relatos que discutimos, em que alguém que não estava preparado para morrer era avisado para evitar uma situação potencialmente fatal. Isso dá a entender que mortes aparentemente acidentais podem de fato ter sido planejadas com bastante antecedência em algum outro nível da consciência. Indica também que as almas que um dia habitaram aqueles corpos podem ter realizado uma transição segura e indolor, deixando que os corpos desocupados simplesmente passassem pelo processo de morte física.

A morte não é nenhuma tragédia

Lembremos que, com respeito às lições específicas, uma vida longa e fácil não é necessariamente mais valiosa ou realizadora do que uma vida breve e difícil. Alguns indivíduos podem entrar na ilusão física para concluir sua aprendizagem em minutos ou horas e podem morrer logo após o nascimento, conseguindo realizar tudo o que vieram fazer. Outras pessoas podem morrer em idade muito avançada sem ter conseguido realizar absolutamente nada.

De acordo com essa visão, é possível que os propósitos de Lou nesta vida incluíssem as lições a ser aprendidas com a morte em conseqüência da AIDS. As religiões de todo o mundo afirmam que escolhemos enfrentar provações e tribulações para desenvolver qualidades como coragem, paciência, perdão e fé. E apesar de ser difícil entender, ouvi muitos pacientes de AIDS e câncer declararem que os anos que passaram lutando contra a doença foram os mais gratificantes e significativos de sua vida. Diante de uma sentença de morte, algumas pessoas separam rapidamente o que é importante do que é trivial e começam a viver muito mais intensamente. Uma doença grave pode fornecer o estímulo para curar relações, crescer espiritualmente e viver o amor em níveis que a pessoa jamais imaginara possíveis.

Uma morte que pode parecer trágica do ponto de vista da ilusão física pode representar um glorioso triunfo sobre o medo e a incapacitação quando vista de um outro nível de consciência. Talvez as pessoas sofrendo de doenças terminais possam ser comparadas aos corredores de maratona que enfrentam um teste de força, de resistência e de empenho escolhido por eles próprios. Por mais difícil que seja assistir a um ente querido passando por tal provação, o livre-arbítrio implica que ninguém tem o direito de decidir por outra pessoa que desafios ela tem de enfrentar.

Nossos pensamentos criam nossa realidade

Se a perspectiva espiritualista está certa, toda condição física dolorosa é mantida pelos pensamentos conscientes e inconscientes nos quais depositamos nossa crença. Algumas doenças podem refletir nossa intenção inconsciente de desafiar-nos, mas há também casos em que a doença não tem nenhum propósito realmente útil e é meramente o efeito de maus hábitos mentais. Nossos pensamentos hostis, culposos e temerosos podem manifestar-se como uma doença ou uma deficiência que parece apenas justificar o ressentimento e a depressão. Nesses casos, a cura depende de nossa capacidade de identificar os pensamentos que estão causando o problema e mudar completamente nossas atitudes com respeito a eles.

Miss América

No início dos anos 80, lembro-me de ter assistido a uma entrevista com a Miss América no programa de Merv Griffin. Essa convidada, que há pouco tinha sido escolhida como uma das jovens mais belas dos Estados Unidos, disse que aquele título fora sua meta desde sempre. Ela sempre acreditara que um dia se tornaria a Miss América.

Quando garotinha, ela tinha passado por dois acidentes automobilísticos, e cada um deles a tinha obrigado a ficar hospitalizada por meses. Entre muitas outras lesões graves, ela tivera a carne do rosto dilacerada quando fora jogada através de um pára-brisa, e vários centímetros de osso removidos cirurgicamente depois de ter uma de suas pernas esmagada.

Merv extasiou-se com a qualidade da cirurgia plástica que ela deveria ter feito para recuperar a beleza, mas a jovem respondeu que nunca fizera nenhuma cirurgia plástica. Os médicos lhe tinham simplesmente costurado o rosto da melhor maneira possível depois do acidente. Ela lhe mostrou que, sob a maquilagem, sua pele de fato apresentava marcas leves de cicatrizes.

Ela recuperou-se maravilhosamente dos acidentes, com exceção daquela perna que tinha ficado vários centímetros mais curta do que a outra. Isso fazia com que ela mancasse e tivesse que usar um sapato especial. Apesar de ela saber que ninguém é escolhida Miss América mancando no desfile de maiô e usando um tal sapato, aquela jovem nunca deixou de acreditar que algum dia conquistaria o título.

Depois de anos de convivência com seu problema, a convidada de Merv disse que seu orientador espiritual a tinha conseguido convencer de que Deus não tinha nenhuma razão para querer que ela sofresse por ter uma perna mais curta. Quando ela compreendeu a verdade daquilo, sua perna mais curta imediatamente cresceu e ficou do mesmo tamanho da outra. Apesar das provas cirúrgicas, radiográficas e fotográficas de que o osso tinha sido removido e que sua perna lesionada tinha ficado significativamente mais curta, ela agora tinha o mesmo comprimento da outra. Se me recordo bem, ela venceu o título de Miss Congenialidade em seu primeiro concurso de Miss América e o de Miss América na segunda tentativa.

Esse caso ilustra maravilhosamente o poder milagroso de uma mudança de consciência que literalmente anula todos os efeitos físicos das crenças passadas. Uma vez que ela tomou consciência da crença de que Deus queria que ela pagasse seus pecados, essa jovem foi capaz de encará-la racionalmente. Como poderia ser possível que o amor divino desejasse que uma de suas criaturas sofresse? Como ela poderia ser excluída do perdão? Ela compreendeu que seu sofrimento não poderia ser a vontade de Deus.

Ademais, se a realidade é a vontade de Deus, como poderia sua deficiência ser parte da realidade? Se Deus não queria que ela tivesse uma perna mais curta e se ela própria não queria ter uma perna mais curta, como é que ela tinha uma perna mais curta? Ela não poderia. E não teve mais.

Tenha fé nesta única coisa, e isso será suficiente: Deus quer que você esteja no céu e nada pode afastá-lo do céu nem o céu de você.

— A Course in Miracles

É difícil para a maioria das pessoas acreditar num milagre desse tipo, em que a "realidade" física é radicalmente alterada em um instante. Entretanto, se o mundo físico não passa de um sonho, não é mais difícil mudá-lo totalmente do que mudá-lo um pouco. Quando realmente desvendamos e descartamos as crenças que constituíam a causa do problema, nós abalamos os próprios alicerces sobre os quais estão assentadas as condições físicas indesejadas. Não tendo mais nenhuma base de apoio para continuar existindo, tais condições tendem a desaparecer rapidamente.

A cura permanente depende
da mudança mental permanente

A visão espiritualista postula que há na verdade dois tipos de cura. A primeira é temporária e baseia-se na troca de uma ilusão por outra. As pessoas que se imaginam doentes passam a imaginar que um médico ou curador poderoso ou uma droga provê a cura. Ou aqueles que estiveram doentes simplesmente perdem o interesse na ilusão da doença e ocupam suas mentes com outra coisa.

Em tais casos, as pessoas colocam provisoriamente de lado o conflito mental que vinha causando a doença sem reconhecer o significado do que fizeram. Elas relaxam, animam-se e esperam o melhor; assumem um novo interesse pela vida. Essa mudança para uma postura mais participante e otimista manifesta-se no alívio dos sintomas físicos.

Muitos leitores conhecem casos de pessoas que recuperaram-se rapidamente de doenças crônicas e supostamente terminais quando a vida lhes propôs uma tarefa nova e interessante. Por exemplo, a avó de minha amiga Samantha estava acamada com artrite reumática. Ela sentia-se uma grande vítima de sua doença até que sua filha fugiu, deixando três netos pequenos para ela criar. Aquela mulher idosa, que não esperava jamais voltar a caminhar, levantou-se e começou a trabalhar imediatamente. Viveu então uma vida longa e produtiva, e a artrite, que já a tinha deixado totalmente imobilizada, foi relegada ao papel de "transtorno maldito".

Entretanto, essa troca de uma ilusão por outra deixa a pessoa vulnerável à recaída. Se ficamos curados quando alteramos nossos sonhos, a doença pode ser recriada se nossos pensamentos retornam ao padrão original. Por exemplo, pode ser que Lou tenha estado receptivo à possibilidade de cura milagrosa por um tempo, mas a remissão manteve-se apenas pelo tempo que ele continuou mantendo a mente afastada de todas as formas de desestímulo, ressentimento ou auto-rejeição que se manifestavam fisicamente como um ataque do vírus a seu corpo. Os milagres procedem do estado de consciência tranqüilo; quando se permite a intrusão de pensamentos condenatórios, podemos acabar recriando o problema e voltando ao ponto de partida.

A mente sem culpa não pode sofrer. Estando sã, a mente cura
o corpo porque ela foi curada. A mente sã não pode conceber

a doença porque ela não concebe o ataque a nada nem a nin-
guém.

— *A Course in Miracles*

A vontade de viver

Para que ocorra o livramento, está implícito na visão espiritualista que o indivíduo tem que ter alguma finalidade importante para continuar vivendo. Se não há mais obrigações a serem realizadas, ou lições a serem aprendidas, a própria consciência superior da pessoa agradeceria a oportunidade de retirar-se. Ninguém gostaria de repetir uma matéria de estudos difícil que já foi dominada. Na verdade, apesar do ego ter um medo desesperado da morte, *a maioria das pessoas não está levando uma vida maravilhosa aqui.*

Friedrich Nietzsche disse: "Aquele que tem 'por que' viver sempre encontrará um 'como'". Por exemplo, já ouvi muitos casos de pessoas em perigo que simplesmente decidiram que *não podiam* morrer por causa das conseqüências que sua morte poderia ter sobre uma pessoa querida. É quase como se tais pessoas revissem desapaixonadamente seus compromissos e descobrissem importantes questões não resolvidas. A morte não é vista como aterrorizante — apenas como absolutamente fora de questão.

Christine

Em agosto de 1989, Christine recebeu o diagnóstico de câncer da mama. Ela se submeteu a uma mastectomia radical em setembro, seguida de três seqüências de quimioterapia agressiva, mas por volta de dezembro ela estava pior. Bem nas vésperas do Natal, o especialista em câncer de Christine, dr. Jeffrey Scott, foi obrigado a admitir que suas perspectivas eram negras. "O pior prognóstico é o da pessoa que está recebendo a melhor terapia e o câncer retorna. E os pulmões são um lugar muito ruim para ele retornar. Nesse caso, o prognóstico é de pouco progresso." Ele estimou que sua paciente tinha menos de seis meses de vida.

Seguindo a recomendação do Dr. Scott, Christine procurou uma segunda opinião. Porém, o novo médico lhe disse que provavelmente não viveria mais de três ou quatro meses. Era a hora de Christine colocar seus assuntos em ordem e tomar algumas providências com respeito à sua filha de oito anos, Rachel.

Durante todo o processo sombrio de diagnóstico e tratamento, essa mulher prestes a morrer tinha sido atormentada pelas preocupações com sua filha. Christine sabia muito bem como era sentir a perda da família. Com exceção de sua filha, ela era sozinha no mundo e não suportava a idéia de deixar Rachel na mesma situação. Tamanha era sua preocupação com esse problema que o dr. Scott começou a suspeitar que seu tumulto emocional pudesse estar interferindo na reação ao tratamento.

"Christine e eu nos tornamos muito íntimos", relata o dr. Scott. "Eu sabia que sua mãe tinha acabado de morrer e que ela não tinha nenhum familiar com quem se sentia à vontade para deixar Rachel." Uma noite, o dr. Scott discutiu a situação difícil da paciente com sua esposa. No dia seguinte, esse homem generoso garantiu a Christine que quando ela morresse, ele e a mulher adotariam Rachel e a criariam como sua própria filha.

"Quero ressaltar que falávamos sobre 'quando' ela morresse e não 'se' ela morresse", acrescenta o dr. Scott. "Eu achava que a quimioterapia agressiva pudesse prolongar a vida de Christine, mas não havia nenhuma possibilidade de ela voltar a ficar bem. Eu nunca digo a ninguém que vai morrer a não ser quando não há nenhuma alternativa, mas tínhamos que ser francos porque ela tinha Rachel e tinha de saber a verdade sobre seu estado."

A mente de Christine acalmou-se quando seu médico lhe prometeu que daria um lar confortável para Rachel, mas mesmo assim ela não suportava a idéia de obrigar a filha a suportar a perda de sua única figura familiar. Procurando por um último recurso, Christine lembrou-se de uma passagem da Bíblia que diz que se uma pessoa está doente, os anciãos da igreja devem reunir-se para orar por ela. Como a medicina não conseguia oferecer-lhe nenhuma esperança de cura, Christine pediu ao pastor da igreja se ele e alguns dos paroquianos poderiam reunir-se e orar por um milagre.

"Eu fui criada como pentecostal", Christine explicou, "mas agora sou batista, e eles geralmente não fazem isso. Mas o pastor é um homem generoso e atendeu a meu pedido. Ele reuniu alguns dos diáconos, e alguns de meus amigos também participaram. Uma semana antes de eles orarem por mim, os exames mostraram que eu estava tomada pelo câncer."

O dr. Scott apoiou Christine em sua decisão de procurar uma cura milagrosa, embora insistisse que ela continuasse também com o tratamento médico. "Sei que milagres ocorrem", ele lhe disse, "mas eles não ocorrem sempre. É importante usar todos os meios possíveis."

Christine estava de acordo. "Eu sabia que Deus podia me curar, mas que eu também tinha que usar a cabeça. Deus nos provê com um cérebro para que o usemos, e ele também dirige a mão do dr. Scott."

Os membros da congregação jamais antes tinham feito algo semelhante, mas sob a orientação do pastor eles reuniram-se de boa vontade para pedir ao Senhor que curasse a amiga. Entretanto, apesar de seus melhores esforços, Christine teve que admitir que não sentiu nenhuma mudança significativa em sua condição em conseqüência das súplicas.

Alguns dias depois, Christine comemorou seu aniversário, que para todos seria o último. Os amigos que se reuniram para compartilhar a ocasião ofereceram-lhe de presente um lindo bolo com 38 velas acesas. Era hora de expressar um desejo e apagá-las.

"Tudo o que eu conseguia pensar era em Rachel", diz Christine. "Fechei os olhos e expressei o desejo de livrar-me do câncer para que eu pudesse permanecer com ela enquanto ela crescesse." Então, aquela mulher que estava se recuperando de uma pneumonia e supostamente morrendo de câncer nos pulmões soltou um sopro poderoso e apagou sem esforço as 38 velas de uma vez!

"Eu sabia que aquilo era um sinal de Deus", Christine ri. "Eu devia estar curada, senão não poderia ter feito aquilo. Providenciei uma radiografia dos pulmões e, com absoluta certeza, meu câncer tinha desaparecido totalmente!"

Qual foi a reação do dr. Scott ao saber que o câncer nos pulmões tinha desaparecido? "Choque! Achei que tínhamos cometido um erro. Talvez o câncer da mama não tivesse realmente passado para os pulmões e, quem sabe, nós o tivéssemos confundido com a pneumonia. Mas reexaminamos a biópsia e concluímos que não havia erro. Não havia dúvidas que Christine tinha realmente metastasiado o câncer nos pulmões e não havia dúvida de que ele tinha desaparecido completamente uma semana depois das preces feitas em seu favor.

"Não consigo explicar como ela continua viva e saudável quatro anos e meio depois", ele prosseguiu. "Se é um milagre, tudo bem, porque fiquei maravilhado. Creio em Deus e como médico sei que acontecem coisas que não podemos explicar."

Christine prosseguiu com seu tratamento médico, apesar de não haver mais nenhum vestígio de câncer. Três anos depois, o dr. Scott teve o prazer de ser o padrinho de casamento de sua paciente. Na ocasião em que escrevo este livro, primavera de 1994, Christine continua com boa saúde. Ela atribui sua cura a um milagre, realizado em conjunto pelos membros de sua igreja e por seu querido amigo e especialista em câncer, o dr. Jeffrey Scott.

Observemos todas as características em comum que esse caso tem com as outras experiências de livramento que discutimos. Christine enfrentou realisticamente a possibilidade de sua própria morte, mas não desistiu de tentar encontrar a cura. Ela não tinha *medo* de morrer, mas a perspectiva da morte era inaceitável por causa das conseqüências para sua filha.

Libertando-se do medo e da raiva

Vimos que a vontade de viver é crucial para a ocorrência de um milagre de livramento. Entretanto, está também implícito na visão espiritualista que o indivíduo que deseja uma cura permanente terá que desvendar e rejeitar todas as atitudes, idéias e motivos conscientes e inconscientes que se expressam na forma de deficiência ou doença. Essas idéias seriam todas diferentes versões da crença de que o medo e a raiva — e todas as suas variantes, como a culpa, o ressentimento, a condenação, a vergonha, o remorso, a indignação, etc. — são às vezes justificados e apropriados.

Assim, uma pessoa pode ter um desejo genuíno de sobreviver, mas continua a cultivar uma visão de mundo que a leva inevitavelmente a uma morte precoce. Não que ela *queira* morrer. Mas continua investindo equivocadamente nas crenças e atitudes destrutivas.

Todas essas idéias perigosas representam alguma forma de agressão mental — ou a nós mesmos ou aos outros. Todas elas estão baseadas na idéia de que as pessoas podem ser más e merecem sofrer pelo que fizeram. Mas os milagres ocorrem quando amamos *sem* agredir, nem que seja só por um momento. Enquanto continuarmos a acreditar que alguém merece ser punido, os milagres não se manifestarão.

Lembram-se do desejo impulsivo de Elizabeth de dar o número de seu telefone ao raptor? Lembram-se da compaixão de Debra para com o sofrimento dos terroristas que estavam dispostos a matar a ela e a seu marido? Quaisquer que tenham sido seus sentimentos posteriores com respeito à agressão sofrida, nenhum dos meus depoentes estava pensando na retribuição no momento do livramento. Todos eles se salvaram do perigo passando por cima das transgressões de um aparente inimigo, tratando-o como alguém que continuava merecendo respeito e bondade.

De acordo com a visão espiritualista, o mesmo perdão que cura uma relação, quando concedido a outro, cura nosso próprio corpo quando dado a nós mesmos. A anistia geral é a chave para os milagres. Quando decidimos perdoar, nosso estado mental apaziguado projeta a cura instantânea em qualquer situação para a qual ele se volta.

Isso quer dizer que, se as pessoas permanecessem no estado mental milagroso por todo um dia, veriam milagres surgindo de todos os lados para facilitar sua passagem por qualquer situação. As experiências de Yogananda em Bridaban fornecem um ótimo exemplo da maneira como nosso poder superior pode nos proteger carinhosamente quando confiamos nele plenamente. Entretanto, mesmo pessoas como as que relataram suas experiências de livramento — pessoas cujo domínio da consciência superior ainda não é total e que praticam o amor incondicional apenas em momentos críticos — verão o amor transformar aquela mesma situação. Se a visão espiritualista é verdadeira, os milagres são a solução geral para todos os nossos problemas. Entretanto, enquanto não compreendermos inteiramente esse fato, só podemos apelar para os milagres como um último recurso.

Os efeitos curativos da paz interior

O livro de Norman Cousins, *Anatomy of an Illness*, relata sua cura de uma grave doença do tecido conjuntivo, em parte pelo uso do humor.[43] Durante um longo período de hospitalização, Cousins descobriu que o tempo passado dando estrondosas gargalhadas diante de filmes cômicos e programas engraçados de televisão refletia-se em horas de sono sem dor, aumento da mobilidade e melhora nos resultados dos exames de sangue.

Note-se que, se é verdade que a doença é resultante de conflitos internos, a mudança de Cousins para um estado de consciência bem-humorado e despreocupado teria de resultar numa melhora de sua doença. Ao assistir a um programa cômico após outro, ele estava nutrindo sua mente com pensamentos felizes e estimulando-se a meditar sobre eles.

O relato de Cousins também indica que quando ele deixava de concentrar-se em programas cômicos, sua mente voltava a errar em suas preocupações habituais e a dor e incapacitação aos poucos retornavam. Claramente, esse é um exemplo da forma temporária de cura discutida antes — a troca de uma ilusão por outra, mais apropriada. Cousins, muito sensato, decidiu passar grande parte de seu tempo no hospital rindo em vez de estar preocupando-se com sua condição, e ele atribuiu sua recuperação, pelo menos parcialmente, a essa decisão. Embora não haja nenhuma prova de que ele tenha desvendado as causas inconscientes de sua doença, não parece que ele cultivou intencionalmente um estado alterado tranqüilo do tipo que salvou as pessoas que entrevistei?

Do ponto de vista espiritual, a concentração da mente na paz dá aos corpos doentes um descanso extremamente necessário, subtraindo-os da autotortura à qual são constantemente submetidos pelos pensamentos conflitantes conscientes e inconscientes. Por aquele momento pelo menos, a negatividade não está sendo projetada para o corpo. Mas quando a mente das pessoas retorna às suas preocupações habituais, as férias acabam. A doença, que simboliza o medo, a culpa e o ressentimento, pode retornar ao ponto em que se encontrava.

A mudança breve ou momentânea na consciência alcançada pelas pessoas que entrevistei é provavelmente brincadeira de crianças comparada com a revisão mental ampla e permanente que é necessária para curar uma doença "terminal", como a AIDS e alguns tipos de câncer. No entanto, a visão espiritualista sustenta que nosso poder superior está sempre disposto a guiar-nos através do processo e que a cura está ao alcance de qualquer um que deseje realmente viver e esteja disposto a questionar e rever todas as suas suposições básicas. Afinal, *de quem é a mente* que está criando seus problemas? A mente é *sua* e, com um trabalho consideravelmente árduo, você pode aprender a concentrá-la em coisas mais produtivas.

A *relação entre os milagres e a paz interior*

A esta altura, deve estar claro que existe uma relação direta entre a paz interior e os milagres de cura e livramento. Entretanto, é muito importante entender a direção da causalidade nessa relação. Muitas pessoas que acreditam em milagres parecem pensar que eles causam a paz interior: "Se Deus me curasse, eu voltaria a ser feliz". Mas isso é colocar a carroça na frente dos bois, um pouco como dizer: "Se minha fome pudesse ser satisfeita, eu poderia comer".

O estado alterado de paz possibilita a ocorrência de milagres. *A paz interior conduz aos milagres, mas os milagres podem ou não levar à paz interior.* Como já vimos, algumas pessoas não os recebem com reconhecimento nem com gratidão. Portanto, a decisão de passar para o estado mental tranqüilo e compassivo é o *pré-requisito necessário* para a ocorrência de milagres, não seu resultado inevitável.

Do mesmo modo, os milagres não produzem a fé; a fé produz os milagres. Temos que confiar e seguir a orientação interna antes de poder ver os resultados positivos. As pessoas que dizem: "Que meu poder superior prove sua existência com alguns milagres para que eu, então, possa acreditar em Deus" — estão invertendo a ordem.

Tudo isso quer dizer que você pode criar milagres de cura em sua própria vida pela recusa a acreditar que os acidentes ou doenças têm qualquer poder sobre você. Já que você está sonhando seu corpo, por que não sonhá-lo saudável e disposto?

Mas não será isso simplesmente uma negação neurótica? Quando nos esquecemos do perigo real e optamos por acreditar que tudo vai acabar bem, não estamos simplesmente "fugindo" e recusando-nos a lidar com a situação? E a negação não acaba levando a somatizações, psicopatologias e outras conseqüências negativas graves? No próximo capítulo, vamos explorar essa importante questão mais detalhadamente.

17

Ter ou Não Ter Esperança?

A esperança é o único Deus comum a todos os homens; mesmo os que nada mais possuem a têm.

— Tales de Mileto

Os leitores versados em psicologia terão talvez notado certas similaridades entre o comportamento das pessoas que tiveram experiências de livramento e o das pessoas neuróticas que se protegem dos fatos desagradáveis pela negação deles. Por exemplo, em ambos os casos a pessoa refere-se a uma sensação de bem-estar que parece não ser justificada pelos fatos. É realmente sensato e adequado sentir-se calmo e seguro quando se está diante do cano de um revólver?

Além do mais, tanto no caso das pessoas neuróticas como no das que passaram pelo livramento, as medições da estimulação do sistema nervoso autônomo poderiam indicar uma realidade bem diferente quanto ao nível de tumulto emocional que a pessoa de fato experimentou no plano físico. Recordam-se de Elizabeth, que se sentiu totalmente calma enquanto lidou com o agressor empunhando uma faca, mas que entrou em estado de choque depois de ter se salvado? Eu desenvolvi uma fobia depois da escapada por um triz da derrapagem à beira de um precipício. Muitas pessoas que me falaram da paz e amor extraordinários que sentiram diante do perigo também disseram que voltaram logo depois ao estado de medo e raiva. É possível que o que parecia ser paz interior na realidade era apenas algum tipo de paralisia emocional provocada pelo terror extremo?

Estou pressupondo que o estado alterado de consciência protegeu as pessoas que me relataram suas escapadas por um triz. Mas a negação defensiva é comumente associada com reações mal ajustadas às situações de emergência que colocam a pessoa em grande perigo. É possível que essas pessoas estivessem simplesmente desligadas de seus sentimentos? Elas podem ser consideradas como exemplos de consciência milagrosa ou seriam apenas neuróticas que tiveram sorte? Para responder a esta pergunta, precisamos ter uma idéia mais clara do que é a negação neurótica.

Negação defensiva

O termo *negação* pode ser usado em mais de um sentido. No uso comum, negamos as afirmações que acreditamos ser objetivamente falsas (ou que queremos que sejam tidas como tal). Entretanto, é do uso psicológico que nos ocuparemos aqui. Clinicamente, *negação* designa um mecanismo de defesa usado pelos neuróticos — uma estratégia inconsciente com a finalidade de protegê-los da dura realidade quando sentem-se em perigo ou assoberbados por experiências negativas.

As pessoas que recorrem à negação defensiva escolhem inconscientemente distorcer a percepção que têm da realidade para sentirem-se mais confortáveis. Em conseqüência dessa distorção, as emoções perturbadoras são afastadas da consciência. Tendo afastado o aspecto da mente que sabe o quanto o esquecimento a incomoda, ela se sente melhor. Assim, ela pode afirmar "verdadeiramente" que não está perturbada com o que está acontecendo. As pessoas que recorrem à negação defensiva ocultam seus verdadeiros sentimentos *não apenas dos outros, mas também de si mesmas.*

A literatura médica e psicológica está repleta de casos bem documentados dos problemas que as pessoas criam para si mesmas quando recorrem à negação.[44] No nível interpessoal, é muito difícil resolver conflitos com outras pessoas quando não podemos reconhecer nossos verdadeiros sentimentos. O primeiro passo para a solução de um problema é admitir que ele existe, e isso o negador defensivo recusa-se a fazer.

Além do mais, o uso desse mecanismo de defesa impõe um tributo muito pesado sobre a saúde da pessoa. Demonstrou-se que, quando o distúrbio emocional é empurrado para fora da consciência, ele é projetado no corpo, produzindo um estado estressante de agitação crônica. Dessa maneira, a negação defensiva retarda a cura de doenças e é associada com uma alta incidência de doenças causadas pelo *stress*.

O uso desse mecanismo de defesa não é apenas causador de doenças, mas existem também evidências de que a reversão da negação defensiva promove a cura. Por exemplo, os sobreviventes de ataque cardíaco que são considerados como sendo do Tipo A (competitivos, agressivos) que aprenderam a reconhecer e expressar seus sentimentos negativos em psicoterapia tinham uma probabilidade *duas vezes menor de sofrer um segundo ataque cardíaco* do que outros que receberam somente o tratamento médico normal. Quando mulheres com câncer de mama compartilharam seus sentimentos com outras em terapia grupal, elas viveram significativamente mais do que as pacientes que não tiveram essa saída emocional.

Tem-se demonstrado que a psicoterapia facilita a cura de muitos problemas físicos, e uma razão disso pode ser porque quando a pessoa fala honestamente de seus sentimentos, ela está contrariando a negação. Quando reconhecemos conscientemente e expressamos nosso sofrimento emocional, ele se dissipa. À medida que os pensamentos e sentimentos são expressos, a tensão no sistema nervoso autônomo diminui, o funcionamento do sistema imunológico melhora e as consultas médicas são reduzidas.

A desistência

Suspeito que uma das razões por que a negação tem tantas conseqüências negativas seja que as pessoas recorrem a ela somente quando já desistiram. A negação tem origem em nossa avaliação cognitiva da situação. Se a interpretamos como uma situação com a qual podemos lidar, iniciamos uma ação construtiva. Entretanto, se o problema parece sobrepujar-nos, logo concluímos que não há nada a fazer. Admitindo a derrota e retraindo-se emocionalmente para minimizar a dor de uma tragédia inevitável, o negador defensivo espera passivamente o golpe do machado. Infelizmente, essa atitude tende a barrar qualquer possibilidade de descobrir soluções criativas.

Desistir pode ser fatal quando se trata de lidar com uma crise ou combater uma doença. Em seu livro *Love, Medicine and Miracles,* o cirurgião de câncer Bernie Siegel cita numerosos exemplos de pacientes que morrem rapidamente depois de seus médicos terem-lhes comunicado que tinham apenas alguns meses de vida.[6] Pessoas com problemas semelhantes sobrevivem por muito mais tempo e, às vezes, chegam a recuperar-se quando seu médico não afirma categoricamente que a doença *é* fatal. Parece que quando as pessoas aceitam a idéia de que não há mais esperança para elas, elas se rendem ao "inevitável". Contudo, sem essa aquiescência, uma morte imediata poderia não ser inevitável.

A pesquisa citada anteriormente sobre remissão espontânea também apóia esse argumento.[7,8,9] Aqueles que se recuperam depois de um diagnóstico terminal são muitas vezes aqueles que rejeitam os prognósticos negros de seus médicos e procuram métodos alternativos de cura. Em vez de retirar-se "educadamente" para a negação defensiva, eles expressam suas emoções negativas abertamente e mobilizam seus recursos para a procura da cura.

A esperança não apenas motiva as pessoas a procurar novas terapias eficazes, mas também o "efeito placebo" mostra que a esperança é curativa em si e por si mesma. Há pacientes que se recuperam de maneira surpreendente de doenças potencialmente fatais quando são informados que estão sendo tratados com uma "droga milagrosa", mesmo que ela seja apenas uma injeção de soro fisiológico ou um comprimido de açúcar. Existem também relatos de pessoas que recuperam-se mais rapidamente de cirurgias quando, anestesiadas, elas ouvem seus médicos e enfermeiros comentando da satisfação que tiveram com a operação e de suas expectativas positivas de recuperação rápida e completa. É evidente que os pacientes aceitam prontamente as sugestões de seus médicos e que atuam muitas vezes no sentido de confirmá-las. Muitas vezes, literalmente vivemos ou morremos em função da crença em que é isso que *se espera* de nós!

A esperança sempre é apropriada

As pessoas a quem se permite ter esperança freqüentemente encontram saída de uma situação de desespero. Além do mais, conforme indicam os dados de remissão espontânea, mesmo as pessoas a quem não se permite ter esperança às vezes a têm e, com ela, procuram encontrar uma saída onde parecia não haver nenhuma.

Aos indivíduos que confrontam algum tipo de perigo se colocam as seguintes opções: eles podem continuar tendo esperança — e, portanto, tentando — ou podem concluir que a esperança não é mais apropriada e desistir. A escolha depende de sua avaliação: 1) da situação; 2) de suas próprias capacidades; e 3) de outros recursos disponíveis.

Uma vez que optamos por aceitar a idéia de que não temos mais esperança, temos uma outra escolha entre o pânico e a negação defensiva. As pessoas que entram em pânico expressam suas emoções negativas de maneira descontrolada e desorganizada, enquanto as que recorrem à negação defensiva ficam entorpecidas e esperam passivamente pelo fim. Em nenhum dos casos o indivíduo procura vigorosamente por soluções. Quando a esperança morre, cessamos nossos esforços de melhorar nossa situação.

Portanto, *a negação defensiva pode ser considerada como uma forma crônica silenciosa de pânico.* Biologicamente, ela talvez seja o equivalente humano da reação de paralisia observada em alguns animais. A inação pode ser uma excelente estratégia para um coelho fugindo de uma raposa, mas não faz muito sentido os seres humanos "esconderem-se" psicologicamente do câncer que os afeta.

A alternativa à desistência é continuar a ter esperança. Mas o que se pode esperar de uma situação que é obviamente "desesperada"? O que se não um milagre? Quando as cartas são postas na mesa e fica evidente que as chances são nulas, os milagres sustentam a possibilidade de ainda haver uma salvação. Os fazedores de milagres lembram a si mesmos que algo fora do comum pode ocorrer subitamente e reembaralham as cartas. O agressor pode mudar de idéia. Eles podem encontrar uma cura alternativa para sua doença. Um reservatório de água para castores pode estar aguardando-os na escuridão no fim do precipício.

Já disse que nossa decisão de ter ou não esperança depende de nossa avaliação da situação, de nossas capacidades e outros recursos disponíveis. Deus entra como um "outro recurso disponível". Os fazedores de milagres consideram a situação e não vêem nenhuma réstia de luz. Eles examinam suas próprias capacidades e não encontram tampouco nenhuma razão para serem otimistas. Portanto, como último recurso eles consideram a possibilidade de algum poder maior desejar-lhes o bem e intervir em favor deles. Agindo com base nessa esperança, eles desconsideram o medo, põem fim a seus processos comuns de pensamento e buscam inspiração dentro de si. E quando ela chega, eles agem a partir dela sem vacilar. Consideremos o caso de Hannah.

Hannah

A mãe de meu amigo Larry era uma judia que escapou de seis campos de extermínio durante a Segunda Guerra Mundial. Cinco vezes Hannah foi recapturada, mas na sexta tentativa ela conseguiu percorrer a pé todo o caminho até a Suécia. Aquela mulher perdeu toda a família no Holocausto, mas sobreviveu para criar outra nos Estados Unidos.

Hannah disse que não era muito difícil fugir dos campos de concentração. Os guardas não eram particularmente astutos e não esperavam confusões. Ela tentou muitas vezes convencer outras pessoas a fugir com ela, mas a maioria de suas companheiras de prisão tinha medo do que os cães e os guardas pudessem fazer com elas se fossem capturadas. Hannah observava que permanecer onde estavam significava morte quase certa, mas descobriu que a maioria delas negava essa possibilidade. Elas preferiam correr os riscos de permanecer no inferno que já conheciam a enfrentar os terrores desconhecidos da fuga pelo território inimigo.

Acho que a experiência de Hannah ilustra claramente a diferença entre a negação defensiva e a mente receptiva a milagres. Quando a situação chega ao extremo, as pessoas que conseguem saídas milagrosas não ficam paralisadas de medo nem consolam-se com a idéia de que tudo vai acabar bem se elas continuarem onde estão. Elas também não reagem com histeria.

Ao contrário, elas procuram pelas oportunidades e estão preparadas para tirar proveito delas. As pessoas que recebem milagres consideram suas doenças e inimigos mais como adversários astutos a serem vencidos do que como agressores cruéis a serem impotentemente odiados e temidos. Rejeitando a inevitabilidade de uma saída trágica, as pessoas que confiam em seu poder superior dizem figurativamente para o mundo, a doença ou o inimigo: "Então você acha que pode acabar comigo? Muito bem, vá em frente e tente. Mas não pense que vou facilitar as coisas para você. Você pode até acabar vencendo, mas vou te dar muito trabalho!"

Em seu livro *Head First*, Norman Cousins observa que as pessoas extremamente doentes que recebem curas e remissões inesperadas são normalmente aquelas que consideram a doença como um desafio importante que exige toda a atenção delas.[45] Ela negam a inevitabilidade do final negativo, mas não sua *possibilidade*. Elas reconhecem realisticamente o diagnóstico e, em seguida, fazem tudo o que podem para aumentar suas chances de sobrevivência, sempre sabendo que podem não conseguir. Mas seu próprio empenho em curar-se indica um grau de esperança de que uma nova abordagem poderá ainda reverter as coisas.

Cousins também informa que as pessoas que simplesmente negam os diagnósticos e tentam prosseguir como se nada estivesse acontecendo não costumam sair-se bem. Elas não realizam as mudanças médicas, psicológicas e de estilo de vida que poderiam fazer diferença.

A esperança do milagre nega a ilusão, não a realidade

A esta altura já deve estar claro que o valor da negação depende do que você está negando. As pessoas que realizam milagres negam que o desastre seja inevitável — não que ele seja possível. Elas negam a idéia de que, porque as coisas ocorreram de uma determinada maneira até ali, elas têm de continuar ocorrendo da mesma maneira.

A esperança é sempre justificada. Se somos co-criadores, isso quer dizer que uma situação de perigo ocorrendo diante de nós é mantida por nossos próprios pensamentos e atitudes no momento. Seria *absurdo* negar que nossos pensamentos nos colocaram em perigo, mas *sensato* negar que o desastre é inevitável. Até o momento da morte, estamos sempre em condições de optar pela paz interior e seguir a orientação para uma solução milagrosa. Infelizmente, isso pode ser difícil de fazer quando outras pessoas estão nos incitando a ser "realistas" com nosso problema. Se não achamos realista tentar um milagre, não o faremos.

A visão espiritualista afirma que nenhuma saída é inevitável. Isso porque o passado não influencia *diretamente* o presente ou o futuro. Apesar de nossas ações mentais até então terem produzido efeitos muito indesejáveis, o presente está sendo criado *exatamente agora*. A pessoa que verdadeiramente superou seus velhos hábitos nocivos de pensar está livre para recomeçar.

Há alguns anos, ouvi o Dr. Gerald Jampolsky contar o caso de uma paciente que ele tinha tratado que parece ilustrar bem essa questão.

Gerald Jampolsky

A paciente do Dr. Jampolsky era uma estudante universitária cega de nascença. Nascida prematura, sua vida tinha sido salva em um ambiente de alto teor de oxigênio, mas, infelizmente, esse mesmo tratamento tinha destruído suas retinas.

Quando foi ver o Dr. Jampolsky pela primeira vez, a jovem perguntou-lhe se ele achava que ela poderia vir a enxergar. Ele respondeu que acreditava em milagres e que tudo era possível, mas acrescentou que não achava que seria aquele o propósito da terapia. A questão central de suas sessões seria o perdão.

Acabou se revelando que a jovem nutria inconscientemente um profundo rancor pelos médicos que a tinham deixado cega, pelos pais por terem permitido que aquilo acontecesse e por todas as pessoas que enxergavam por terem uma capacidade que lhe havia sido negada. Sob a orientação de Jampolsky, ela começou a reconsiderar esses ressentimentos e a perdoar.

À medida que ela se livrava de uma fonte de ressentimento após outra, sua visão começou a retornar. Embora não houvesse nenhuma base física para tal ocorrência, a cura avançou rapidamente. Essa paciente logo pôde abandonar o uso do cão-guia e acabou casando-se e mudando-se para começar nova vida. Justamente antes da palestra em que ouvi Jampolsky contar o caso, sua ex-paciente tinha lhe telefonado convidando-o para almoçar. Ela foi buscá-lo no consultório dirigindo seu próprio carro. Essa mulher que fora cega exibia agora alegremente uma carta de motorista!

Vemos aqui um outro exemplo dramático da maneira como a mudança de pensamento muda nossa realidade. Ao abrir mão de seus caros ressentimentos, essa jovem abriu mão de toda recompensa emocional que sua cegueira podia lhe garantir. De fato, ela decidiu deixar de considerar-se uma vítima, não culpando mais os outros por suas dificuldades nem afirmando que os "mais afortunados" deviam algo a ela em recompensa por sua deficiência. Essa decisão provocou um milagre. Como veremos no capítulo seguinte, os milagres tornam-se possíveis sempre que decidimos abandonar o papel de vítima.

A co-criação de milagres

Os milagres resultam de uma colaboração de nossa própria capacidade criativa com a orientação divina. Quando nos voltamos para dentro de nós mesmos e seguimos nossa intuição, Deus nos oferece uma interpretação mais compassiva de nossa situação — na qual agressões aterrorizantes, acidentes e doenças mostram-se inofensivos. Se aceitamos essa nova interpretação — acreditando que ela é verdadeira e agindo de acordo com ela —, ela se torna verdadeira para nós. Cenas terríveis dissipam-se da mesma maneira que os pesadelos se desvanecem quando despertamos.

Os negadores defensivos consideram-se vítimas desamparadas e isso, em si, é uma evidência de que não estão aceitando a interpretação da realidade de seu poder superior. Deus sabe que cada um de nós é um co-criador igualmente poderoso, com vontade soberana. Foi assim que fomos criados e assim permanecemos.

Isso quer dizer que nenhum filho de Deus jamais pode ser fraco ou desamparado. Podemos certamente imaginar para nós mesmos uma ilusão na qual somos fracos e impotentes, se isso nos agrada, mas mesmo assim nossa aparente fraqueza é mais uma evidência do poder soberano da mente para determinar nossa própria experiência física. Existem místicos em todo o mundo que concordam que nada pode acontecer a uma pessoa sem que ela o tenha imaginado para si mesma, na crença confiante de que é isso que ela merece.

Isso significa que, para evitar um desastre a que *nós mesmos estamos dando existência pela imaginação*, teremos que enfrentar diretamente o fato de que a base do problema é a crença em que a raiva, a culpa, o medo, o ressentimento, etc. são justificados. A paciente cega do Dr. Jampolsky, por exemplo, viu-se curada quando examinou criticamente seus próprios ressentimentos e deixou de acreditar neles. Se as coisas estão indo mal em nossa vida, esse fato deveria levar-nos a examinar nossa mente em busca dos pensamentos hostis que estão causando o problema.

Entretanto, reconhecer os pensamentos negativos é exatamente o que os negadores defensivos recusam-se a fazer. Em vez disso, eles empurram esses pensamentos para fora da consciência, projetando-os na ilusão física. Isso leva à percepção de que se está sendo atacado de fora pelas rejeições, acidentes, agressões e doenças.

Os negadores defensivos abusam do poder criativo que lhes foi dado por Deus para imaginar uma ilusão pessoal punitiva. Como eles têm fé na ilusão que criaram, aceitam a idéia de que estão condenados a sofrer, a retrair-se emocionalmente e a parar de buscar uma solução. Essa aceitação passiva de um "destino" cruel é um pouco como confiar os controles de seu avião ao piloto automático, apesar do fato de você não gostar do destino para onde está sendo levado.

Desapegar-se da negatividade do ego

Como podemos saber com certeza se as pessoas que relataram suas experiências de um estado de consciência alterado logo antes de escapar do perigo não estão simplesmente vivendo na negação? *Pelo próprio fato de elas terem conseguido escapar.* A prova de que elas tinham realmente deixado de acreditar em todos os pensamentos negativos encontra-se no fato de que as possibilidades violentas desapareceram de sua ilusão física. Se os pensamentos negativos ainda lhes parecessem justificados, a projeção deles no meio externo teria sido automática e as coisas teriam acabado mal.

Entretanto, isso não quer dizer que não havia negatividade no ego de nossos fazedores de milagres, mas apenas que, no momento decisivo, *sua mente não estava identificada com o ego*. De acordo com a concepção espiritualista, o ego *sempre* acredita na realidade da ilusão física que ele cria. Ele é *incapaz* de não acreditar que o medo e a raiva são justificados quando ele é confrontado com a possibilidade de morte do corpo com o qual ele se identifica. Entretanto, se não estamos nos confundindo com o ego, não ficaremos indevidamente perturbados pela possibilidade de morte física. A disciplina espiritual não trata do aperfeiçoamento do ego — que é inerentemente ilusório —, mas antes de transcendê-lo para assumirmos a visão de nosso poder superior.

Por exemplo, minha posterior reação fóbica evidenciou que meu ego tinha ficado aterrorizado com meu acidente quase fatal na Angeles Crest Highway. Mas eu não senti medo enquanto ele estava ocorrendo, porque minha mente não estava identificada com o corpo que estava prestes a despencar no abismo.

Na viagem posterior a Sedona, eu voltei a identificar-me com o ego e fui atormentada por seu medo exagerado de derrapar nos penhascos da estrada montanhosa coberta de gelo. Mas como pedi a ajuda de Deus, a mensagem de meu poder superior através do rádio conseguiu recordar-me do que estava realmente acontecendo. Eu não era uma frágil criatura apavorada à mercê de um destino cruel, mas uma filha amada de Deus, protegida por milagres. Fui então novamente capaz de desapegar-me do ego. Em vez de permitir que ele projetasse um acidente para "provar" o quanto era perigoso dirigir no inverno em lugares elevados, eu consegui pedir e aceitar uma experiência de proteção divina.

Sempre que somos perturbados pela ilusão física que nosso ego cria, temos duas escolhas. Podemos mentalmente afastar-nos do ego e pedir orientação divina para encontrar uma interpretação mais favorável de nossa experiência. Ou podemos continuar nos identificando com a perspectiva do ego e, então, projetar o medo e a raiva que ele provoca de volta para a ilusão física, fazendo com que a situação passe de mal para pior. Uma estratégia conduz a milagres e a outra, ao desastre.

Os milagres e o processo da morte

Na década de 1960, Elisabeth Kübler-Ross formulou os seguintes estágios por que passam as pessoas que enfrentam a morte por doença: negação, raiva, barganha, depressão e, finalmente, aceitação.[46] Pesquisadores posteriores argumentaram que a progressão por esses estágios não é invariável — que as pessoas podem ir e vir entre eles. No entanto, em geral concorda-se que essas são experiências que uma pessoa em fase terminal pode ter.

Acho interessante que todas essas reações envolvem um sentimento de impotência. Cada uma delas reflete a identificação com o ego e o destino do corpo. Esses podem até ser os estágios pelos quais passam tipicamente as pessoas que morrem de doenças, mas observe-se que eles não parecem caracterizar os doentes "terminais" que surpreendem-nos por *não* morrer.

Primeiramente, como as outras que experienciam o livramento, as pessoas que alcançam a remissão espontânea tendem a aceitar sua situação de forma realista, sem negação. É como se elas jamais tivessem imaginado seriamente que fossem viver para sempre. A constatação de que a morte pode ser iminente as choca, mas elas estão bastante preparadas para acreditar que tal coisa de fato acontece. Muitas e muitas vezes, as pessoas que receberam milagres relataram que sua primeira reação ao perigo era: "Acho que vou morrer agora. Que tal essa?".

Os fazedores de milagres tampouco perdem tempo com a raiva. Elas tipicamente consideram todos como inofensivos, inclusive os médicos que não podem ajudá-los, as pessoas queridas que sobreviverão a eles e até, surpreendentemente, a doença que está prestes a matá-los. Ouvi muitas pessoas em fase terminal expressarem gratidão pela doença e pelas coisas que ela lhes ensinou. Como vimos anteriormente em nossa discussão da remissão espontânea, as pessoas doentes lutando por um milagre podem às vezes ficar irritadas com os médicos que comportam-se como profetas do juízo final, mas essas rápidas explosões de raiva não constituem um "estágio".

Além do mais, os fazedores de milagres não tentam barganhar com o destino com base na teoria de que se eles forem extraordinariamente bons, Deus, ou sua doença, poderá decidir poupá-los. Na realidade, a atitude das pessoas que alcançam a remissão espontânea parece ser: "Pro inferno com ser bonzinho! Se vou morrer de qualquer jeito, posso muito bem passar o resto de minha vida fazendo o que quero".

Prometer ser extraordinariamente bom implica em culpa e numa tentativa de aplacar Deus. Mas os fazedores de milagres parecem estar tranqüilos com a relação com seu poder superior e considerar a morte como simplesmente um fato da vida que de nenhuma maneira reflete-se sobre eles pessoalmente. Pelo que eles sabem, todos nós vamos morrer um dia. Se seus dias estão contados, você pode muito bem viver ousada e autenticamente pelo tempo que lhe resta. Afinal, o que você tem a perder?

A depressão tampouco caracteriza as pessoas que realizam milagres. As que se autocuram tendem a manter uma atitude "irracionalmente" otimista e estão demasiadamente ocupadas procurando e trabalhando por uma cura para entregar-se a longos períodos de desânimo.

E apesar de manifestarem uma espécie de "aceitação" ou "entrega", essa não deve ser confundida com o tipo que Kübler-Ross discute, que faz com que as pessoas desistam e submetam-se a seu destino. Os fazedores de milagres "aceitam" sua situação da mesma maneira que "aceita-se" um desafio. Agora o problema passa a tomar sua total atenção. Para elas, a aceitação de uma sentença de morte representa o *começo*, e não o fim, de sua luta pela sobrevivência. Essa atitude está refletida na máxima: "Quando a vida fica dura, os duros continuam vivendo".

Os milagres não implicam a negação defensiva

Apesar de algumas semelhanças superficiais, o comportamento das pessoas que receberam milagres de livramento não tem afinidade real com o dos neuróticos. Enquanto os neuróticos se tornam rígidos e desorganizados sob *stress*, os fazedores de milagres demonstram um extraordinário equilíbrio, criatividade e flexibilidade mental. As pessoas que me relataram suas experiências colocaram o medo de lado não para consolar-se em seu desespero, mas para concentrar-se na procura de uma saída. Em vez de desestruturar-se ou aquiescer passivamente à própria destruição, elas mantiveram-se firmes e continuaram tentando.

Isso provavelmente tem a ver com o ditado popular "Deus ajuda a quem se ajuda". Pessoas como Hannah, que fugiu dos nazistas, apresentam uma combinação única de persistência, audácia e criatividade que arranca a vitória das garras da derrota. Não há nada de entorpecido, neurótico ou irreal nelas.

Ter esperança e *tentar* parecem, portanto, ser as atividades que distinguem claramente as pessoas que fazem milagres das que negam defensivamente. A questão fundamental é a seguinte: Os milagres não podem coexistir com o sentimento de impotência, desespero e vitimização. A concepção espiritual diz que a vida física é um sonho. Ou você sonha que seu ego está sendo dominado pelas circunstâncias exteriores, ou sonha juntamente com Deus que você tem recursos que podem reverter a situação. Essas versões da realidade pessoal excluem-se mutuamente e levam a resultados diferentes.

No capítulo seguinte, vamos explorar as razões que levam muitos de nós a optar por nos considerar vítimas em vez de propiciadores de milagres. Se quisermos realmente entender por que os milagres não são mais comuns do que são, teremos que considerar plenamente a atração sutil que o sentimento de vítima impotente exerce sobre nós.

18

Preferindo os Milagres ao Espírito de Vítima

Mesmo que os outros sintam pena de você, jamais sinta pena de si mesmo; isso exerce um efeito mortal sobre seu bem-estar espiritual. Reconheça todos os problemas, por mais difíceis que sejam, como oportunidades de crescimento espiritual, e aproveite ao máximo essas oportunidades.

— Peregrina da Paz

Enumeramos uma série de razões que fazem com que os milagres sejam raros. A mais importante é que, quando confrontada com uma ameaça opressiva, a maioria das pessoas automaticamente esconde-se atrás da afirmação de que somos vítimas. Por causa da natureza projetiva da ilusão física, essa atitude pode ter conseqüências catastróficas.

As teorias psicológicas apontam o *ego* como o aspecto da mente adaptado para viver no mundo físico. Freud disse que o ego começa a desenvolver-se a partir da mente inconsciente na infância. Durante toda a infância, o ego usa nossa experiência pessoal do mundo para descobrir como as coisas funcionam para conseguir satisfazer melhor nossas necessidades. Em uma família, os egos infantis aprendem a pedir educadamente as coisas que eles precisam. Em outra, operando de acordo com outras normas, os egos infantis aprendem a tomar o que querem quando os outros não estão vendo.

Quando chegamos à idade adulta, nosso ego é um recipiente da "sabedoria" acumulada em toda uma vida sobre como manipular o meio ambiente a nosso favor. E como todos nós fomos um dia impotentes e dependentes, a maioria dos egos adultos tem a crença comum de que ser impotente oferece compensações importantes. Quando crianças, todos nós percebemos as vantagens que a dependência pode nos proporcionar. Ao ficarmos adultos, alguns descobrem fontes mais propícias de satisfação em suas próprias capacidades, enquanto outros continuam utilizando uma imagem de pequenez.

As vantagens da vítima

Quais são as vantagens de nos vermos como vítimas? Antes de tudo, o ego associa "vítima" com "inocente" e conclui que ser vítima é ser moralmente superior. Afinal, se sou vítima, são os outros que são agressivos e maus, não eu. Que melhor prova poderia haver de minha inocência do que o fato de eu ser cruelmente maltratado por pessoas más?

Além do mais, as "vítimas inocentes" podem ficar furiosas com o que os outros lhes fizeram, de maneira que somente elas podem atacar os outros com impunidade. Um raciocínio comum a toda criança é: "Mas foram eles que começaram!". O que seria "maldade" em qualquer outra pessoa tem que ser escusado como "ira justificada" e desejo salutar de "justiça" numa "vítima inocente". Sempre que indivíduos, grupos ou nações afirmam que são vítimas de alguém, pode estar certo que não demorará a manifestar-se a agressão aberta.

Entretanto, a atração pelo papel de vítima vai além do desejo do ego de angariar apoio, considerar-se inocente e atacar os outros com impunidade. O ego de fato antevê uma recompensa pelo ressentimento. Seu raciocínio é mais ou menos este: "Se você me magoou, então você tem uma dívida moral para comigo. Se eu conseguir fazer com que você reconheça essa dívida, talvez eu consiga controlar você. E mais, se você me deve algo, você não poderá me abandonar antes de acertarmos nossas contas". Para o ego, *as mágoas dão à pessoa o direito de compensação e mantêm a relação*. São como dinheiro no banco.

Como adultos, é-nos difícil superar a idéia de que uma representação convincente do papel de vítima nos garantirá simpatia, atenção e recompensas vantajosas. Fazermo-nos pequenos também nos oferece a vantagem adicional de evitar o conflito e a competição com os outros. Há uma troca — os outros ganham o direito de sentir-se maiores e mais poderosos, mas às custas de ter de assumir alguma responsabilidade por nosso bem-estar.

O ego propõe que nos apresentemos como vítimas sempre que ele acha que temos mais probabilidade de conseguir manipular os outros pela culpa do que pelo exercício de nossas próprias capacidades. Em uma situação aparentemente "desesperadora", nosso ego antevê apenas o fracasso de seus próprios esforços e, por isso, volta automaticamente à estratégia que lhe foi eficaz no passado — protestando ruidosamente que tudo isso é terrivelmente injusto. Infelizmente, um acidente, uma doença ou um assaltante não têm o menor interesse em ser justos conosco como nossos pais outrora tiveram. Tentar provocar piedade quase nunca é a postura mais apropriada para um adulto.

Não existem vítimas

A concepção espiritualista afirma que jamais somos realmente vítimas de outrem e, como prova disso, ela oferece os milagres. Afinal, *se você, pela simples mudança de atitude mental, pode mudar instantaneamente o que lhe está ocorrendo*, é porque o problema sempre foi um problema mental. E se o problema estava realmente na sua própria mente, então não há nenhum culpado de "tê-lo" feito sofrer e ninguém merece castigo. Reconhecer isso é "perdoar o mundo", reconhecendo que somos os únicos responsáveis por nosso sofrimento.

A maioria de nós considera que temos algum grau de responsabilidade pelo que acontece conosco. Na realidade, muitos psicoterapeutas estão de acordo quanto a que um bom sinal de saúde mental é o grau de responsabilidade pessoal que a pessoa assume. As pessoas psicologicamente imaturas e desajustadas em geral imaginam que o céu está desabando sobre suas cabeças. Elas culpam os outros por suas dificuldades e sentem-se impotentes. Tais pessoas portam-se muitas vezes como mental e emocionalmente *incapacitadas* e não se sentem responsáveis no sentido de ser *capaz de reagir* adequadamente.

No outro extremo do *continuum* da saúde mental, os sujeitos auto-realizados dos estudos de Abraham Maslow sentiam ter controle sobre sua vida e capazes de realizar suas metas.[23] Indivíduos saudáveis e ativos não perdem tempo responsabilizando os outros por seus problemas. Tampouco se acham merecedores de vitórias fáceis. Eles sabem que têm de dar duro para alcançar o sucesso e, quando fracassam, eles reavaliam suas estratégias e tentam novamente.

Mesmo as pessoas excepcionalmente responsáveis podem ter dificuldades para acreditar que suas responsabilidades são totais. Entretanto, *toda a explicação dos milagres baseia-se na idéia de que é nossa própria consciência que cria o mundo que percebemos.* Você pode mudar sua "realidade" em um instante exatamente porque seu mundo não é nada mais do que uma projeção de seus pensamentos conscientes e inconscientes sobre ele. O que você afirma acontece. Se você diz que é a vítima de um mundo cruel, você o será. Se você diz que seus problemas podem ser resolvidos, você encontrará uma saída.

Você pode acreditar que é responsável pelo que faz, mas não pelo que pensa. A verdade é que você é responsável pelo que pensa, porque é somente nesse nível que pode exercer a escolha. O que você faz resulta do que você pensa.

— A Course in Miracles

O ponto de vista limitado do ego

A maioria das pessoas não sabe distinguir entre si próprias e o ego. Elas acham que o ego — a personalidade que desenvolveram ao longo de sua vida — é quem elas realmente são. E também, como o Deus interior só fala quando é solicitado, a maioria de nós é totalmente inconsciente de sua presença. Não percebemos que poderíamos solicitar sua ajuda e, em vez disso, recorremos exclusivamente aos recursos limitados do ego.

E os recursos do ego *são* limitados. Como ele conhece apenas as capacidades que desenvolveu pessoalmente pela experiência no mundo físico, ele não faz idéia de como os milagres ocorrem, assim como um cão não sabe como e por que a luz sempre se acende quando você entra num quarto escuro. O ego pode ficar surpreso com os eventos milagrosos que ocorrem quando recorremos a nosso poder superior, mas ele não tem nenhuma idéia de como *se faz* para que eles ocorram.

Meu ego sabe com que velocidade eu posso correr, com que persuasão eu consigo falar, quão habilmente eu posso dirigir, etc. Colocado diante de uma emergência, ele faz um exame rápido e relativamente realista da situação, de suas próprias capacidades e dos outros recursos disponíveis no âmbito da ilusão física. Se esses recursos são claramente insuficientes para resolver o problema, ele conclui que o problema é insolúvel e desiste. O único subterfúgio que lhe resta é caracterizar-se como vítima e esperar que alguém — e, como último recurso, Deus — tenha pena dele.

Todavia, nossos casos de livramento indicam que nenhuma situação é totalmente desesperadora. Todas elas podem ser reinterpretadas por nosso poder superior de maneira a tornar-se benéfica. Mas para que ocorra essa reinterpretação, tem que haver um momento em que a pessoa deixa de crer na perspectiva deprimente do ego e volta-se para dentro na esperança silenciosa de ajuda. Então, nosso poder superior pode orientar intuitivamente nossos pensamentos e os de quem pode nos ajudar. Ele é especialista em imaginar finais felizes para nossas quedas.

Não importa que a vida subitamente tenha se transformado em *As Aventuras de Pauline*. O último episódio acabou com nossa heroína presa no trilho da estrada de ferro enquanto o trem das quatro e quinze aproximava-se implacavelmente. No entanto, no momento em que nosso poder superior é chamado a assumir o comando, começa um novo episódio. Podemos estar seguros que o enredo recorrerá a quaisquer recursos que forem necessários para retirar a pobre Pauline dos trilhos um segundo antes de o trem passar.

Talvez um bando de esquilos roam as cordas em busca das bolotas que Pauline por acaso guardou em seus bolsos. Talvez o vilão se converta à religião e arrependa-se de sua maldade antes que seja tarde demais. Talvez o próximo episódio comece com Pauline despertando em sua cama e consta-

216

tando que tudo não passara de um sonho horrível. A questão essencial é que, por mais impossível que a situação pareça, se entregarmos a caneta ao poder superior, acabaremos topando com um final feliz. Como no caso de Karen e Mike com o reservatório de água para castores, aquele final pode ser tão escandalosamente inverossímil que nenhum editor que se preze o aceitaria numa obra de ficção. Mas, por Deus, ele será feliz!

Talvez os antigos dramaturgos gregos estivessem certos em sua idéia de finais *deus ex machina*. Os dramaturgos sentiam-se livres para colocar-se em apuros, criando um enredo tão enrolado que não tinha solução. No final da peça, eles simplesmente invocavam um deus que desceria no meio da ação e milagrosamente resolvia tudo. Nosso poder superior está sempre disponível para prestar esse serviço quando chamado.

A resistência do ego à responsabilidade

Uma vez aceita a responsabilidade por termos colaborado com sonhar as coisas do jeito que elas são, estamos livres para sonhá-las de maneira diferente. Entretanto, pode-se contar que o ego resistirá a essa mensagem libertadora de responsabilidade pessoal com todos os meios que tiver à sua disposição. Isso significa que, de acordo com o grau com que as pessoas se identificam com o ego, elas se sentem à mercê de circunstâncias sobre as quais não têm controle. Ao reconhecer o mundo como uma ilusão criada por si mesma, a pessoa aproxima-se da libertação espiritual, e é função do ego retardar tanto quanto possível essa revelação última.

Afinal, o ego é o aspecto de nossa mente ao qual atribuímos a tarefa de "criar" a ilusão física pela crença nela. Como senhor da ilusão, ele não tem a intenção de permitir que nos desviemos pelos reinos celestiais aonde ele não pode nos acompanhar, nem que nos liguemos a uma realidade espiritual que ele não consegue perceber. Portanto, o ego tem sempre "boas" razões para continuarmos vendo o mundo através de suas lentes distorcidas. Sua distração e interferência constantes em nosso desenvolvimento espiritual são tão previsíveis que praticamente todas as religiões concordam quanto à necessidade de alguma forma de "morte do ego" ou "transcendência do ego".

Um dos ardis mais engenhosos do ego para manter a ilusão de vítima é afirmar que nosso poder superior é na verdade nosso inimigo e que, por querer que entendamos nossa responsabilidade pelo que acontece conosco, ele está sendo cruel. A essa forma de "perseguição pelo fortalecimento pessoal" ele chama de "culpar a vítima". É uma armadilha lógica que tira proveito da ampla confusão que se faz entre *responsabilidade* e *culpa*. Se caímos nessa armadilha, reinterpretamos os esforços de nosso poder superior para libertar-nos de todo sofrimento como um ataque e, coerentemente, rejeitaremos tais esforços.

A confusão entre *culpa* e *responsabilidade* começa cedo na vida. Os pais e professores de crianças pequenas estão constantemente tentando identificar que criança foi responsável (isto é, "culpada") pelo mau comportamento. Eles sabem muito bem que o gatinho não entrou sozinho na geladeira e a preocupação deles é identificar o culpado e aplicar as conseqüências que desestimularão qualquer possibilidade de repetição. Como conseqüência, o ego da criança conclui que ser "responsável" é o mesmo que ser "culpado".

Na visão do ego, assumir a responsabilidade por ter cometido um erro é a mesma coisa que admitir que se é mau e merecedor de castigo. Isso é algo que ele compreensivelmente reluta em fazer. Do ponto de vista espiritual, por outro lado, embora sejamos todos responsáveis, ninguém deve ser apontado como culpado e todos têm o direito inalienável ao amor e ao apoio. Podemos muito bem cometer erros, mas *os erros devem ser corrigidos e não castigados.*

Por exemplo, os pais amorosos não se limitariam a culpar e castigar um filho pequeno por ele ter colocado o gatinho na geladeira — pelo contrário, eles gostariam de ajudar a criança a compreender o sofrimento que tal comportamento causou ao animal. A longo prazo, educar carinhosamente a criança para sentir empatia pelos outros é uma estratégia muito mais eficaz do que o castigo. A perspectiva espiritualista diz que todos nós fazemos o melhor possível dada a nossa compreensão limitada, mas que todos temos muito para aprender.

Afastadas a culpa e a punição, é muito mais fácil perceber a importância da responsabilidade. O fato de que somos responsáveis por nosso sofrimento pode então ser reconhecido como uma boa nova, já que temos o poder de mudar as coisas. Segundo essa visão, considerar alguém como vítima indefesa é na verdade prestar-lhe um desserviço. Nossa única esperança de uma vida melhor está em reconhecer o poder de nossos pensamentos destrutivos para que possamos corrigi-los.

Quando achamos que as pessoas são vítimas de circunstâncias sobre as quais não têm controle, estamos despotencializando-as, desviando a atenção do nível em que elas têm condições de mudar as coisas. Seria como dizer a um paciente cardíaco "Não se preocupe em fazer exercícios, reduzir o nível de *stress* e seguir aquela dieta com baixo nível de colesterol — seu problema cardíaco não é culpa sua, de maneira que não precisa tomar nenhuma medida com respeito a ele". É claro que não é "culpa" de ninguém, mas isso não quer dizer que nosso comportamento não tenha contribuído para o problema e que mudá-lo não ajudaria.

Acusar os outros pelos infortúnios próprios é sinal de falta de educação; acusar a si mesmo é sinal de início da própria educação; não acusar nem a si mesmo nem aos outros demonstra que a educação própria está concluída.

— Epiteto

Vitimização é ataque

De acordo com a visão espiritualista geral que estamos discutindo, em um conflito nunca há realmente um "vitimizador" e uma "vítima" — apenas duas pessoas apavoradas, cada qual acreditando na necessidade de defender-se da outra. A que recorrer primeiro a um ato defensivo será considerada como atacante pelos outros, mas ela não concordará com essa avaliação. O assim chamado "agressor" achará que está simplesmente reagindo a uma ameaça e provocação intoleráveis. Por exemplo, as pessoas que consideram-se "vítimas da sociedade" podem estar entre as mais perigosas do mundo. Convencidas de que têm o direito de vingar-se daquelas que as oprimiram, tais pessoas estão entre os criminosos e terroristas mais cruéis.

Os milagres ocorrem quando depositamos nossa fé no amor e não no medo. Quando nos esquecemos de ser uma vítima em potencial, estamos em condições de reinvestir nossa fé na possibilidade alternativa — de que a situação de fato está pedindo amor. Essa atitude envolve nutrir a idéia de que nossos adversários são pessoas essencialmente decentes, como nós mesmos, que prefeririam ter suas necessidades satisfeitas de uma maneira civilizada se isso lhes parecesse possível. Elas *parecem* hostis, mas talvez estejam apenas assustadas e confusas. Talvez se lhes estendermos as mãos amigavelmente, elas se acalmem e comportem-se de maneira mais sensata.

Ao agir com base na suposição de que a outra pessoa é um irmão ou irmã que merece generosidade e respeito, a pessoa compassiva reestrutura mentalmente toda a situação. Ela passa a ser um mal-entendido entre amigos que pode ser facilmente resolvido. O final feliz que resulta da passagem do medo para o amor parece, e de fato é, um milagre.

A situação que se coloca diante de você é a seguinte: Você pode escolher defender-se de alguém que vê como mau, ou pode escolher amar sem atacar e ter um milagre que resolve o conflito, mas você não pode fazer as duas coisas simultaneamente. Consideremos a experiência de John.

John

Enquanto estava em San Francisco a negócios, John encontrou tempo em sua agenda para jantar com uma amiga que não via há anos. Entretanto, quando os dois acomodaram-se para lembrar os velhos tempos, a conversa deles foi violentamente interrompida por um homem de olhar feroz que irrompeu porta adentro e começou a bater nas pessoas em volta com um tubo de metal. Golpeando tudo e todos a seu alcance com uma fúria vingativa, o louco abateu vários clientes antes que alguém tivesse tempo para reagir.

John era então um homem de forte constituição física de quarenta e poucos anos que tinha se distinguido no exército e trabalhado por um breve período como guarda de prisão em sua juventude. Em seus últimos trabalhos como fotojornalista e detetive particular, ele andava quase sempre com um revólver e conhecia bem a violência. Contudo, sua reação nessa emergência foi atípica para um homem com seu passado e treinamento.

John diz que no instante em que percebeu o que estava acontecendo, ele soube o que deveria fazer. Com um senso profundo de orientação interna, ele encaminhou-se para o homem empunhando o tubo. Ignorando seus gestos ameaçadores, John ficou parado calmamente com as mãos caídas, sem fazer nenhuma tentativa de defender-se do golpe ameaçador.

John olhou fixamente nos olhos do homem enfurecido e disse com grande compaixão: "Você deve estar sofrendo muito para fazer uma coisa como esta". Ao ouvir suas palavras e tom, os olhos do homem passaram da fúria para a incerteza.

John então estendeu ambas as mãos, com as palmas voltadas para cima, ordenando silenciosamente que o homem lhe entregasse o tubo. Após alguns instantes de hesitação, a fúria dissipou-se da face do agressor. Ele colocou o tubo nas mãos de John e começou a chorar. John passou o tubo para outra pessoa e tomou o homem em seus braços consolando-o enquanto ele soluçava a novela de sua raiva e frustração.

"Sempre funciona!", John riu ao concluir seu relato. "É como dizem — se você se defende, você é atacado. Minha vida ficou muito mais segura depois que deixei de tentar me proteger!

"Você vê", ele prosseguiu, "é engraçado. Durante anos eu andei com um revólver para me proteger, e parecia que as pessoas não deixavam de atirar em mim. Deixei de andar com ele em 1986 e desde então ninguém mais atirou em mim!"

Uma carreira agitada desvendando segredos que outros fariam de tudo para manter ocultos levou John à conclusão de que o amor é o único meio de ficar seguro. Ele passou a acreditar que todos os seus esforços em defesa própria só tornavam sua vida mais perigosa. Hoje, ele já não coloca sua confiança nas armas, mas no vínculo humano com os outros, e dorme um sono tão profundo como nunca antes dormira.

É difícil de acreditar que a defesa sem ataque é a melhor defesa. É isso que quer dizer "os humildes herdarão a terra". Eles literalmente prevalecerão por sua força.

— A Course in Miracles

O poder de cura dos desarmados

O extraordinário poder de cura dos desarmados pode também ser visto neste maravilhoso relato contido no livro da Peregrina da Paz. A Peregrina da Paz era uma mulher idosa que passou muitos anos andando a pé através da América do Norte falando sobre a importância da paz a quem estava disposto a ouvi-la.

Peregrina da Paz

Eis o relato nas palavras da Peregrina da Paz.

Certa vez fui espancada por um adolescente perturbado que eu tinha levado a passear. Ele queria fazer uma longa caminhada, mas tinha medo de quebrar uma perna e ficar pelo caminho. Todos tinham medo de ir com ele. Ele era um sujeito grandão e tinha o porte de um jogador de futebol, além de ser conhecido por ser violento às vezes. Uma vez ele tinha batido tanto em sua mãe que ela teve que ficar várias semanas hospitalizada. Todo mundo tinha medo dele, de maneira que me propus a ir com ele.

Quando subíamos a primeira encosta tudo estava indo bem. Então veio uma tempestade. Ele estava aterrorizado com a proximidade do aguaceiro. De repente, ele perdeu o controle e veio pra cima de mim. Eu não fugi, embora pudesse fazê-lo — ele tinha uma mochila pesada nas costas. Mas mesmo enquanto ele me batia, eu só conseguia sentir a mais profunda compaixão por ele. Como é terrível ser psicologicamente doente o ponto de bater numa velha indefesa! Eu inundava seu ódio com amor, mesmo enquanto ele me batia. Em conseqüência disso, ele parou de bater.

Ele me disse: "Você não me bateu de volta! Minha mãe sempre me bate também". A reação retardada, em função de seu distúrbio, tinha tocado no lado bom dele. Oh, ele existe — não importa a profundidade a que está enterrado — e ele sentiu remorso.

O que são alguns machucados no meu corpo em comparação com a transformação de uma vida humana? Para encurtar a história, ele nunca mais foi violento. Atualmente, ele é uma pessoa útil ao mundo.

A vitimização como desculpa

Toda esta conversa sobre a não-defesa e o perdão não tem a finalidade de dizer que os criminosos não devem ser encarcerados. Sem dúvida, é preciso proteger a sociedade de certos indivíduos desviados. O ponto de vista espiritual sustenta que, independentemente da provocação, todos nós somos responsáveis por nossas ações. Quem comete um crime deve pagar por ele.

Entretanto, tornou-se popular a crença de que as vítimas *não* são responsáveis, nem pelo que lhes foi causado nem pelo que elas fazem em retaliação. O que começou como um reconhecimento compassivo das razões pelas quais as pessoas praticam atos chocantes acabou numa permissão geral do mau comportamento. Como a vitimização é tão amplamente considerada como desculpa máxima, não é de surpreender que ela esteja sendo julgada como legítima defesa.

Os julgamentos dos irmãos Menendez, por exemplo, levantaram a questão de saber se as pessoas podem ser perdoadas se matam os pais que supostamente as maltrataram. Em outro tribunal de Los Angeles, um júri discutiu se um assassino não seria ele próprio uma "vítima" da "psicologia do linchamento" que o "fez" fazer algo que em outras circunstâncias não teria nem chegado a cogitar. Em Nova York, os jurados foram solicitados pelo conselho da defesa a inocentar o pistoleiro jamaicano que massacrava os passageiros da Long Island Railroad com a justificativa de que ele próprio era vítima de nossa sociedade racista.

A esse ponto chegou a loucura. Se as "vítimas" não podem ser consideradas responsáveis por seus atos, o que vai impedir que qualquer pessoa se declare vítima? Todos nós sofremos. Todos achamos que temos "boas" razões para praticar crueldades. Se as pessoas furiosas ou apavoradas têm que ser desculpadas por suas reações agressivas, quem poderá ser considerado responsável por qualquer ato?

Sabe-se muito bem, por exemplo, que a maioria das pessoas violentas ficaram assim, pelo menos em parte, pelos maus-tratos que sofreram na infância. Entretanto, se quisermos ser coerentes, teremos também de compadecer-nos dos pais do indivíduo, uma vez que eles foram provavelmente as "vítimas" dos maus-tratos de seus próprios pais. É uma situação como a do ovo e da galinha. Não importa onde queiramos colocar a culpa, ela sempre poderá ser recuada mais um passo.

Entretanto, se adotamos o ponto de vista espiritualista, no qual ninguém deve ser apontado como culpado mas todos são responsáveis, podemos retirar os criminosos das ruas sem odiá-los nem temê-los. Em um mundo ideal, o encarceramento seria usado de maneira construtiva para ajudar as pessoas sentenciadas a compreender seus erros para que pudessem voltar bem-vindas à sociedade. Isso significa que as prisões deveriam tornar-se "penitenciárias" — literalmente, lugares onde as pessoas vão meditar sobre seus erros, fazer penitência e mudar suas atitudes.

Se conseguirmos abandonar a meta do castigo — o desejo de fazer com que as pessoas sofram por terem feito outras sofrer — a reabilitação poderá ser uma meta realista, pelo menos para alguns. Como psicanalista, Alice Miller observa que as pessoas que intencionalmente agridem outras normalmente são aquelas que quando crianças sofreram extremas crueldades.[48] Se o sofrimento pessoal leva a um comportamento hostil e agressivo, é ridículo esperar que mais sofrimento e rejeição poderão corrigir esse comportamento.

Seria interessante, por exemplo, ver o que aconteceria se criminosos sem antecedentes e condenados por crimes menores fossem sentenciados a seis meses de prisão domiciliar em um lar feliz e afetuoso em algum lugar remoto. do país. Os prisioneiros seriam retirados de seu meio habitual e reduzidos temporariamente à condição legal de menores — obrigados a obedecer a seus novos "pais" e contribuir para o lar dirigido por eles. "Condenados" a trabalhar lado a lado com pessoas decentes e corretas que quisessem ajudá-las a refazer suas vidas, acho que um número menor de criminosos cometeria um segundo crime.

19

O Poder Milagroso do
Amor Incondicional

Compreender tudo é perdoar tudo.

— Buda

Quando renunciamos a uma oportunidade de nos comportar como vítimas indignadas e atuamos com amor, os milagres entram em cena para transformar a situação. O poder milagroso do amor foi demonstrado recentemente por um rabino que sentiu-se chamado a entrar em contato com um radialista neo-nazista que usava seu programa como um veículo para o ódio racial. Por acaso, assisti a uma entrevista com esses dois homens na televisão no ano passado e jamais esquecerei da interessante experiência deles.

O rabino e o nazista

Ao escutar certo dia o programa de rádio do nazista, o rabino sentiu-se compelido a telefonar para a rádio — não para reclamar do perigo do conteúdo racista e anti-semita do programa, mas para falar com o locutor. Quando entrou em contato com o jovem *skinhead*, ele perguntou delicadamente: "Eu só gostaria de lhe perguntar como você pode me odiar tanto se nem mesmo me conhece?".

A simples pergunta do rabino provocou uma torrente de insultos e o locutor nazista logo desligou o telefone. Mas o rabino não desistiu. Ele continuou ligando por dias a fio, sempre voltando à mesma questão. "Veja bem, se você me conhecer e então me odiar, eu entendo. Mas como você pode me odiar sem me conhecer? Não faz sentido."

Em uma situação em que a maioria das pessoas concordaria que ele tinha o direito de ficar furioso, o rabino recusou-se a revidar. Ele não se considerava vítima de ninguém, mas antes uma pessoa mais idosa e mais sensata que estava sinceramente disposta a entender o que tinha tornado o locutor um racista tão violento. Ele nunca criticou o nazista nem respondeu a suas acusações ofensivas com contra-acusações. Apesar de ser continuamente insultado e ter o telefone batido em sua cara, ele persistiu com suas chamadas bem-humoradas, sempre estendendo a mão da amizade e perguntando jocosamente: "Por que não quer me conhecer? Então você poderá *realmente* me odiar".

Aos poucos, apesar da virulenta hostilidade do nazista, teve início um diálogo. O *skinhead* era um jovem solitário que tinha conhecido muito pouca bondade em sua vida. Como os telefonemas continuaram, ele aos poucos foi se abrindo. No início, ele só expunha suas teorias racistas, mas com o passar do tempo começou a revelar fragmentos de sua vida pessoal.

O rabino pegou-se sentindo uma grande compaixão por aquele jovem emocionalmente ferido. O homem idoso era um bom ouvinte e, aos poucos, o nazista começou a ansiar secretamente por seus telefonemas. Não era nada mal ter alguma atenção compassiva, mesmo que fosse de um judeu. Os insultos começaram a diminuir à medida que o rabino telefonava muitas vezes para discutir o programa do dia e ver como estava indo seu jovem antagonista.

Em um de seus telefonemas, aconteceu de o rabino encontrar o locutor num momento de crise pessoal. Em um ataque de desespero, o infeliz *skinhead* não resistiu ao impulso de desabafar suas mágoas com a vida. O rabino ouviu-o atentamente.

Profundamente preocupado, o rabino insistiu em que eles se encontrassem para continuar a conversa. Com a insistência do velho, o locutor concordou relutantemente em aceitar o convite para jantar na casa do rabino. Ali, apesar de seus medos, ele foi recebido por uma família amorosa que lhe agradeceu por ter-se disposto a vir conhecê-los. Ele e o rabino ficaram conversando até tarde da noite.

Aos poucos, aquele jovem hostil e solitário passou a visitar regularmente a casa do rabino. Seu comportamento ofensivo anterior estava completamente perdoado e ele era recebido apenas com bondade e compreensão. Com o tempo, tornou-se impossível para ele continuar afirmando suas convicções racistas, e ele as abandonou.

Não demorou muito para ele converter-se ao judaísmo. Ele afirmou que a escolha foi inteiramente sua — o rabino nunca o incentivou a dar esse passo. Entretanto, ao longo de seu contato com aquela família e, através dela, com outros judeus, ele passou a ter um enorme respeito pelos valores e tradições judaicos. Ele disse que simplesmente desejara fazer parte de uma comunidade que tinha lhe oferecido muito mais amor e generosidade do que qualquer outra.

Esse despertar de um ser humano para o amor seria menos milagroso do que o salvamento de uma vida? Há muitos tipos de tormento neste mundo, e a atitude compassiva que perdoa o "inimigo" é a chave que nos liberta de todos eles.

Amor incondicional

Já vimos que o amor incondicional é a condição necessária e bastante para a ocorrência de milagres, e acho que o relato acima ilustra muito bem essa verdade. Considerar a si mesmo como vítima de alguém é atacá-lo. Quando você escolhe não fazer o papel de vítima e não receber o insulto, você ama sem atacar e surge um milagre.

Acho que é óbvio que as pessoas que relataram suas experiências de livramento escolheram amar sem atacar e não há necessidade de insistir nesse ponto. Mas com respeito aos acidentes, quando o perigo não era *ostensivamente* provocado por outra pessoa, quem poderia ter sido o objeto do milagroso "amor sem ataque"? Nesses casos, acho que os receptores do perdão eram uns "outros" vagamente definidos, os próprios indivíduos e Deus.

Lembrem-se que o simples fato de não haver "ninguém em quem colocar a culpa" pelo que estava ocorrendo não significa necessariamente que também não estamos culpando alguém. Muitas vezes, temos uma sensação de mágoa generalizada que é dirigida contra aquele que supomos que deveria nos dar segurança — isto é, as pessoas que trabalham na conservação das estradas, que consertam nossos carros ou que policiam nossas ruas. O perigo (ou mesmo uma mera inconveniência) libera muitas vezes um sentimento hostil de que deve ter havido alguma negligência culpável ao longo da cadeia. Esse mesmo impulso humano de encontrar alguém em quem colocar a culpa constitui um pensamento agressivo que nos obsta o acesso aos milagres.

Os pensamentos agressivos podem ser dirigidos tanto aos outros quanto a nós mesmos. Podemos achar que merecemos ser punidos por ter sido suficientemente "estúpidos" para entrar em tal apuro. Por exemplo, Carmela reconheceu que tinha sido estúpida por ter descido aquela encosta, mas descartou a idéia de que era, por isso, culpada e que teria que pagar o erro com a própria vida. Ela continuou a amar-se sem atacar-se, apesar de ter compreendido que tinha cometido um erro. Isso quer dizer que ela se perdoou e não culpou ninguém por seu apuro, mantendo sempre um atitude favorável à ocorrência de um milagre.

E, finalmente, o pano de fundo de todas as nossas mágoas contra nós mesmos e os outros é com freqüência uma sensação permanente de mágoa contra Deus ou o destino. Se acreditamos que existe algum poder superior controlando nosso destino, necessariamente nos perguntamos por que ele "faz" ou "permite" que soframos assim. Independentemente de nos sentirmos vítimas de nossa própria estupidez, do sistema, de outra pessoa, das obras do destino ou de Deus, nosso sentimento de vitimização continua a projetar ameaças na nossa ilusão física.

O pensamento cria a "realidade"

O sentimento de vitimização é perigoso porque nossa mente inconsciente programa aquilo que parece "simplesmente acontecer" conosco de maneira a sempre satisfazer nossas expectativas. Todos nós "encontramos" em nosso mundo o que quer que nossos pensamentos declaram ali existir. Se declaramos que somos vítimas, a situação se configurará de acordo com nossas expectativas e nos veremos de fato sofrendo por causa da desconsideração ou crueldade de outras pessoas. Vamos explorar alguns exemplos para ver exatamente como esses pensamentos agressivos põem em perigo as pessoas que os cultivam.

Lauren

Lauren estava dirigindo numa auto-estrada relativamente vazia quando uma motocicleta em alta velocidade fechou a sua frente. Assustada, ela teve que brecar com força para evitar um acidente. Seu ataque de medo logo transformou se em raiva quando ela viu melhor a pessoa que ela quase tinha atropelado.

"O motociclista era um cara tatuado, de cabelos compridos, de trinta e tantos anos. Usava roupas de motoqueiro e estava inclinado para a frente com os pés estendidos para trás, arremetendo-se de um lado para outro entre os carros como um moleque exibindo-se numa bicicleta. E ele continuou cortando bem de perto, jogando-se apenas alguns metros à frente dos carros."

Quando percebeu que o cara a tinha fechado intencionalmente, Lauren ficou furiosa. "Aquele cara vai acabar se matando", ela pensou, "e quase me matou também! Como é que ele se atreve a pôr em risco a minha vida com seu comportamento irresponsável?"

Entretanto, essa seqüência de pensamentos fez disparar um alarme em sua consciência. Em seus estudos espiritualistas, Lauren tinha aprendido a desconfiar de seus próprios motivos quando se sentia justificadamente indignada com o comportamento de alguém. Ela percebeu de súbito que seu sentimento de indignação poderia ser o prelúdio de um verdadeiro acidente se ela não mudasse de atitude imediatamente.

"Lembrei-me imediatamente que são só meus pensamentos que determinam o que acontece comigo. Minha necessidade urgente era de perdoá-lo antes que meu ego provocasse um acidente para provar a culpa do cara."

No momento seguinte, alguns carros diante de Lauren, o motoqueiro arremeteu-se diante de outro veículo. Dessa vez o motorista, pego de surpresa, reagiu excessivamente e bateu no caminhão à sua direita, provocando um engavetamento de carros diante dela.

"A coisa era feia, mas lembrei-me que tinha escolhido não me ver como vítima do motoqueiro para não sofrer por causa dele. Concentrei-me em permanecer calma e esperando que todos saíssem bem.

"Tive que desviar através de toda a estrada para evitar bater nos carros diante de mim e fui obrigada a ir para o acostamento à esquerda, mas consegui chegar a um lugar seguro sem bater nem ser batida por nenhum carro. Então, saí do carro e fui correndo ver se alguém estava precisando de primeiros socorros. Embora houvesse feridos e muitas pessoas fossem levadas em ambulâncias, ninguém parecia gravemente ferido."

Lauren disse que onze veículos ficaram danificados, enquanto o motociclista prosseguiu ileso, aparentemente inconsciente da onda de devastação que deixou atrás de si. Ela está convencida de que se não tivesse tomado rapidamente a decisão de abandonar seu ressentimento contra o motoqueiro, ela também teria se envolvido no acidente.

Como a experiência de John, esta também é um exemplo raro de alguém que usa conscientemente o método de provocar milagres. Lauren se viu flertando com o "espírito de vítima" e interrompeu-se a tempo de evitar as conseqüências desagradáveis de seus pensamentos hostis. Como no caso da maioria dos relatos de livramento, esse *pode ter sido* apenas uma coincidência, mas é interessante notar que quando alguém propõe-se a aplicar o método recomendado para a obtenção de milagres, consegue evitar um acidente no qual poderia muito bem ter-se envolvido.

Os pensamentos hostis de Lauren eram dirigidos contra o motoqueiro, mas os dirigidos contra si mesmo podem ser igualmente destrutivos, como ilustra o caso de Richard. Nas garras do desespero induzido por seu próprio julgamento, Richard não antevia nenhuma felicidade em sua vida e, inconscientemente, concluiu que provavelmente seria melhor para todo mundo se ele silenciosamente deixasse esta vida.

Richard

Richard tinha vinte e poucos anos quando sua vida começou a tremer nas bases. Um popular estudante universitário com um futuro brilhante, ele estava noivo de uma jovem maravilhosa. A família dela o adorava e era em muitos sentidos mais afetuosa e atenciosa com ele do que a sua própria. Richard e Angela deveriam casar-se em breve e, quando Richard se formasse, ele trabalharia com o pai dela no negócio lucrativo da família. O problema era que ele não conseguia mais esconder de si mesmo o fato de que era *gay*.

Tinha levado muito tempo para Richard tomar consciência de sua homossexualidade, mas agora que já sabia, não tinha mais como negar. Ele gostava muito de Angela e sua situação parecia insustentável. Se ele ocultasse sua homossexualidade e fosse em frente, casando-se com ela, seria irresponsável. Mas isso foi nos anos sessenta, quando *homossexual* era ainda um palavrão. Se ele "saísse da sombra", Angela perderia o respeito por ele e todo o mundo ficaria sabendo por que o casamento tinha acabado. Ele mancharia o nome de sua família e seria certamente rejeitado por quase todo o mundo. A vida maravilhosa que tinha imaginado para si era-lhe cruelmente negada. Por que ele tinha de ser diferente?

Richard estava indo para casa a pé numa noite de inverno, voltando de uma aula noturna, ainda preso nas garras de seu dilema. "Tenho que sair limpo desta. Angela merece a minha honestidade. Mas como posso enfrentar a vida conhecido como homossexual?" No caminho para casa, passou por um parque local. Ao aproximar-se do lago congelado no meio do parque, ele decidiu encurtar o caminho passando sobre o gelo, em vez de dar a volta.

"Aquilo era algo que jamais me ocorreria em circunstâncias normais. Era ainda início de inverno e havia avisos por todo lado para que não se passasse sobre o lago porque o gelo não estava sólido. Mas naquela noite aquilo me pareceu uma boa idéia, e eu nem cheguei a considerar a razão pela qual não se devia atravessar o lago. Simplesmente fui em frente.

"E então a coisa ficou ainda mais estranha. Porque hoje, quando me lembro, percebo que estava fora de meu corpo. Era como se eu estivesse em algum lugar acima e atrás de mim mesmo, flutuando no ar observando Richard caminhar sobre o gelo. Bem, você acha que algo assim seria suficientemente estranho para chamar sua atenção? Mas eu não achava nada disso. Sei agora que estava tentando acabar 'acidentalmente' com minha vida. Suponho que eu achava bem mais fácil morrer do que deixar todo mundo saber que eu era *gay*.

"Quando eu estava bem no meio do lago, o gelo se quebrou e eu caí. Senti a água gelada cobrindo a minha cabeça e, enquanto minhas roupas se encharcavam e eu afundava, eu nem mesmo fazia força para subir. Eu estava em paz com aquilo tudo.

"Mas então, foi como se de repente eu tivesse mudado de idéia! Eu simplesmente sabia que queria viver. E lá estava eu no fundo do lago congelado! Parece ridículo, mas senti como se minha alma subitamente tivesse voltado ao meu corpo através da cabeça. Vuuupt! Senti um choque atravessar-me feito um raio e, de repente, eu estava de volta. E estava decidido a viver.

"Comecei a nadar feito um louco. Não sei dizer exatamente o que fiz, mas consegui erguer a cabeça para fora da água e, então, subi de volta para o gelo e deslizei de barriga até a beira do lago. E dali corri feito um louco para casa antes que morresse congelado.

"Você sabe, aquela experiência foi uma espécie de batismo muito estranho. Eu caí naquele lago como uma criança infeliz por causa de sua sexualidade e saí como um *gay* adulto e orgulhoso. Desde o instante em que minha alma voltou para o corpo, nunca mais tive dúvidas quanto a que direção tomar em minha vida.

"Revelei-me para todo o mundo. Aquilo causou muita dor e rejeição, mas muitas das pessoas importantes para mim, inclusive Angela, decidiram continuar me amando de qualquer maneira. E, desde então, jamais olhei para trás. Sou *gay* e tenho orgulho disso. É assim que eu sou e está tudo bem!"

Richard estivera agredindo-se com a crença de que, como homossexual, ele era pecador e não merecia o amor de ninguém. Entretanto, alguns instantes passados naquele estado alterado tranqüilo de antes da morte mostraram-lhe que isso não era verdade. Ele voltou ao corpo com uma opinião incondicional quanto a seu próprio valor, que o mantém em bom equilíbrio desde então.

A partir do caso de Richard, podemos ver que o que parecia ser um acidente era de fato uma tentativa inconsciente de suicídio. Embora ninguém mais soubesse, ele tinha desistido de viver. Foi também esse provavelmente o caso de Becky, a prima de uma amiga minha. Embora jamais se poderá ter certeza de muitas coisas, os fatos que Pam revelou são sugestivos.

Becky

A prima de Pam, Becky, era uma enfermeira diplomada que estava divorciada havia cerca de cinco anos e recentemente tinha se comprometido a casar com um homem maravilhoso. Becky falava dele em termos apaixonados e todos que a conheciam regozijavam-se com sua boa sorte. Entretanto, um mês antes do casamento, Becky morreu de uma *overdose* acidental de cocaína. Parecia cruelmente irônico que uma enfermeira que cuidava de tantas pessoas pudesse calcular tão mal sua própria tolerância em relação a uma droga.

No enterro, todo mundo comentava o quanto era lamentável tudo aquilo, considerando o casamento que se realizaria em breve e suas esperanças para o futuro. Que tragédia ela morrer justamente quando tinha "tudo para viver".

O ex-marido de Becky também compareceu ao funeral e Pam concluiu, a partir de um de seus comentários, que ele tinha falado com ela alguns dias antes da morte. Incapaz de tirar aquilo de sua mente, Pam ligou para ele no dia seguinte. "Não é da minha conta, mas se você não se importa, gostaria de saber o que você e Becky conversaram pela última vez."

O ex-marido de Becky disse que se sentia aliviado por poder contar o fato a alguém. Becky tinha lhe telefonado e suplicado que ele voltasse. Ele lhe explicara da maneira mais delicada possível que não via nenhuma possibilidade de voltar a viver com ela. Ele deixou claro que sua vida estava tomando outro rumo e que ela teria que fazer seus planos sem contar com ele.

Quando ouviu aquilo, Pam compreendeu que as coisas não tinham andado da maneira que pareciam. Becky tinha convencido a todos que estava feliz com seu novo amor, mas na realidade não estava disposta a encarar a possibilidade de viver sem seu ex-marido.

Como Richard, Becky parecia estar agredindo-se com a idéia de que a felicidade não era mais possível para ela nesta vida. Em conseqüência desse raciocínio, ela consciente ou inconscientemente criou um acidente para acabar com seus problemas.

Penso que casos como esses também ressaltam o fato de que raramente estamos em condições de saber o que está realmente acontecendo na vida de outra pessoa. Se Richard tivesse morrido no fundo daquele lago congelado, ninguém jamais teria suspeitado do doloroso dilema que o tinha levado a sentir-se tão desesperado. E foi apenas por acaso que Pam descobriu o desespero oculto de Becky.

Mesmo as pessoas com quem tais coisas ocorrem normalmente não conhecem suas razões para criar acidentes, agressões e doenças. Richard compreendeu depois que ele tinha inconscientemente decidido se matar, mas na hora ele nem suspeitava disso. Lauren conscientemente não queria envolver-se num acidente de trânsito, mas se ela tivesse continuado a alimentar pensamentos hostis em relação ao motociclista, o acidente poderia ter acontecido. De acordo com a perspectiva espiritualista, nada ocorre a ninguém sem que a pessoa em algum nível o tenha criado, mas esse nível não é necessariamente consciente.

Repetindo, não é que *queiramos* sofrer. Mas queremos simplesmente continuar com as atitudes, crenças e reações emocionais que *levam* ao sofrimento. Sentimo-nos obrigados a nos ver como vítimas e a ressentir qualquer sugestão de que isso possa ser destrutivo, exatamente como uma criança pequena se ressente com o pai ou mãe por ter tirado dela uma perigosa mas atraente tesoura. Não obstante, os pensamentos agressivos criam os seus correspondentes no mundo físico, assim como os pensamentos afetuosos criam milagres. Jamais estaremos realmente seguros enquanto não disciplinarmos nossa mente para evitá-los.

O perdão acaba com o sofrimento e a perda

Na prática, isso tudo significa que, se você quer milagres, você tem de perdoar as pessoas que parecem estar lhe ofendendo e resistir à tentação de ver-se como vítima inocente de alguém. Só então você será verdadeiramente inofensivo aos outros. Só então poderá alcançar a sensação de harmonia interior e paz que torna possível a intervenção divina.

O desejo de considerar-se vítima parece algo insignificante, mas não subestime seu poder destrutivo. *Se você está querendo ser vítima, você o será.* Uma vez que você tenha escolhido exercer o papel de "sofredor" por sua própria vontade, nem mesmo Deus pode libertá-lo dele. Deus jamais o contrariará.

A única esperança para aqueles que optaram estupidamente pela vitimização é mudar rapidamente de atitude. Nós fizemos um julgamento injusto contra nós mesmos ou os outros, e a única maneira de recuperar a paz agora é decidir suspender o julgamento.

Perdoar significa desconsiderar resolutamente a culpa aparente de alguém e trabalhar para trazer à tona a eterna inocência dessa pessoa. Se víssemos todas as agressões como provenientes de um irmão ou irmã que estava simplesmente apavorado e confuso, seria mais fácil. Uma fórmula fácil e aplicável a todas as situações é a que Jesus usava: "Pai, perdoa-lhes, porque eles não sabem o que fazem".

Lembrem-se do que disse John: "Você deve estar sofrendo muito para fazer um coisa como esta"; ou do pensamento da Peregrina da Paz: "Como é terrível ser tão psicologicamente doente a ponto de bater numa velha indefesa!"; ou da generosidade do rabino para com o locutor nazista que odiava os judeus. Todos eles desconsideraram a culpa e procuraram confortar a pessoa sofredora que estava se comportando mal. Pelo perdão, os fazedores de milagres libertam a si mesmos e a seus antagonistas de um inferno que ambos colaboraram inconscientemente para criar.

É assim que funcionam os milagres de livramento. No âmbito da ilusão física, estamos condenados a lutar com as projeções de nossa própria mente até decidirmos perdoar. Odiamos e tememos os outros não pelo que eles nos fizeram, mas pela culpa que injustamente lhes imputamos. Na ausência da necessidade de vê-los como maus e indignos, eles são simplesmente pessoas cometendo erros corrigíveis.

Aqueles sobre os quais projetamos culpa nos vêem como perigosos adversários, porque é assim que nós escolhemos vê-los. Mas no momento em que verdadeiramente perdoamos, os reconhecemos como irmãs e irmãos amados que estão simplesmente cometendo um erro lastimável. Pense na reação compassiva de Debra diante dos terroristas árabes.

A mente que serve ao espírito é invulnerável.

— *A Course in Miracles*

Os místicos afirmam que a mente que repousa sobre o perdão absoluto é invulnerável. Quando reconhecemos a absoluta inocência em nós mesmos e nos outros, o Amor Divino cria uma zona desmilitarizada invisível ao nosso redor — um lugar seguro onde são bem-vindos para unir-se a nós em paz.

Com cada uma dessas decisões, o mundo torna-se um lugar mais seguro. Ele é parcialmente redimido a cada vez que alguém reconhece um ex-inimigo como um amigo. Os fazedores de milagres não combatem o mal; eles rejeitam a ilusão do mal e recusam-se a continuar projetando-o para os outros ou para o mundo.

Vimos como a graça divina protege os que perdoam, mas e as pessoas que oferecem milagres a outras? Como é criar milagres intencionalmente? No próximo capítulo, vamos saber de algumas mulheres que aprenderam a fazer exatamente isso.

20

Como os "Profissionais" Fazem Milagres

Os humildes, os mansos, os justos, os piedosos e os devotos de todas as partes são de uma única religião e, quando a morte os tiver despido, eles se reconhecerão, pois as diferentes vestimentas que usaram aqui os tornaram estranhos uns aos outros.
— William Penn

Falamos um bocado sobre como os milagres funcionam e ressaltamos que eles são alcançáveis por todos, a qualquer hora. Se a visão espiritualista está certa, nosso poder superior deseja nossa segurança e felicidade em todos os momentos. A condição limitante não está na vontade de Deus de nos ajudar, mas na nossa própria vontade de aceitar a ajuda que nos é oferecida.

Mas se isso é verdade, qual é o papel dos fazedores de milagres que têm a pretensão de curar outros? Por exemplo, muitos milagres ocorrem no contexto das cerimônias religiosas, onde um indivíduo que parece ter poderes incomuns cura membros do público. Essas pessoas são muitas vezes consideradas como dotadas por Deus de dons especiais que devem ser usados a serviço da humanidade.

Para entendermos o que é esse "dom", vamos explorar as experiências de algumas milagreiras contemporâneas. Estas mulheres foram escolhidas simplesmente porque conheço o trabalho delas e porque acredito que elas realmente realizaram milagres para outras pessoas. Veremos o que cada uma delas tem a dizer sobre a realização de milagres.

Os talentos curativos de Patricia Sun

Patricia não se diz "curandeira" e não acredita que tenha dons divinos que os outros não tenham. Ela acha que sua única diferença está em ter desenvolvido suas capacidades curativas e sentir-se à vontade para usá-las. Ela afirma que algum dia todos vão aprender a usar suas próprias capacidades de realizar milagres e considera como sua tarefa ajudá-los a fazer isso.

Patricia dirige *workshops* que oferecem uma oportunidade para que as pessoas se "sintonizem" com sua maneira de ser e tenham uma noção de como seria experienciar a própria consciência superior. Como parte desses *workshops*, ela dirige meditações durante as quais emite sons vocais que levam seus ouvintes a uma consciência expandida. Muitas pessoas relatam que aqueles sons as conduzem a um estado meditativo extraordinariamente profundo e calmo.

Há muitos anos, quando ela ainda fazia o curso de pós-graduação para tornar-se terapeuta matrimonial, familiar e de crianças, Patricia participou de uma pesquisa sobre fenômenos paranormais. Para surpresa de todos, ela acertou todas as respostas, o que indicava um alto grau de capacidade mediúnica. Curiosa com aquilo, ela procurou uma vidente e ficou sabendo que tinha sido curadora em muitas vidas passadas.

Patricia era extremamente cética com respeito à própria idéia de vidência mediúnica e não acreditava absolutamente em vidas passadas, de maneira que aquela informação lhe causou uma impressão muito negativa. "Ótimo", ela pensou consigo mesma, "bajule-me. Suponho que diz a mesma coisa para todos os que vêm aqui!".

Entretanto, o que a vidente disse a seguir foi que a decisão de Patricia de fazer aquela consulta refletia seu desejo íntimo de abrir-se para seus potenciais curativos em sua vida atual. Com as palavras da mulher, Patricia confessa ter sentido uma poderosa corrente de energia irradiar-se de seu coração e percorrer todo o seu corpo. Tão intensa era a corrente de energia que percorreu Patricia que, apesar de estar com os olhos fechados, a mulher realmente cambaleou para trás de perplexidade. "Meu Deus! Você é realmente uma curadora!"

Patricia sentiu seus braços tão densos de energia pulsante que teve que afastá-los do corpo para permitir que ela fluísse. Lágrimas começaram a escorrer de seus olhos e uma voz em sua mente anunciou: "Você voltou para casa!". Patricia diz que quando ouviu aquela voz interior, ela passou para um estado alterado de consciência extraordinariamente calmo e feliz no qual sentiu-se tomada de êxtase.

A mulher disse-lhe também que algum dia Patricia começaria a emitir sons como parte de seu trabalho de cura. Patricia lembra-se de também ter recebido essa idéia achando-a ridícula. "Eu gostaria de me ver emitindo sons engraçados diante das pessoas!" Entretanto, embora pudesse duvidar das afirmações da vidente quanto ao passado e das previsões futuras, não havia como negar o extraordinário fluxo energético que tinha experimentado durante a sessão. Deve haver algo de verdadeiro, ela pensou, no que a mulher disse.

Por sorte, ela teve uma oportunidade de provar seu dom curativo naquela mesma tarde. Ao chegar em casa, ela descobriu que seu filho pequeno tinha se cortado enquanto brincava. Patricia deixou que a energia fluísse através de suas mãos ao colocá-las sobre a perna ferida do filho, e a dor dele desapareceu rapidamente. "Ah, mamãe", ele observou com prazer, "é igualzinho a uma brisa morna!"

A partir daquele dia, Patricia começou a oferecer-se para ajudar os amigos que se queixavam de problemas físicos. Quando alguém mencionava algum desconforto, Patricia dizia bastante vagamente: "Bem, posso fazer uma coisa que talvez ajude. Sente-se aqui por um minuto enquanto eu coloco as mãos sobre o local e veja se se sente melhor". E eles faziam o que ela sugeria. Patricia relata que tais experiências ajudaram-na a ganhar confiança em sua capacidade. Ela começou a oferecer ajuda para problemas mais sérios e esses também cediam com o tratamento.

Um dia, em sua meditação, Patricia foi informada que só tinha podido curar todas aquelas pessoas porque o Universo estava lhe enviando pessoas que estavam dispostas a ser curadas. Estaria ela disposta a trabalhar com pessoas que ainda não estavam preparadas para aceitar a cura — que não iriam embora saradas?

De início, Patrícia relutou em assumir casos em que seus esforços pudessem fracassar, mas ela logo compreendeu que, apesar das aparências, sua ajuda poderia acelerar o tempo em que aquelas pessoas se abririam para a cura. Ela aquiesceu prontamente e, a partir daquele dia, seus resultados começaram a mostrar-se muito mais variados. Algumas pessoas curavam-se totalmente, algumas parcialmente e outras pareciam não ter absolutamente nenhuma melhora. Patricia aprendeu a fazer sua parte sem se preocupar com como os outros a viam. Ela tem confiança de que aqueles que não são curados imediatamente poderão sê-lo em outra ocasião.

Patricia afirma que não existe realmente nenhum padrão "típico" em seus trabalhos de cura. Ela faz o que é inspirada a fazer no momento. Ela cita como exemplo o caso de uma amiga que ela tratou logo no início.

Um exemplo de cura

Uma estudante do curso de pós-graduação que chamarei de Linda estava fazendo estágio na mesma clínica de saúde mental que Patricia. Durante uma reunião do pessoal, Linda dobrava-se de dor. Ela explicou que sempre tinha terríveis cólicas menstruais que não cediam a nenhum remédio e que, justamente naquele momento, estavam insuportáveis. Patricia sugeriu que elas se retirassem para um lugar mais reservado onde ela pudesse "fazer sua prática".

Patricia diz que ela não considerava as cólicas menstruais como um grande desafio. Uma vez sozinhas em uma das salas de terapia, ela colocou as mãos em ambos os lados do abdômen de Linda e começou a irradiar energia. Enquanto emitia energia para a região afetada, ela ficou satisfeita ao ver o

236

rosto da amiga começar a relaxar. Por fim, um sorriso surpreso substituiu a expressão de dor. "Oh! A dor sumiu!"

Animada com o êxito fácil, Patricia retirou as mãos. O olhar de dor retornou imediatamente ao rosto da amiga. "Oh, não! Voltou!"

Aquilo era estranho. Quando Patricia tratava de um problema, ele normalmente desaparecia logo e não voltava. Bem menos convencida, ela repetiu o tratamento. Outra vez, ela irradiou energia até a dor desaparecer e, ao afastar as mãos, a dor retornou. O que poderia estar acontecendo?

Dessa vez, Patricia resolveu investigar. Era como se ela tivesse mãos feitas de energia que atingiam o interior do corpo de sua amiga. Patricia sentia-se como se pudesse tocar no útero de Linda, e sentia que ele estava duro, contraído e nodoso. Ainda "tocando" no útero, Patricia voltou a emitir energia e, de novo, sentiu-o relaxar e amolecer. Mas dessa vez ela continuou emitindo energia.

No início parecia que nada de novo estava acontecendo. Mas, de repente, ocorreu uma mudança tão intensa na energia de Linda que uma torrente de lágrimas quentes escorreu pelo rosto de Patricia. Ao mesmo tempo, Linda começou a chorar convulsivamente, soltando frases incoerentes: "Os homens te dão tumores no cérebro! Sendo mulher, você fica com tumores no cérebro! Sexo causa tumores no cérebro!".

Passado o tumulto emocional, Linda acalmou-se e estava sem dor. Ela lembrou-se com surpresa que sua mãe tivera um tumor no cérebro quando estava grávida dela. A mãe tinha evidentemente associado o tumor com a gravidez e, de alguma maneira, Linda tinha captado aquele pensamento. A experiência tinha deixado Linda com um medo constante de que sua natureza feminina lhe trouxesse dores e desastres. O tratamento de Patricia parecia ter trazido para a consciência aquela lembrança perturbadora e profundamente reprimida, e ela pôde ser liberada de uma vez por todas.

Esse caso confirma o argumento desenvolvido anteriormente — que os problemas físicos têm causas psicológicas ocultas. Se estamos sonhando nossa própria experiência física, então a pessoa doente está sonhando que há algo de errado em seu corpo. A situação só mudará quando a pessoa mudar seu sonho.

Neste caso, Linda deve ter assimilado uma crença irracional de sua mãe enquanto ainda vivia no útero, ou pode tê-la captado posteriormente na infância. Com efeito, ela criou a expectativa inconsciente de que sua feminilidade fosse perigosa, fazendo-a contrair-se de medo ao primeiro sintoma de cólicas menstruais.

Patricia diz que era "como se" ela tivesse mãos de energia que penetravam no interior do corpo de Linda e emitiam energia para o órgão afetado. Poderíamos também dizer que ela transmitiu sua atenção afetuosa para o problema de Linda, estimulando suavemente sua amiga a concentrar também sua própria atenção na dor em seu útero. Era como se as duas meditassem juntas sobre a reação peculiar de Linda às cólicas menstruais. A disposição de Linda para permitir que a lembrança dos pensamentos de sua mãe viessem à consciência dissolveu o bloqueio que reprimia a associação atemorizante entre a feminilidade e os tumores de cérebro.

Esse exemplo de cura é especialmente elucidador porque ressalta uma das razões por que os milagres nem sempre ocorrem. Linda foi curada porque estava preparada para o milagre. Ela estava disposta a permitir que seu pensamento aterrorizante irrompesse para a consciência. É fácil imaginar que, se Linda não tivesse tido a coragem de enfrentar esse medo, os esforços de Patricia teriam proporcionado apenas um alívio temporário dos sintomas.

O fato é que, independentemente da intensidade do desejo de Patricia de curar Linda, sua vontade nunca conseguiria vencer o próprio desejo de Linda de manter a causa do problema afastada da consciência. Afinal, de quem era a mente que tomava a decisão de contrair o útero de Linda? Era a de Linda, e somente ela podia decidir mudá-la. A pessoa que faz milagres pode estimular alguém a enfrentar seus problemas, mas não pode afastar o medo ou impedir que a pessoa desista antes de obter resultados.

Portanto, o papel do fazedor de milagres é, em geral, o de encaminhar a pessoa para o seu próprio poder superior. Jesus disse: "Sozinho não posso fazer nada". É o Pai interior que realiza o trabalho, e a maioria dos curadores, qualquer que seja a sua fé, concorda que uma pessoa não cura outra. O máximo que o fazedor de milagres pode fazer é estimular carinhosamente a pessoa afligida a voltar-se para dentro, com uma disposição humilde de deixar-se mostrar os padrões de pensamentos equivocados que a estão fazendo sonhar que está sofrendo. Os milagres resultam da correção mental, e só a disposição da pessoa para aceitar a correção é que os torna possíveis.

Em alguns casos, a correção do pensamento pode simplesmente ser a constatação de que a pessoa está perdoada e que Deus não quer que ninguém sofra por erros passados. Um tal *insight* pode assumir a forma de uma sensação profunda de paz interior — a "paz que supera o entendimento". Sem nenhuma percepção consciente de como e por que o problema foi criado, a pessoa curada sabe somente que Deus quer que ela esteja livre do sofrimento e que a Vontade de Deus é irresistível.

Só preciso olhar para todas as coisas que parecem me machucar e assegurar-me com toda a certeza: "Deus quer que eu seja salvo disso", e simplesmente vê-las desaparecer.

— A Course in Miracles

Em outros casos, como o de Linda, é necessário antes algum discernimento intelectual para alcançar "toda a certeza" de que não há necessidade de sofrer. Se pensamos inconscientemente que há alguma razão para que Deus não queira que nos libertemos, não teremos certeza absoluta de estarmos curados.

Por exemplo, se a convicção de que a feminilidade a condenava a ter tumores no cérebro tivesse permanecido na mente inconsciente de Linda, ela teria trazido de volta o sintoma na próxima oportunidade. Uma vez que essa crença foi trazida à consciência, Linda pôde compreender que, por mais que ela tivesse apavorado sua mãe, isso não passava de um absurdo que não teria nenhum poder sobre ela. Ela ficou livre para deixar de sonhar que havia uma penalidade dolorosa vinculada ao fato de ser mulher.

Carmela Corallo

Carmela é uma mestra espiritual com doutorado em estudos da consciência que ensina sobre milagres e consciência superior em Encinitas, Califórnia. O leitor já a conhece de sua aventura arriscada pela encosta, descrita na Introdução. Carmela ensinou-me muito do que sei sobre milagres e tem uma fama bem merecida de realizar "o impossível".

Carmela diz que sempre soube que era médium — as capacidades místicas eram comuns em sua família ítalo-americana e ninguém se surpreendeu quando ela começou a manifestá-las. O irmão mais velho de Carmela a obrigava a encontrar os presentes de Natal que seus pais tinham escondido e, depois, adivinhar o que havia dentro de cada pacote. A mãe dela compreendeu logo que não adiantava nada tentar esconder chocolate dela.

Entretanto, Carmela logo descobriu que sua intuição altamente desenvolvida era vantajosa por um lado mas desvantajosa por outro. Por exemplo, seu pai muitas vezes era infiel à sua mãe. Carmela tem lembranças vívidas do silêncio glacial à mesa do café certa manhã em que ela inocentemente perguntou sobre o "encontro" dele com a Sra. Fulana de Tal na noite anterior. De alguma maneira, ela estava sempre cometendo gafes e magoando as pessoas.

Com o tempo, Carmela tornou-se uma criança bastante tímida e retraída, sempre com medo de dizer o que não devia. Ela queria ser igual aos outros e odiava quando alguém tomava conhecimento de sua clarividência. Sobretudo na adolescência, parecia extremamente importante ser exatamente como todos os outros.

Carmela recorda, por exemplo, seu penoso constrangimento quando, no segundo grau, o professor de matemática pegou-a olhando para fora da janela, perdida em devaneios. Sabendo que ela não estava prestando atenção, ele sarcasticamente chamou-a para responder a um difícil problema que a classe estava discutindo há cinco minutos.

Carmela, perturbada, respondeu com o primeiro número que lhe veio à mente: "9473".

"Está certo!", exclamou o professor perplexo. Carmela achou que tinha se safado, mas ele continuou: "Agora explique para a classe como você chegou a essa resposta". Nem cavalos selvagens poderiam ter arrancado a verdade dela!

Quando jovem esposa e mãe, Carmela tentava ignorar ao máximo suas capacidades intuitivas, embora às vezes recorresse a elas em situações de emergência. Por exemplo, ela recorda de ter-se visto muitas vezes frustrada em seus esforços de impedir que seus cães perseguissem os patos. Uma série de barreiras físicas não conseguiu resolver o problema, de maneira que a certa altura ela visualizou uma barreira intransponível em sua mente, ordenando silenciosamente que os cães permanecessem em um lado dela e os patos no outro. Depois daquilo, os animais mantiveram-se afastados sem nenhum obstáculo físico.

Entretanto, foi só quando ficou deitada com deslocamento do tornozelo, já na casa dos trinta anos, que ela começou a passar para estados alterados de consciência e decidiu levá-los a sério. Criada como católica praticante, Carmela passou a estudar o pensamento metafísico de várias tradições espirituais, explorando as relações entre elas. Em meditação, foi-lhe mostrado como os milagres operam e ela começou a brincar com o poder de sua mente para criar as condições que desejava.

Durante esse período de sua vida, Carmela trabalhou por vários anos como vidente e angariou boa reputação pelos excelentes resultados alcançados. Mas à medida que seu próprio crescimento espiritual avançava, ela começou a perceber que sua verdadeira contribuição ao mundo seria como professora de milagres e consciência superior. Qual era o sentido de ficar dizendo para as pessoas como se desenvolveriam suas relações, quando ela poderia ensinar-lhes a fazer com que as coisas se tornassem da maneira que elas queriam? A essa altura, Carmela começou a aceitar alunos para estudos espiritualistas.

Como Patricia Sun, Carmela Corallo ajuda os outros pela consulta a sua consciência superior sobre o que dizer e fazer. Sua resposta a cada situação é única e não segue fórmula alguma. No entanto, pode-se fazer algumas generalizações. Quando ela se dispõe a fazer um milagre, Carmela diz que normalmente visualiza a condição existente e, então, a dissolve em sua mente e visualiza em seu lugar o resultado que prefere ter. Ela dá o exemplo seguinte.

Um exemplo de milagre

De seu poleiro no telhado, a aluna de Carmela, Bette, assistia à realização de um de seus piores pesadelos: um incêndio avassalador avançava em direção à sua casa. O que um momento antes fora uma fumaça distante era agora uma imensa chama devorando tudo em seu caminho.

Bette continuava encharcando o telhado com uma mangueira, mas quando os bombeiros reconheceram a derrota e recolheram seus equipamentos, parecia não haver nada mais a fazer a não ser retirar-se o mais rápido possível. Os telhados das casas próximas logo ficaram desertos quando seus vizinhos jogaram alguns bens preciosos em seus carros e saíram guinchando estrada afora. Bette reconheceu que, a essa altura, seria necessário um milagre para salvar sua casa. Mas ela estava aprendendo sobre os milagres com Carmela, e rapidamente tomou uma decisão. "Se é preciso um milagre, então que tenhamos um milagre!"

Ela foi correndo telefonar para o escritório de Carmela. Atendida pela secretária de Carmela, Jan, Bette explicou-lhe rapidamente sua necessidade urgente de ajuda, desligou e correu de volta para o telhado para continuar a despejar água até o último momento possível.

Carmela estava em casa quando sua secretária ligou para comunicar o pedido de Bette. Jan explicou rapidamente a situação e concluiu: "Então, você pode fazer um milagre para apagar o incêndio?".

"Certamente vou tentar", Carmela respondeu. "Continue na linha."

Carmela explicou seu papel no drama da seguinte maneira: "Eu deixei o telefone e entrei em meditação. Ao sintonizar-me com a situação no nível da consciência superior, visualizei chamas luminosas de cor laranja percorrendo o chaparral na direção de algumas casas. O vento da tarde parecia estar empurrando-as a uma velocidade assustadora. Ao observar aquilo, ocorreu-me que era o vento o problema verdadeiro.

"Ora, sempre me senti muito próxima das forças da natureza e do vento em particular. Nessa emergência, parecia natural invocar os espíritos elementares associados com a água, o fogo e o vento e solicitar a cooperação deles.

"Em minha imaginação, eu invoquei os espíritos da natureza e mostrei-lhes as perdas que o fogo infligiria a Bette e seus vizinhos se devorasse suas casas. Pedi-lhes que nos ajudassem se realmente fosse para o bem maior de todos os envolvidos. Então, fiquei esperando para ver qual seria a resposta deles.

"No início, parecia que nada estava acontecendo. Mas então, continuando a assistir à cena em minha imaginação, o vento assumiu uma forma física e transformou-se em duas mãos gigantescas. Essas mãos abaixaram-se e agarraram as chamas da maneira que a gente prende os cabelos para fazer um rabo-de-cavalo. Com as 'mãos' do vento agarrando o fogo, ele não podia continuar espalhando-se e, nessa altura, vi a ponta da frente do incêndio parar de se mover em direção às casas. Em alguns instantes, a água formou um círculo azul em volta do perímetro da área em chamas. Peguei o telefone de volta e disse a Jan que achava que já estava tudo sob controle. Olhei para o meu relógio e eram quatro horas."

Em um movimento sem precedentes, o vento marítimo da tarde deu uma volta de 180 graus durante os cinco minutos em que Jan esteve no telefone com Carmela. Ele parou o avanço do fogo e o manteve estável. Os bombeiros, que tinham se retirado para formar uma nova linha de defesa do outro lado da montanha, aproveitaram a oportunidade para voltar à ação e extingui-lo.

Do seu telhado, Bette percebeu a mudança do vento e viu as chamas pararem a cerca de trinta metros de sua casa, exatamente às quatro horas. No dia seguinte, o jornal local apresentava um exuberante relato sobre a surpreendente reviravolta dos acontecimentos, citando as observações do capitão do corpo de bombeiros sobre a incrível "boa sorte" que tiveram com a mudança do vento que lhes permitiu dominar o fogo exatamente às quatro horas.

A pergunta que eu espero que você esteja se fazendo é: "Por que era necessária a ajuda de Carmela? Se não existem pessoas especiais, por que Bette ou Jan não poderiam fazer o que Carmela fez?". Carmela acredita que elas poderiam ter feito, mas não perceberam isso.

Embora Bette acreditasse em milagres, ela ainda não conseguia acreditar que ela própria pudesse fazê-los. Talvez ela não tenha conseguido se livrar do medo para entrar no estado alterado tranqüilo que Carmela chama de "consciência superior". Ou talvez ela simplesmente não acreditasse que funcionasse com ela.

No âmbito da ilusão física, parecia não haver nenhum meio para interromper o fogo, e vimos que os vizinhos de Bette e mesmo os bombeiros reconheceram a derrota. Bette, entretanto, lembrou-se que havia "outros recursos" disponíveis e implorou por um milagre. Como Bette estava inteiramente preparada para receber um milagre, embora incapaz de entrar no estado de consciência necessário para realizá-lo, creio que seu poder superior instigou-a a telefonar para Carmela. Vemos aqui como a frágil "predisposição" para o milagre de uma pessoa pode ser suplementada pela maior convicção de outra.

Entretanto, em sua qualidade de elemento corretivo, o milagre não precisa esperar pela devida predisposição mental do receptor. Na verdade, seu propósito é levá-lo de volta à devida predisposição mental. É essencial, entretanto, que a pessoa que faz o milagre esteja na devida predisposição mental, por mais breve que seja, para que possa restabelecer essa predisposição mental em outra pessoa.

— A Course in Miracles

Note-se que Carmela não teve a presunção de saber ou de julgar o propósito para o qual o fogo tinha sido criado. Ela apelou para a vontade divina presente nos elementos para que interviesse e alterasse o resultado final *se, e apenas se, ele fosse para o supremo bem de todos os envolvidos*. Carmela reconhecia que se Bette tivesse alguma lição importante para aprender com a perda de sua casa, o fogo teria que poder ensiná-la. Mas nem Bette nem Carmela estavam dispostas a permitir a destruição de sua casa se ela não tinha nenhuma propósito útil, e elas mobilizaram juntas suas vontades para alcançar um resultado positivo.

É de importância crucial compreender que não foi a permanência de Bette no telhado que fez a mágica, mas sua percepção de que poderia obter um milagre. Não estou sugerindo que se siga o exemplo de Bette e se ignore as autoridades quando elas ordenam a retirada. A "realidade" física está sendo criada em nossa mente, não através de nossas ações físicas.

Bette poderia ter alcançado o mesmo efeito milagroso por uma série de outros meios. Ela poderia ter chamado Carmela de um lugar seguro ou poderia ela própria ter ido para um lugar seguro e visualizado ela própria um resultado melhor. Ela poderia ter usado algum ritual xamânico ou rezado para um santo para interceder junto a Deus em seu favor, ou poderia ter rezado diretamente para Deus, chamando-O pelo nome que melhor lhe conviesse. Como tempo e espaço não são reais, não havia nenhuma necessidade de ela estar em algum lugar da casa para pedir por sua proteção. Carmela, que estava segura em casa a muitas milhas de distância do incêndio, não teve nenhuma dificuldade para "ver" intuitivamente o problema e sua solução.

Os milagres não exigem sacrifícios

Isso nos leva ao mal-entendido comum de que Deus quer que as pessoas arrisquem sua segurança para provar sua fé. Por exemplo, há indivíduos que lidam com cobras venenosas durante as cerimônias religiosas para demonstrar sua invulnerabilidade milagrosa. Alguns deles chegam a morrer.

Procurar o perigo para provar que se é especial para Deus é o tipo de jogo destrutivo que o ego gosta de jogar. Como é a nossa própria predisposição mental que nos dá segurança, um lapso momentâneo em nossa paz interior poderia custar-nos a vida se insistíssemos em brincar com o desastre. Com certeza já existem suficientes "provas e tribulações" no mundo, sem necessidade de se criar outras arbitrariamente.

Os místicos enfatizam que nosso poder superior não exige de nós nenhum sacrifício. Deus não é um pai cruel que nos submete a "provas" aterrorizantes, supostamente "para o nosso próprio bem". Nosso poder superior só quer nos ajudar a nos livrar dos problemas que nós mesmos criamos inconscientemente. Pode haver casos em que tenhamos que enfrentar a adversidade e vezes em que abrir mão de uma defesa faz parte da compreensão de que nosso problema não é real. Entretanto, podemos nos portar prudentemente e assim mesmo esperar pela graça de Deus em forma de milagres. Como Christine, podemos rezar pela cura milagrosa e continuar seguindo as prescrições médicas.

A vida da Peregrina da Paz

Gostaria de encerrar este capítulo com algumas idéias sobre cura do livro da Peregrina da Paz. A Peregrina da Paz tinha passado grande parte de sua vida adulta negociando em favor da paz nos corredores do Congresso antes de ser chamada para uma missão espiritual um pouco diferente. Essa missão implicava percorrer a pé as estradas principais e vicinais dos Estados Unidos (e ocasionalmente do Canadá e do México), aconselhando a quem dispunha-se a falar com ela sobre a importância vital da paz em todos os níveis.

Ela abdicou de seu nome, seus bens e sua história pessoal para prosseguir pregando sobre a paz e sobre Deus a quem quer que quisesse ouvi-la. Atravessando desertos e montanhas, puxando conversa em paradas de caminhoneiros, armazéns e estações rodoviárias, ela tornou-se conhecida em todos os níveis da sociedade. Ela podia passar uma noite numa mansão e a seguinte sob as estrelas, com folhas ou jornais servindo de cobertor. Dava no mesmo para ela.

Essa mulher destemida não levava nenhum dinheiro consigo, mas tampouco mendigava. Como Yogananda em sua visita a Brindaban, ela simplesmente confiava em Deus para prover-lhe de tudo o que ela necessitasse e nunca se decepcionou. Apesar de sua idade avançada, a Peregrina da Paz andava incansavelmente até ser-lhe oferecido abrigo e jejuava até que alguém lhe oferecesse comida. Pelo caminho, ela falava com todos os que se aproximavam dela, curiosos com o cartaz que a identificava como uma peregrina que caminhava pela paz.

Ela também aproveitava todas as oportunidades para dirigir-se a grupos mais amplos por meio da mídia e em igrejas, auditórios e salas de aula. Era reconhecidamente uma grande oradora, e muitos dos que a convidavam para uma conferência pensando tratar-se de uma pessoa interessante e excêntrica saíam profundamente tocados por sua incrível integridade e percepção abrangente de como a paz interior de um indivíduo ou a ausência dela influi em tudo, do sucesso e felicidade pessoais até as tensões internacionais.

Algumas pessoas consideram essa mulher, que não tinha nenhuma religião em particular, como uma autêntica santa norte-americana. A Peregrina da Paz fez muitos milagres em sua vida e ajudou muitas pessoas a ter acesso a milagres próprios. Entretanto, com a compreensão que ela tinha do propósito que os problemas servem em nossa vida, ela era extremamente cautelosa em interferir na vida dos outros. Ela sabia que a verdadeira cura tem a ver com a percepção do próprio sofredor com respeito à irrealidade de sua condição e que esse propósito pode não se cumprir se alguém elimina o problema prematuramente. Os seguintes excertos de seu fascinante livro *Peace Pilgrim: Her Life and Works in Her Own Words* esclarecerão melhor essas questões.

A Peregrina da Paz

Quando se reza pelos outros, é preciso tomar muito cuidado para orar pela remoção da causa e não do sintoma. Uma oração curativa simples é a seguinte: "Que esta vida entre em harmonia com a Vontade de Deus. Que você viva de tal maneira que todos que o encontrem sejam estimulados, que todos que o abençoem sejam abençoados, que todos que o servem recebam o máximo de satisfação. Se alguém tentar ofendê-lo, que entre em contato com seu pensamento em Deus e seja curado".

A Peregrina da Paz prossegue dizendo o seguinte sobre cura:

Curadores espirituais ávidos são aqueles que trabalham pela remoção dos sintomas e não da causa. Quando se quer obter fenômenos, obtêm-se fenômenos; não se obtém Deus. Digamos que eu seja uma curadora espiritual vivendo a seu lado, e que você escolheu vir a este mundo para enfrentar algum tipo de sintoma físico até conseguir eliminar-lhe a causa. Quando o sintoma se manifesta, eu o elimino; e o sintoma volta a manifestar-se e eu elimino novamente e, assim, consigo mantê-lo afastado.

Quando você passa para o lado desencarnado da vida, por uma razão totalmente diferente, em vez de agradecer-me por ter eliminado o sintoma, você dirá: "Aquela intrometida! Eu fui para resolver este problema, mas ela ficou eliminando o sintoma e, por isso, eu não consegui resolvê-lo!".

Em seu livro, a Peregrina oferece o seguinte exemplo de cura milagrosa na qual ela desempenhou um papel.

As dificuldades materiais surgem muitas vezes para lembrar-nos que deveríamos nos concentrar no lado espiritual da vida. Vou contar-lhes o caso de uma mulher que tinha um problema pessoal. Ela vivia com dores constantes; era um problema nas costas. Ainda consigo vê-la arrumando as almofadas para que as costas não doessem tanto. Ela tinha muita mágoa daquela dor. Falei-lhe do propósito maravilhoso dos problemas em nossa vida e tentei inspirá-la a pensar em Deus em vez de pensar nos problemas. Devo ter conseguido, porque certa noite, depois de ter ido para a cama, ela começou a pensar em Deus.

"Deus considera a mim, este pequeno grão de poeira, tão importante que manda os problemas certos para me fazer crescer", ela começou a pensar. E voltou-se para Deus e disse: "Meu Deus, obrigada por esta dor pela qual eu posso aproximar-me mais de ti". Então, a dor desapareceu e jamais retornou. Talvez seja isso que signifique "Em tudo dai graças".

245

Talvez devêssemos fazer com mais freqüência uma oração de ação de graças por nossos problemas.[47]

Trate da causa mental, e não apenas do problema físico

As realizadoras de milagres que consideramos neste capítulo entendem que os problemas são desafios que as próprias pessoas escolhem para estimular-se a descobrir e corrigir as crenças equivocadas que os originam. Cada uma dessas mulheres procura ajudar os outros a reconhecer que possuem os recursos internos necessários para a superação de seus problemas. Suas orações não são para o simples alívio dos sintomas, mas por quaisquer que forem as experiências que a Vontade Divina sabe ser melhores para a pessoa que procura a cura. Elas também entendem que a pessoa pode ainda não estar preparada para aceitar ajuda e que esse exercício equivocado do livre-arbítrio não as ajuda nem exalta a graça de Deus. Quando a mente está realmente predisposta ao milagre, o milagre sempre ocorre.

21

A Cura dos Relacionamentos

Poucos são os que encontram a paz interior, mas isso não ocorre porque não têm êxito em suas tentativas; é porque não tentam.
— Peregrina da Paz

Há algumas generalizações úteis que já podemos fazer com respeito ao acesso aos milagres? Acho que sim. Vimos que as pessoas que recebem a ajuda divina em situações altamente perigosas parecem seguir espontaneamente, todas elas, o mesmo procedimento básico. Parece que há certos passos mentais que a pessoa que obtém o milagre dá quando se vê diante de um problema "sem saída".

Para entender mais claramente esses passos, vamos agora examinar sua aplicação a um problema menos grave — o que envolve salvar um relacionamento em vez de uma vida. Como a mudança de atitude mental que nos livra da ameaça de morte poderia produzir um resultado positivo num típico conflito interpessoal cotidiano? Consideremos o caso de Melanie.

Melanie

Uma jovem muito amável e sofisticada que eu tinha como paciente mencionou casualmente, certo dia, que tinha achado necessário jogar um jarro de ponche na cabeça de seu namorado na festa de Natal no escritório dele. Ela soltou essa pérola numa discussão sobre preparativos para as férias e prosseguiu, mas eu não podia deixar aquilo passar desapercebido.

"Um momento. Você fez o quê?", perguntei perplexa.

"Eu joguei o jarro de ponche na cabeça do Ed", respondeu Melanie como se fosse algo óbvio. "Eu tive que fazer isso."

Melanie evidentemente esperava que eu deixasse seu comportamento absurdo passar sem comentários. Entretanto, eu não tinha a intenção de deixá-lo por isso mesmo.

"Você *teve* que fazer isso? E por que exatamente você teve que fazer isso, Melanie?", eu perguntei, fingindo a cautela de alguém que tenta acalmar uma doente mental perigosa. Quanto mais ela tentava fazer pouco do incidente, mais determinada eu ficava em querer trazê-lo à baila.

Enquanto eu ouvia com um espanto cada vez maior, Melanie relatou com a maior naturalidade uma série de ocasiões em que ela sentira que Ed tentara humilhá-la diante dos colegas dele. Era uma verdadeira aula ouvi-la racionalizar calmamente cada passo que a levou àquela explosão, que ela obviamente considerava como justificada por uma lógica impecável. Começando com uma observação de Ed feita em um tom que não lhe agradou, Melanie desenvolveu seu argumento contra ele e acabou seu relato com a conclusão: "Portanto, Carolyn, jogar o ponche na cabeça dele era realmente a única coisa que eu poderia ter feito".

"A única coisa que você poderia ter feito? Encharcar Ed de ponche na frente dos colegas dele era a *única* coisa que você poderia ter feito?"

"Iii, será que eu fiz algo de errado?", Melanie perguntou, fingindo-se de inocente.

Eu fiquei olhando estarrecida para ela. "Errado!", repeti, de maneira distraída. Puxando de modo teatral meus cabelos como alguém que se agarra à sanidade por um fio, eu comecei a bater com a cabeça na mesa próxima. "Sim, talvez tenha sido errado, Melanie! É bem possível que tenha sido a coisa errada!"

Nessa altura, ela rompeu com seu ar de inocência e explodiu numa gargalhada. "Ah, mas ele aprendeu uma lição! Você deveria ter visto, Carolyn. Foi maravilhoso!"

Acho que o comportamento absurdo de Melanie e os acontecimentos que a levaram a ele podem esclarecer a maneira pela qual o ego tipicamente tenta defender-se atacando os outros. Apesar de seus protestos de inocência, a observação final deixa claro que Melanie sentiu que deu uma lição a Ed. Será elucidativo examinar a estranha seqüência lógica pela qual o ego dessa jovem bem-educada pôde justificar até mesmo essa explosão espalhafatosa e destrutiva. Meditando no processo interno dessa paciente, poderemos ter alguma percepção da dinâmica do ego e identificar o ponto no qual seu poder superior poderia ter intervindo para reinterpretar a situação se Melanie tivesse pedido sua ajuda.

O momento decisivo

Melanie afirmou que Ed passara o tempo todo "humilhando-a" diante dos colegas dele e insistiu que tinha apenas reagido "como qualquer um teria feito" na mesma situação. E, de fato, se aceitarmos sua premissa de que Ed tinha se envolvido numa trama diabólica para despi-la de qualquer sombra de dignidade humana, sua reação violenta parece fazer sentido.

Quando analisei com ela seu processo de pensamento na noite desse evento desastroso, Melanie começou a perceber que na verdade estava se sentindo muito insegura diante do primeiro encontro com os amigos de Ed. Ele era arquiteto, enquanto ela era "apenas" uma secretária. Ele provinha de uma família fina e culta, enquanto a sua era da classe trabalhadora. Quando exploramos suas reações, Melanie reconheceu que tinha tido medo de que os amigos de Ed pensassem que ela não estava à altura dele. Como reação ao medo da possibilidade de os amigos de Ed a fazerem sentir-se inferior, Melanie antecipou-se com um ataque defensivo. Ela decidiu encontrar falhas nele antes.

Note-se a rapidez com que o ego de Melanie passou da culpa inconsciente para a projeção dela no outro. A idéia perturbadora — "Talvez eu não esteja à altura dele" — foi transformada em "Garanto que Ed e seus amigos acham que não estou à altura dele. Como ousam!".

Esse é um exemplo claro da tendência do ego de projetar suas próprias idéias inadmissíveis sobre os outros. As próprias dúvidas dela quanto a seu valor foram empurradas para fora da consciência e projetadas em Ed e seus amigos. De um momento para outro, Melanie passou de uma jovem insegura preocupada com encontrar os amigos de seu namorado para uma "vítima inocente" do esnobismo deles.

Evidentemente, essa posição era muito mais confortável para ela. Agora que a culpa era vista fora de sua própria mente, ela sabia como combatê-la. Melanie passou rapidamente a castigar Ed pelos sentimentos que seu próprio ego tinha atribuído a ele. Afinal, se Ed era um calhorda, como poderia haver qualquer dúvida quanto ao valor *dela*?

Note-se como o ego cria habilmente a "realidade" na qual ele já decidiu acreditar, comportando-se como se fosse verdadeira. Embora pareça improvável que Ed tenha entrado naquela festa com a intenção de mostrar a seus colegas que estava namorando com uma "perdedora", acho que podemos seguramente supor que todos saíram dali convencidos de que Melanie não estava à altura dele. E no final da noite, Melanie tinha reunido todas as "provas" que desejava para confirmar que Ed e seus amigos eram um bando de esnobes que pretendiam inferiorizá-la "sem motivo nenhum".

Melanie acabou reconhecendo que seu medo a tinha feito precaver-se desde o instante em que ele a buscara. Seu ego já estava tramando uma forma de culpar Ed por sua ansiedade e mal-estar, mas ela não podia acusá-lo antes de ele fazer algo que ela pudesse interpretar como ofensa.

Em todas as interações desse tipo, surge o momento em que a outra pessoa quebra nossas expectativas de comportamento apropriado. No caso de Melanie, isso ocorreu no caminho da festa, quando Ed usou um tom de voz questionável ao responder à pergunta dela quanto a que horas eram. Melanie interpretou seu tom "sarcástico" como prova de que ele estava furioso por ela tê-los atrasado. Foi esse o momento decisivo no qual a interação passou da amizade recíproca para uma relação de vítima-algoz.

Ao interpretar o tom de Ed como um ataque a ela, Melanie contra-atacou, lembrando-o asperamente de que, apesar de ela ter atrasado a saída deles, tinha sido idéia dele ter marcado de pegá-la tão em cima da hora. Ele não respondeu a essa observação, fato que Melanie interpretou como outro indício de sua atitude de menosprezo para com ela. Dali em diante, a noite foi uma longa descida até o despejo do jarro de ponche na cabeça dele.

Como uma atitude predisposta ao milagre poderia ter feito com que aquela noite acabasse de maneira diferente? Vamos examinar os passos que as pessoas que obtêm milagres seguem e ver como eles poderiam ter funcionado nesse caso.

(1) Insistir na possibilidade de outro enfoque

O primeiro passo para se propiciar um milagre é questionar a interpretação da "realidade" proposta pelo ego. Com demasiada freqüência, aceitamos automaticamente a análise de nossa situação feita pelo ego e nos apressamos a decidir o que fazer. Entretanto, uma vez aceitas as premissas do ego — de que alguém ou algo tem o poder de nos magoar contra a nossa vontade e está prestes a fazê-lo —, suas conclusões sobre como proceder parecerão perfeitamente lógicas.

Quando Melanie aceitou a visão de seu ego de que ela estava prestes a tornar-se a vítima inocente de um ataque não-provocado, ela passou por cima do ponto em que um milagre poderia ter intervindo. Foi o ponto em que ela decidiu imputar motivos hostis a Ed, concebendo-o como uma pessoa "má" que tinha a intenção de magoá-la.

Melanie na verdade projetou seu próprio medo e hostilidade para a situação e atribuiu erroneamente tais motivações a Ed. Dessa maneira, ela perdeu a oportunidade de perguntar a seu poder superior se havia outra maneira de entender o que estava acontecendo. Por exemplo, ao supor que Ed estava furioso com ela, Melanie perdeu a oportunidade de descobrir que ele estava realmente apenas nervoso ou preocupado.

(2) Voltar-se tranqüilamente para dentro de si mesmo em busca de orientação

Quando respondemos a uma ocorrência perturbadora passando para um estado de meditação, estamos afirmando tacitamente que não estamos gostando da maneira como as coisas estão parecendo configurar-se e que gostaríamos de vê-las de maneira diferente. Nesse caso, Melanie teria percebido a estranheza no tom de Ed e se voltado para dentro em busca de ajuda. Se ela tivesse feito isso, poderia ter sido orientada a colocar o problema na forma de uma pergunta: "Ei, Ed, você está parecendo um pouco tenso. Você está irritado com algo que eu fiz?". Isso teria possibilitado a ela esclarecer o problema e, talvez, resolvê-lo. Pelo contrário, ela consultou o ego, que viu apenas a impaciência e o desprezo que esperava encontrar em um homem como Ed.

(3) Identificar desde o princípio a meta a que se quer chegar

Escolher um resultado positivo como objetivo mobiliza a vontade e a direciona, bem como atrai a assistência divina. Quando nos abrimos para uma possibilidade que é em geral benéfica, a Providência arranja as coisas de maneira a satisfazer nossas necessidades. As balas não atingem o alvo, caixas de detergente amortecem a queda e represas surgem do nada para nos proteger.

De acordo com a visão espiritualista, assumimos um papel em cada situação com base em nossa meta para ela — o que nós (consciente ou inconscientemente) pretendemos que ela prove. Melanie escolheu colocar-se no papel de heroína ousada e colocou Ed no de um crápula arrogante que precisava de uma lição. Ela estruturou a situação dessa maneira para provar que na verdade era Ed quem era indigno de amor, reduzindo com isso a dor da rejeição prevista, mas está claro que foi sua atitude que realmente provocou essa rejeição.

É também importante lembrar que seu objetivo deveria ser o de um resultado satisfatório para ambos. Não é apropriado dizer ao poder superior especificamente qual deve ser o resultado.

Por exemplo, uma mulher na situação de Melanie poderia ser tentada a colocar como objetivo fazer com que Ed se apaixonasse por ela. Entretanto, Ed também tem livre-arbítrio, e Deus não vai tentar fazer com que ele faça coisas que não quer. Além do mais, se Ed e Melanie não são apropriados um para o outro, a melhor saída para ambos seria que ambos compreendessem e seguissem seus devidos rumos com respeito mútuo. Nosso ego simplesmente não sabe o que nos levará à verdadeira felicidade, mas nosso poder superior sabe.

Se, ao invocarmos ajuda divina, impomos nossas condições e desejamos que Deus nos ajude da maneira que gostaríamos, é porque continuamos intimamente sob o domínio do ego.
— Haridas Chaudhuri

(4) Nunca desistir da possibilidade de um final feliz

Não estabeleceremos a meta de uma saída positiva se deixarmos que o ego nos convença de que ela não é mais possível. Por exemplo, a maioria das pessoas que teve ossos removidos das pernas simplesmente admitiria que tornar-se Miss América não seria mais uma meta realista. Do mesmo modo, a maioria das pessoas que perde o controle numa auto-estrada de tráfego intenso ou que cai no fundo de um lago congelado não acharia apropriado manter a esperança de um final feliz. Contudo, se admitirmos a derrota, deixamos de criar o espaço para o milagre.

Tendo admitido a idéia de que era absurdo esperar que um homem como Ed pudesse amar e admirar uma mulher como ela, Melanie achou que um final feliz não estava a seu alcance. Atuando a partir dessa suposição, ela passou a livrar sua cara fazendo com que a ruptura "inevitável" parecesse ser idéia sua.

Como os milagres são sempre possíveis, há sempre motivos de esperança. Não desistindo de esperar, continuamos concentrados em nossa meta e mantemos nossa vontade direcionada para um final feliz. Não é sempre o "tolo", que não entende que algo "não pode" ser feito, que vai em frente e o consegue? Não se desestimule com a perspectiva negra pintada pelo ego. Nenhuma situação é realmente desesperadora se você não a vê como tal nem age a partir dessa suposição.

(5) Desejar um final feliz para todos os envolvidos

Os milagres tornam-se possíveis quando unimos nossa vontade com a de nosso poder superior. Entretanto, é importante lembrar que todos nós temos em comum o mesmo poder superior. Exatamente como um pai amoroso não exploraria um filho em benefício de outro, o Amor Divino é incapaz de ajudar uma pessoa a obter êxito às custas de outra. Quando solicitamos poder sobre outra pessoa, Deus não pode partilhar de nosso objetivo e, assim, somos lançados de volta aos parcos recursos do ego. Os milagres são alcançados somente pelas pessoas que desejam realmente o que é melhor para todos e estão dispostas a deixar que seu poder superior decida o que acontecerá.

(6) Concentrar-se no que é positivo
e desconsiderar o que é negativo

Como nossa escolha de um final feliz para todos leva à sua concretização? Tendo escolhido um final feliz, procuraremos os meios compatíveis com ele. Isso nos levará a concentrar-nos nos aspectos positivos da situação — aqueles aspectos que sustentam a esperança de que nossa meta pode ser alcançada.

Os aspectos positivos de uma situação incluem a crença em nossas próprias capacidades, a fé em que um milagre ainda poderá reverter as coisas e a nossa confiança de que há nas outras pessoas um lado bom que ainda pode vir à tona e fazer com que elas reconsiderem seu comportamento. Pela concentração em nossa meta e desconsideração de todos os fatores que poderiam interferir em sua realização, nossa vontade escolhe um determinado futuro possível e, em seguida, traça um caminho até ele.

Não é que não notamos a intenção da outra pessoa. Simplesmente a desconsideramos em favor da pessoa boa e digna que temporariamente cedeu ao medo ou à raiva e que precisa urgentemente de nosso perdão. Muitas pessoas acham fácil passar por cima da hostilidade de um filho querido, mas momentaneamente irritado, e na realidade não é diferente quando fazemos o mesmo com um adulto.

Por exemplo, Melanie poderia ter ignorado o tom abrupto de Ed e concentrado-se na idéia de que ele era um amigo querido que estava momentaneamente fora de si e que precisava de um pouco de atenção. Algumas palavras de conforto dela poderiam tê-lo tirado rapidamente de qualquer estado negativo em que ele pudesse estar. Ed certamente teria ficado grato por sua paciência e compreensão. Notemos que todas as pessoas que conseguiram salvar-se recusaram-se terminantemente a aceitar a intenção e a capacidade hostis do agressor de feri-las. Elas tinham consciência do que a outra pessoa tinha em mente, mas responderam com o perdão, desconsiderando a hostilidade, como se tudo o que importasse fosse o amor entre elas.

As interações são improvisações; se uma das partes de uma interação coloca-se inflexivelmente como a vítima inocente do outro e finca pé na sua posição, fica muito difícil para o outro resistir à influência por muito tempo. É extremamente difícil atacar alguém que não devolve o ataque. Quem continuaria a apresentar-se como agressor se pudesse, pelo contrário, ser considerado como amigo?

(7) Lembrar-se de que tudo é possível

Vimos muitos exemplos em que uma atitude predisposta ao milagre prevaleceu sobre uma pessoa extremamente hostil. No caso de Melanie, é fácil ver como um pouco de generosidade e maturidade de sua parte poderia ter feito uma enorme diferença. Mas o fato é que, se ela tivesse optado pela paz interior, ela teria tido uma noite agradável — mesmo que Ed e seus amigos realmente a considerassem inferior e estivessem decididos a tratá-la mal. Nesse caso, sua satisfação poderia ser o fato de ter ido embora antes ou encontrado alguma outra pessoa ali, ou simplesmente desfrutado da comida e da bebida.

Permitam-me frisar que seu bem-estar depende de sua própria consciência, não da boa vontade ou cooperação de qualquer outra pessoa. É *sua* mente que cria *sua* ilusão física, e sua decisão de perdoar garante a sua segurança, independentemente do que os outros escolham. No filme *A Lista de Schindler*, por exemplo, vemos a representação de um incidente real, em que um oficial nazista tenta executar um homem que trabalhava na fábrica de Schindler.

Uma cena de *A Lista de Schindler*

Achando que tinha identificado um preguiçoso na fábrica de Schindler, um oficial nazista agarra um dos trabalhadores judeus e o arrasta para fora para executá-lo imediatamente. O trabalhador, que por acaso é um rabino, tenta em vão explicar que seu rendimento só fora baixo naquele dia porque o equipamento estivera sendo reparado durante a maior parte da manhã, mas o oficial não estava interessado em suas "desculpas".

Lançando o trabalhador ao chão, o oficial saca sua arma. Ele tenta atirar à queima-roupa na cabeça do judeu ajoelhado, mas nada ocorre. Sua arma emperrou. Ele verifica a arma e tenta novamente, mas de novo não consegue. A cada vez que ele tenta atirar, o gatilho estala inofensivamente.

Um outro oficial, ao ver a situação, oferece-se para ajudar com sua própria arma; mas, quando o oficial tenta usar a nova arma, ela tampouco funciona. Então, um terceiro homem tenta usar sua arma, mas essa também funciona mal.

Os nazistas começam a examinar e reexaminar suas armas, com os três tentando repetidamente acertar na cabeça do rabino. As três armas continuam a estalar em vão. Por fim, os três executores em potencial ficam preocupados com o estranho problema e perdem o interesse por aquele que pretendiam executar. Dando um golpe petulante na cabeça do rabino, os oficiais afastam-se juntos, discutindo sobre defeitos de fabricação.

Não acredito que seja da vontade de Deus que um homem superior seja atacado por um inferior.

— Sócrates

Nesse caso, a mente do rabino, predisposta a milagres, não converteu os oficiais nazistas para o bem, mas impossibilitou-lhes que tirassem sua vida. O rabino escolheu para si a paz, e essa escolha o manteve seguro na presença do risco de vida.

Lembre-se que, apesar de parecerem meros acidentes, é de milagres que estamos falando aqui. Não são meras estratégias psicológicas. As pessoas predispostas a milagres não só conseguem coisas que são extremamente improváveis, como também realizam feitos que não são ordinariamente considerados como fisicamente possíveis. O milagre na realidade reajusta o tempo e o espaço de maneira a concretizar a meta proposta para a situação. Isso será realizado em silêncio se possível, mas, quando necessário, seu poder superior não hesitará em violar as lei físicas para realizar seu propósito construtivo.

(8) *Nunca aceitar o medo como justificado*

Todo medo é um sinal de falta de fé.

— Mohandas Gandhi

A presença do medo é um sinal seguro de que você está botando fé numa ilusão assustadora. Quando botamos fé na idéia de que o medo é justificado, não estamos em condições de alcançar um milagre. Se você decidir seguir os conselhos do ego, não estará colocando sua situação nas mãos de seu poder superior.

Notem que em uma situação de emergência, o ego já teria solucionado seu problema se soubesse fazê-lo. Os milagres só são possíveis porque o ego é forçado a reconhecer que não vê nenhuma saída. Quando você está com uma arma apontada para a sua cabeça, o ego tem pouco a oferecer além de suas condolências e da garantia de que tudo é terrivelmente injusto.

Isso ocorre porque o ego definiu o problema como sendo "insolúvel". Se você concorda que o problema não tem solução, seu poder superior só conseguiria salvá-lo contrariando a sua vontade, o que ele não faz. Ele pode manipular o tempo e o espaço espontaneamente, mas considera sagrada a vontade humana e jamais interferirá na sua liberdade de sonhar o mundo da maneira que lhe aprouver.

Todas as pessoas que foram salvas sabem que as chances contra a sobrevivência prevaleciam. Mas lembremos que, se de fato escolhemos as coisas que acontecem conosco, *as chances não significam nada.* Se você me oferece noventa e nove pratos de giló e um prato de torta de maçã, vou escolher a torta de maçã — não uma vez em cada cem, mas todas as vezes. Tampouco a probabilidade de eu escolher a torta mudaria se se acrescentasse mais mil pratos de giló — portanto, não se preocupe em fazê-lo! Enquanto eu souber que posso escolher entre a torta de maçã e o giló, vou escolher a torta. E todo aquele que perceber que tem escolha entre o milagre e o desastre, escolherá o milagre.

Escolher o milagre significa, portanto, escolher não aceitar uma interpretação atemorizante de sua situação. Diante de perigos graves, a maioria das pessoas que se salvaram abandonou a percepção aterrorizante do ego como se larga um tijolo quente e passou para um estado alterado de consciência em que o que mais chamava a atenção era a ausência de medo. Entretanto, em uma série de casos, o medo continuou presente em algum grau, e esses casos são instrutivos.

Kathleen, que foi raptada por um estuprador e assassino inveterado, dá um exemplo impressionante da luta que travou para chegar ao estado mental de predisposição para o milagre. Ela percebeu que o fato de acreditar na versão atemorizante do ego colocava-a em perigo, e muitas vezes teve que levar sua mente apavorada de volta à crença na decência essencial que ela sabia estar presente mesmo em um homem como aquele.

Para que um milagre ocorra, *não é necessário que o medo esteja totalmente ausente*, mas apenas que você não permita que ele o cegue e desoriente. Apesar do medo, Melanie poderia ter decidido: "Estou simplesmente indo para esta festa e confio que tudo vai acabar bem. Mesmo que Ed esteja parecendo cruel comigo, vou atuar como se tudo estivesse bem com ele". Se ela não quisesse ver a versão acabrunhante da realidade que parecia estar diante dela, ela teria tido meios para vê-la de maneira diferente.

Em resumo, pela manutenção de nossa mente num estado de paz e amor, nós fazemos com que os motivos para a paz e o amor se manifestem em nossa ilusão física. De repente, as pessoas passam a ser mais amáveis, os burocratas mais flexíveis e o tempo um pouco mais apropriado às nossas necessidades. As coisas mudaram facilmente do pior para o melhor. Nos sentimos felizardos e, independentemente do que tentamos fazer, nos sentimos favorecidos.

Muitas pessoas vislumbram brevemente esse estado milagroso quando se apaixonam. Os amantes são iluminados de dentro pela felicidade e, em conseqüência disso, o mundo para eles torna-se um lugar mágico. Mesmo as pessoas estranhas na rua desviam-se de seus caminhos para nos ajudar e divertir quando estamos apaixonados. Se um toque de romantismo pode reestruturar tão fundamentalmente a nossa realidade, o que você imagina que poderia acontecer se todos seguíssemos o conselho espiritualista de amar a todos o tempo todo? As possibilidades são surpreendentes!

Na verdade, para que os milagres tenham alguma utilidade prática, é melhor que eles não se limitem às situações de emergência. É ótimo perceber que os milagres podem salvar sua vida, mas com que freqüência precisamos realmente salvar nossa vida? Falando por mim mesma, o que preciso a maior parte do tempo são pequenos milagres para impedir que minhas manhãs, tardes e noites sejam destruídas por problemas triviais e ressentimentos. Essa é uma outra maneira, menos dramática, pela qual os milagres podem "salvar" nossa vida.

Não é preciso que você ande sempre em um estado de santa paciência — *mas apenas que você esteja disposto a admitir que esteve equivocado quando julgou um irmão ou uma irmã como indigno de amor*. Da próxima vez que você sentir-se tentado a ver-se como vítima do governo, do chefe ou de uma pessoa querida, por que não tentar suspender o julgamento e buscar orientação dentro de si? Quem sabe, você também não descobrirá que a reconciliação é possível. Talvez seu problema insolúvel acabe se revelando perfeitamente solúvel.

Nesse capítulo, delineamos uma estratégia para se obter a ajuda de nosso poder superior. Muitas vezes, é tudo o que precisamos fazer para obter um milagre. Em outras situações, a ajuda de nosso poder superior aparece sob a forma de uma orientação intuitiva que tem que ser seguida se se quiser a obtenção de um milagre. No próximo capítulo, esclarecemos alguns motivos pelos quais a orientação é recebida.

22

Como Reconhecer a Voz de Deus

O mais importante na oração é o que sentimos, não o que dizemos. Passamos boa parte do tempo dizendo a Deus o que deveria ser feito, e um tempo insuficiente aguardando em silêncio que Deus nos diga o que fazer.

— Peregrina da Paz

Uma vez que você tenha afastado o medo e optado por uma saída pacífica que seja positiva para todos, você está preparado para o milagre. A essa altura, você terá apenas que manter-se tranqüilo e esperar que seu poder superior se faça presente. Talvez a situação passe então por uma mudança radical que não tenha nada a ver com você. A ajuda às vezes simplesmente parece chegar no momento exato.

Entretanto, em outros casos, as pessoas predispostas a milagres colaboram na reviravolta da situação. Agindo sob orientação interna, elas dizem ou fazem algo que muda tudo. Vamos considerar algumas das formas sob as quais comumente essa orientação interna surge.

Uma voz

Às vezes, a orientação espiritual aparece sob a forma de instruções verbais. Você pode ouvir uma voz, como aconteceu com Mel quando recebeu a ordem "Saia da estrada!" enquanto caminhava à margem daquela estrada rural. Como já vimos, Harry Houdini teve uma experiência um pouco parecida com uma voz que salvou-o da morte quase certa, embora a que ele ouviu parecesse ser a de sua mãe, vinda de algum lugar fora de seu corpo. Entretanto, a orientação é na maioria das vezes percebida como uma voz proveniente de nossa própria mente.

Uma mudança de percepção

A orientação assume também com freqüência a forma de uma mudança de perspectiva. A situação começa simplesmente a aparecer sob uma ótica diferente, e o novo ponto de vista faz com que um outro tipo de comportamento pareça mais apropriado do que a reação de defesa que o ego tinha em mente. Passa-se a ver o "inimigo" como uma pessoa confusa que está tentando satisfazer suas necessidades de uma maneira inadequada. Algo que o ego considerava "impossível" de repente parece valer a pena tentar mais uma vez. Recordam-se de Brian entretendo a população carcerária com sua imitação de Gary Cooper? Simplesmente pareceu-lhe ser a coisa certa a fazer, uma vez que ele tinha deixado de considerar todo mundo como inimigo e começado a vê-los como pessoas que, como ele próprio, adoravam brincar.

Experiências sincrônicas

A orientação espiritual pode também assumir a forma de uma experiência sincrônica. Podemos estar pedindo ajuda ou desejando saber o que fazer quando algumas palavras significativas num cartaz chamam nossa atenção ou ouvimos por acaso uma frase que descobrimos ser a resposta que estávamos procurando.

Por exemplo, mais ou menos uma semana depois de ter feito uma cirurgia de catarata, meu marido estava sentado num restaurante perguntando-se tristemente se algum dia seu olho operado voltaria ao normal. A pupila não tinha reagido tão rapidamente quanto se esperava e Arnie não conseguia deixar de preocupar-se com isso. De repente, ele percebeu que seu olhar estava fixo no endereço de uma loja do outro lado da rua: 2020 Wilshire Boulevard. Ocorreu-lhe que "2020" poderia ser uma resposta sincrônica à sua preocupação, e ele sentiu-se imediatamente tranqüilo. Fico feliz em informar que seu "novo" olho em breve mostrou-se apto em 20-20.

Às vezes, a relação significativa entre uma experiência e nosso fluxo de pensamentos simplesmente nos escapa, mas algumas pessoas procuram ativamente esse tipo de orientação abrindo um livro espiritual ao acaso e lendo o primeiro parágrafo no qual sua vista recai. E às vezes, como no caso seguinte, a orientação pode envolver várias modalidades.

Louis

Meu marido Arnie, que também é psicólogo, relata sobre um paciente que estava lutando com um problema difícil em terapia. A certa altura da sessão, Louis entrou em silêncio meditativo, com o olhar perdido no espaço enquanto considerava as várias ramificações de uma importante decisão que tinha que tomar. Após alguns instantes, ele surpreendeu Arnie anunciando tranqüilamente: "Há um ser aqui conosco na sala".

Solicitado a explicar melhor, Louis prosseguiu: "É como uma luz. Parece que ele quer me ajudar com meu problema".

Arnie levou a questão adiante, perguntando: "Como ele poderá o ajudar?".
"Não sei", Louis respondeu.

"Por que você não lhe pergunta para ver o que ele diz?", sugeriu Arnie.
Louis voltou-se para dentro de si enquanto continuava com o olhar fixo em algum ponto da sala. Então, seus olhos começaram a se mexer. "Oh! Ele está tentando me mostrar onde encontrar a orientação de que estou precisando. Ele passou lá para aqueles livros. Diz que a resposta que estou procurando está em um deles."

"Qual deles?", Arnie perguntou.

"Parece que é naquele azul grosso — o terceiro livro na pilha do meio. Agora a luz está totalmente em volta dele."

Arnie foi pegar o volume indicado de entre os cinqüenta e tantos livros e revistas empilhados ao acaso sobre sua mesa de trabalho. "Você sabe que livro é este?", ele perguntou. Louis respondeu que não — apenas que a luz tinha dito que ele continha a resposta que ele estava procurando. Então, em resposta à pergunta de Arnie sobre onde no livro eles deveriam olhar, Louis rapidamente anunciou uma página e, em seguida, o número do parágrafo. Arnie passou para ele o volume e sugeriu que desse uma olhada.

Abrindo-o na página e parágrafo indicados, Louis começou a ler em voz alta. Arnie disse que um frio percorreu sua espinha quando seu paciente leu uma passagem que dava uma resposta elucidadora à pergunta exata que estavam discutindo. Louis ergueu os olhos maravilhado. "É isso! É exatamente isso que eu precisava saber! Ei, a propósito, que livro é este?" Virando-o Louis descobriu o que Arnie já sabia — como não podia deixar de ser, era *A Course in Miracles*.

Eclipse

A maioria das pessoas que me relataram suas experiências de livramento seguiu ordens interiores, mas algumas sentiram que seu poder superior tinha assumido o controle, falando e agindo por elas — processo que é às vezes chamado *eclipse* (*overshadowing*). Ao contrário do que ocorre no estado de possessão, a consciência eclipsada do indivíduo continua presente e pode intervir a qualquer hora se assim o desejar. No caso do eclipse, a pessoa consente voluntariamente em ser relegada temporariamente ao papel de observador enquanto seu poder superior assume o controle. Parece que foi isso o que aconteceu com Debra em sua conversa com os terroristas. Talvez a seguinte experiência minha possa tornar esse processo mais claro.

Laura

Quando dirigia um programa para mulheres doentes mentais hospitalizadas que tinham sido violentadas quando crianças, trabalhei com uma mulher, que chamarei de Laura, que tinha muitos problemas sérios. Além de um distúrbio bipolar, ela tinha pouca noção de limite e estava se recuperando do alcoolismo. Ela tinha uma longa história de comportamento suicida e de ataques a outros e tinha perdido a guarda dos filhos em conseqüência dos maus-tratos físicos que lhes infligira quando em estado psicótico.

Numa manhã de domingo, quando eu estava em casa passando de um canal para outro da televisão, recebi um telefonema de Laura, que então estava fazendo psicoterapia comigo fora do hospital. Peguei o telefone e imediatamente afastei-o do ouvido, porque ela estava gritando obscenidades. Como ela continuava irascível, ficou evidente que ela tinha entrado num surto psicótico caracterizado por intensa paranóia. Ela estava agora ameaçando matar a mim e a si mesma, tendo chegado à conclusão de que eu, como sua terapeuta, era pessoalmente responsável por toda a sua infelicidade.

Muitos pensamentos aflitos passaram por minha mente. "Ela não tomou os remédios. Deveria chamar a polícia para prendê-la antes que ela cause danos a si mesma ou a outra pessoa. Mas como posso fazer isso se não sei onde ela está?" (Eu sabia que o telefone da casa de Laura tinha sido desligado por falta de pagamento. Ela não podia estar ligando de sua casa e, no seu atual surto de paranóia, ela certamente se recusaria a dizer-me onde estava.)

Tentei falar com ela, mas Laura simplesmente me fez calar com seus gritos. Como eu poderia ajudá-la se não conseguia nem pronunciar uma palavra? Procurei lembrar de alguma coisa que tivesse aprendido durante a formação profissional que pudesse ajudar em tal situação e não consegui nada. Simplesmente não tinha idéia do que fazer.

Como a formação profissional não conseguiu prover-me de nenhuma orientação para a situação, voltei-me para a formação espiritual. A primeira coisa a fazer era acalmar-me e recuperar a verdade. Qual era a verdade no caso? A verdade, eu concluí, era que eu era um simples ser humano limitado que não sabia o que fazer. Entretanto, era também verdade que eu poderia pedir ajuda a meu poder superior se eu quisesse.

"Deus, esta é sua paciente", eu disse comigo mesma. "Acho que seria melhor você fazer algo, porque eu com certeza não sei o que fazer!"

Dito isso, eu achei que deveria acalmar-me e passar para um estado meditativo para o caso de meu poder superior ter alguma informação para me dar. Se eu estivesse num estado mental de tranqüilidade, alguma sensação de alívio poderia começar a penetrar no estado de terror de Laura. Em algum momento ela teria de parar de berrar para recuperar o fôlego e, se ela não desligasse antes, eu poderia então falar. Não tinha idéia do que diria, mas esperava que tivesse mais clareza quando chegasse o momento. Enquanto Laura prosseguia com sua ladainha de ameaças e acusações psicóticas, eu preparei minha mente para entrar em meditação.

Quando me dei conta, estava totalmente absorvida em uma cena de *Conan, o Bárbaro*! Antes de atender ao telefone, eu tinha certamente sintonizado a TV num canal em que estava passando aquele filme. Só posso supor que meus olhos se fixaram no aparelho de TV diante de mim enquanto eu estava ao telefone e, de alguma maneira, acontecera de eu ficar totalmente absorvida na cena.

Subitamente, despertei para o fato de que tinha me concentrado no filme como se ele fosse a coisa mais fascinante que eu já vira. Embora eu tivesse pouca noção do tempo, minha memória recente estava repleta de idéias sobre os impressionantes dotes físicos de Arnold Schwarzenegger: "Olhe os músculos do cara! Será que isso é saudável? Acho que ele usa esteróides". Era evidente que eu passara pelo menos cinco minutos prestando atenção no filme e, talvez, muito mais tempo do que isso.

Fiquei espantada ao perceber que tinha uma paciente suicida no telefone e estava ali olhando para a televisão. "Ó meu Deus, Carolyn!", eu pensei. "Essa deve ser a pior coisa que você já fez na vida!" Esse pensamento foi sucedido rapidamente por outros: "Não perca tempo para recriminar-se agora, sua estúpida! Você tem que voltar para Laura e ver se há algo que pode fazer para mudar a situação. Talvez ela nem tenha notado que você não esteve prestando atenção. Sim, claro! Uma paciente paranóica não percebe que foi ignorada por cinco minutos ou mais. Pegue uma pista, Carolyn".

Eu precipitei-me de volta para o telefone e fiquei chocada ao ouvir uma voz estranha falando na sala. Fiquei ainda mais atônita ao perceber que não era absolutamente uma voz estranha — era a minha voz, falando calmamente ao telefone! Enquanto eu estivera olhando para a televisão, minha boca estivera falando e eu não fazia idéia do que ela dissera. Senti que tinha verdadeiramente passado para "além da imaginação".

Quando comecei a navegar numa nova onda de medo, lembrei-me que tinha pedido a meu poder superior que assumisse o controle. Talvez ele o tivesse feito. Talvez eu devesse acalmar-me e descobrir o que estava acontecendo antes de ficar mais apavorada. Afinal, raciocinei, haveria tempo de sobra para sentir pânico depois.

Quando voltei a prestar atenção na discussão entre a voz e minha paciente, era como ouvir a conversa de outra mesa num restaurante. No início tive dificuldade para entender o que estava sendo dito, pois estava entrando no meio. Entretanto, logo ficou claro que a voz estava fazendo uma interpretação da razão por que Laura tinha ficado tão transtornada. Eu não tinha conhecimento dos acontecimentos recentes da vida de Laura aos quais a voz aludia, mas quando o motivo foi explicitado, lembro-me de ter pensado: "Ah, sim! Acho que é isso mesmo. É exatamente o tipo de coisa que a desestabilizaria".

Do outro lado da linha, ouvi Laura dizer: "Sim! Acho que é isso mesmo, Carolyn. Deve ter sido isso que aconteceu". O que quer que estivesse acon-

tecendo, eu fiquei surpresa ao constatar que ela estava muito calma e coope-
rante. A intensidade psicótica que eu tinha ouvido antes na voz de Laura tinha
sido substituída por um interesse e entusiasmo bem direcionados. E, evidentemente, ela achava que era eu quem estava falando.

Laura fez uma série de perguntas que a voz respondeu sabiamente e sem
hesitação. Por fim, a voz lembrou-a de "nossa" hora marcada no dia seguinte
e deu-lhe algumas sugestões sensatas de como controlar sua ansiedade até
então. Antes de se despedir, Laura agradeceu-me profusamente e desculpou-se
sinceramente pelas coisas horríveis que me dissera. Aquela paciente paranóica
que sempre notava e expressava suspeitas sobre cada detalhe de minha ves-
timenta, fala e comportamento estava totalmente convencida de que eu estivera falando com ela! Então, ambas desligamos e eu tive a minha voz de
volta.

Saindo fora de si mesmo

*Ele lhe dirá exatamente o que fazer para ajudar a quem quer
que Ele tiver lhe enviado em busca de ajuda, e falará com essa
pessoa através de você se você não interferir.*

— *A Course in Miracles*

Note-se como esse caso ilustra bem o procedimento para se ter acesso a
milagres. Meu ego viu-se impossibilitado de agir e definiu logo a situação
como sem saída. Apesar disso, eu queria um resultado positivo tanto para
Laura como para mim mesma. Como meu ego não tinha nenhuma idéia de
como alcançar tal resultado, voltei-me para meu poder superior.

Fiquei tão calma depois de ter entregue a situação nas mãos do poder
superior que cheguei a esquecer-me totalmente dela por um momento! Ao
fazer isso, suponho que perdi uma lição importante de psicoterapia. Quando
voltei a mim, meu poder superior já tinha resolvido todos os aspectos "impossíveis" da situação e estava colocando as coisas em ordem. A paciente
que havia poucos minutos tinha me ameaçado de morte já fizera as pazes
comigo e não manifestava nenhum vestígio de sua perigosa reação psicótica.

Embora essa tenha sido a única vez na minha carreira de psicoterapeuta
em que de fato me dissociei, a orientação de meu poder superior é uma ocorrência cotidiana. A essa altura, eu me sentiria um bocado tola se tentasse
exercer a psicoterapia com base apenas nas capacidades e conhecimentos de
meu ego. Qual seria o sentido disso, se a orientação divina está à nossa disposição?

Embora a orientação possa ser dramática como uma voz imperiosa, ela
é na maioria das vezes extremamente sutil. Depois de aprender a identificar
a voz de seu poder superior, você perceberá que ela sempre esteve presente

em sua consciência. Não reconhecendo-a, você não lhe dava nenhuma atenção especial.

É por isso que as pessoas dizem com tanta freqüência: "Eu sabia que isso ia acontecer" quando as coisas dão errado. Depois de ocorrido, percebemos que "algo" nos disse o que poderia acontecer, embora não tenhamos agido de acordo com esse conhecimento porque ele discordava de outras vozes em nossa consciência nas quais preferimos acreditar. Parece que todos nós temos muitas vozes falando em nossa mente a toda hora; como, portanto, podemos saber qual é a voz de nosso poder superior?

Características da voz que fala por Deus

Antes de tudo, seu poder superior tem uma *atitude benevolente* que as muitas vozes do ego não têm. Ele representa a inocência universal e é sempre bondoso com você e com todos os demais. Qualquer fluxo de pensamentos que promova a culpa (em você ou em qualquer outra pessoa) não pode ser a voz do eu superior.

A voz de Deus também parecerá *calma e confiante*. Os fluxos de consciência que incitam o medo dos perigos iminentes só podem ser gerados pelo ego. Por exemplo, os pensamentos que tive quando me peguei vendo televisão em vez de estar ajudando Laura refletiam claramente a perspectiva do ego. Eles disseram que eu tinha feito algo terrível que inevitavelmente teria conseqüências desastrosas, chamaram-me de "estúpida" e lançaram-me numa corrente de culpa. O tom prepotente é típico da resposta do ego numa situação de emergência. Não sabendo o que fazer, ele procura alguém em quem possa lançar a culpa. O eu é sempre um alvo à mão.

Embora a voz do eu superior possa ser dolorosamente "direta" e suas mensagens nem sempre agradáveis ao ouvido, seus comentários são sempre *justos e construtivos* e nunca agressivos e depreciativos. Lembram-se da conversa de Mel com a voz que o mandou sair da estrada? Ela não hesitou em apontar para a teimosia de Mel diante dos conselhos, mas mesmo Mel reconheceu a crítica como justa.

O ego acredita que o eu pecou e precisa sacrificar-se para aplacar Deus. Seu poder superior o considera inocente e *não acredita em sacrifícios*. Ele pode às vezes sugerir que você faça algo difícil — por exemplo, reconhecer seu erro diante de alguém —, mas ele só faz isso para corrigir uma situação deteriorante, não para puni-lo ou humilhá-lo.

Quando o ego mascara-se de poder superior, ele tipicamente se envolve em fantasias de exclusividade através de algum tipo de sacrifício ou martírio. Tenha cuidado sempre que ouvir uma voz que lhe pede para colocar os interesses dos outros *acima* dos seus próprios. Seu poder superior vê somente perfeita igualdade e encontrará meios para fazer com que todos progridam.

Outra característica da voz de seu poder superior é que ela pode ser *surpreendente*. Na verdade, o que ele tem a dizer pode de início parecer ser "proveniente do nada". Isso ocorre porque a percepção que ele tem da situação é muito diferente da percepção do ego. Atuando a partir de um conjunto de premissas totalmente diferente, ele chega a conclusões diferentes sobre qual é o verdadeiro problema.

Como prevenir a guerra

Por exemplo, lembro-me de uma vez ter perguntado a meu poder superior: "Se, como você afirma, eu tenho poder para fazer milagres, eu poderia impedir a guerra no Golfo Pérsico?".

"Por que você quer fazer isso?", foi a resposta imediata.

Aquilo parecia tão estranho que eu não acreditei que tivesse ouvido corretamente.

"Por que eu quero impedir uma guerra?", retruquei com ironia. "Você não é o cara que costumava ser chamado de Príncipe da Paz? Certamente, isso não pode ser tão difícil de entender! Estou indo rápido demais para você?" (Como você provavelmente já percebeu, meu poder superior tem que ter muita paciência.)

Entretanto, minha voz interior prosseguiu instruindo-me pacientemente sobre a importância do livre-arbítrio, observando que eu sempre "desfrutara" a liberdade de fazer com minha vida o que me desse na telha e que tinha aprendido um bocado através de meus erros. Se as outras pessoas estavam querendo uma oportunidade para aprender com seus próprios erros, por que eu tinha a intenção de negar-lhes o direito ao mesmo tipo de aprendizagem?

A voz disse que se um número suficiente de pessoas quisesse a guerra, haveria a guerra. Se eu não estivesse disposta a envolver-me nela, estava livre para sonhar alguma outra experiência para mim mesma, mas não devia interferir na vida dos outros com base na suposição de que eu sabia melhor do que elas que experiências elas deveriam ter. Eu poderia tentar persuadir os outros a lidar pacificamente com suas divergências, mas, em última análise, a decisão sobre o que fazer era delas. Eu teria que me contentar com saber que, o que quer que acontecesse, todo o mundo aprenderia com a experiência.

Outra característica do eu superior é que ele vê *todas as pessoas como iguais*. Ele jamais exalta um indivíduo ou grupo às custas de outro. Sua voz interior pode lhe dizer que você é Cristo ou Buda, mas ela também lhe assegurará que todas as outras pessoas são também. O eu superior desestimula a idéia de que algum indivíduo, cultura ou religião tem o monopólio da verdade. É só o ego que promove fantasias grandiosas de virtudes e direitos especiais.

Finalmente, *não existe nenhuma previsão ou profecia infalível*. Se você está lembrado do que dissemos anteriormente, ficará evidente que o máximo que um profeta pode fazer é uma avaliação minuciosa das probabilidades de diferentes resultados, desde que ninguém esteja disposto a exercer o livre-arbítrio. Como parece que poucas pessoas exercem seu livre-arbítrio regularmente, esse fato pode assegurar previsões bastante exatas a curto prazo.

Todas as previsões para o futuro devem ser entendidas como afirmações condicionais. Não "Você vai encontrar um estrangeiro alto e moreno", mas "Se todos continuarem fazendo o que estão fazendo, há 70% de probabilidade de você encontrar um estrangeiro alto e moreno nos próximos três meses". Entretanto, como todos temos livre-arbítrio, há sempre a possibilidade de alguém decidir mudar o quadro.

Nosso poder superior é comparável a um excelente treinador esportivo. O treinador está ansioso para ver-nos bem-sucedidos, na medida em que isso pode ser conseguido sem trapaça, e tem um fundo de informações valiosas sobre nossos colegas de equipe, nossos adversários e as regras do jogo. O treinador pode nos ensinar técnicas realistas, nos estimular quando estamos desanimados, observar nossos erros e ajudar-nos a formular a melhor estratégia para vencer. Seguindo seus conselhos, aprenderemos com nossos erros e jogaremos com mais segurança à medida que desenvolvemos nossas habilidades.

Entretanto, embora a contribuição de um bom treinador seja de importância vital, existem outros fatores a ser levados em consideração: nossa disposição e capacidade de seguir seus conselhos, nossa própria resistência e capacidade e as dos colegas de equipe, as capacidades dos adversários, etc. Nosso poder superior pode nos mostrar como maximizar nossos esforços, mas ele não pode vencer a disputa por nós.

Como ouvir o poder superior

Como você pode aprender a ouvir a voz de seu poder superior? Como com a maioria das habilidades, essa também é uma área na qual a prática leva à perfeição. Você não esperaria que, ao sentar-se ao piano pela primeira vez, você conseguisse tocar uma bela sonata; não deve, tampouco, esperar que vá conseguir a orientação de seu poder superior na primeira tentativa.

Diz-se que a voz de seu poder superior é tão alta quanto a sua disposição de ouvi-la. Quando você está em perigo de morte, sua disposição para receber orientação pode tornar-se instantaneamente preponderante. Contudo, não nos esforçamos muito em querer coisas que parecem estar fora de nosso alcance. Por essa razão, é uma boa idéia começar a praticar o contato com sua voz interior antes de surgirem situações de emergência. Seu êxito nas pequenas coisas irá treiná-lo para buscar ajuda interior quando os riscos forem maiores.

A capacidade de recorrer ao estado alterado de tranqüilidade no qual entramos em contato com a orientação interna é extremamente fortalecida pela meditação regular.

Há muitos tipos de meditação, mas todos eles requerem um afastamento resoluto da tagarelice incessante do ego para se poder experimentar uma forma diferente e mais pacífica de consciência. Qualquer prática mental ou espiritual que aquieta a mente tornará mais fácil o acesso a milagres em uma situação de emergência. No entanto, as abordagens que não enfatizam o acesso a essa orientação não nos estimulam a procurá-la e usá-la ativamente.

Por exemplo, muitas pessoas que sofrem de dor crônica estão recebendo grande ajuda de um processo desenvolvido pelo Dr. Herbert Benson chamado de a "reação relaxante".[49] Essa técnica altamente eficaz de aquietação da mente foi derivada das práticas espirituais orientais, mas despidas de todo conteúdo espiritual para torná-la mais amplamente aceitável. Ela envolve a concentração da atenção numa única sílaba.

Os pacientes que praticam a reação relaxante descobrem que suas dores diminuem quando eles aquietam a mente e entram no estado alterado tranqüilo que discutimos. Entretanto, não lhes é ensinado que o acesso à orientação lhes é possível nesse estado e, assim, eles não podem solicitá-la e podem até mesmo *dessintonizar* seu poder superior se ele tentar comunicar-se. Dessa maneira, eles recebem alguns dos benefícios da meditação, mas não todos. Qualquer que seja a prática meditativa que você escolher, lembre-se que há uma fonte de sabedoria e poder divinos dentro de você que está disposta a comunicar-se, embora normalmente ela não fale sem que você a chame.

Meditação para ter acesso à orientação interior

A meditação é uma atividade muito simples e natural que todo o mundo pratica de vez em quando no decurso do dia. Você nunca passou alguns minutos olhando pela janela sem nada em particular na mente? É claro que já. Essa é uma forma de meditação.

Eu não aprendi a meditar. Eu simplesmente andava, receptiva e silenciosa, por entre a beleza da natureza — e colocava em prática as luzes que recebia.

— Peregrina da Paz

Se você não tem no momento uma técnica de meditação que lhe agrade, poderá tentar a seguinte. Sente-se confortavelmente com os olhos fechados, depois de ter feito alguns movimentos de alongamento e de respiração profunda. Concentre-se no aqui e agora, tomando consciência de sua respiração, das sensações do corpo no momento e nos sons a seu redor. Quando os pensamentos surgirem em sua mente, simplesmente observe-os — "Ah, um pensamento sobre o jantar" — e retorne tranqüilamente ao aqui e agora, em vez de embarcar no trem de pensamentos e viajar com ele até o pôr-do-sol.

No início, você perceberá que embarcou em muitos de tais trens sem perceber. Em vez de ficar frustrado ou com raiva de si mesmo, simplesmente desembarque e retorne ao aqui e agora. Aprender a controlar conscientemente a própria atenção é um processo desafiador e você não deve esperar êxito imediato. Com a prática, você aprenderá a entrar no estado alterado de consciência de paz e despreendimento no momento em que quiser.

Entretanto, não há necessidade de alcançar o sucesso perfeito nesse primeiro estágio de meditação para passar para o segundo. Seu poder superior está ansioso para comunicar-se com você e suas limitações não interferirão no processo se você não deixar que elas o façam. Tudo o que é preciso é de um pouco de disposição de sua parte para ouvir o que a sabedoria divina dentro de você tem para lhe dizer.

Depois de tentar concentrar-se no presente por três ou quatro minutos, imagine que seu poder superior está sentado à sua frente. É bom imaginá-lo como uma figura benevolente que representa a sabedoria divina para você (por exemplo, Moisés, Kwan Yin, Jesus, Buda, Lao-tzu, o Grande Espírito, a Mãe Divina). Entretanto, você pode simplesmente representá-lo como uma luz, o vento, um animal totêmico ou alguma outra manifestação física.

Visualize esse ser divino diante de você por um ou dois minutos e, então, comece a conversar com ele. Explique-lhe a natureza de seu problema e peça orientação, deixando a pergunta em aberto para que haja um amplo espaço para a resposta. Por exemplo, "O que posso fazer para resolver meu problema financeiro?" é uma pergunta melhor do que "Como posso fazer para que meu chefe me dê um aumento?", porque permite que o eu superior coloque as coisas numa perspectiva mais ampla. Talvez não haja nenhuma maneira de fazer com que seu patrão lhe dê um aumento, e o que você terá de fazer é encontrar outro trabalho. Talvez seus problemas financeiros resultem de suas atitudes com respeito a dinheiro que precisam ser mudadas para que a melhora se torne possível.

Você estará sintonizado para ouvir a resposta à pergunta que fez e seu poder superior poderá ter dificuldade para comunicar-se com você se sua pergunta for demasiado restrita ou mal formulada. Lembra de minha pergunta mal formulada sobre a capacidade de prevenir milagrosamente a guerra? Foi difícil para mim acreditar no que tinha ouvido quando meu poder superior respondeu pedindo que eu reconsiderasse minhas razões para querer impedir a guerra.

Uma pergunta muito específica pode não dar a seu poder superior a amplitude necessária para ele prover orientações úteis. Mas há outro problema com as respostas "sim ou não" — elas tornam muito fácil para o ego passar-se pelo poder superior. Se você pedir a seu guia que exponha seus raciocínios, você poderá julgar se a resposta é inteligente, afetuosa e coerente com a visão de mundo de seu poder superior.

Por exemplo, quando meu poder superior explicou-me por que a tentativa de impedir milagrosamente a guerra seria equivocada, a resposta fez sentido para mim e refletia o respeito pela soberania do livre-arbítrio que é coerente com o ponto de vista espiritualista. Meu ego poderia ter respondido sim ou não, mas não a elucidação coerente que de fato recebi.

Tendo colocado a pergunta, permita-se imaginar a resposta de seu guia. Não se preocupe com o fato de que inicialmente possa parecer que você simplesmente esteja inventando tudo. Você poderá sempre examinar criticamente os resultados ao concluir a meditação, mas lembre-se que julgamento e crítica são funções do ego. Se você tentar usar suas faculdades analíticas durante a meditação, você estará invocando a orientação do ego e não a de seu poder superior, e isso quer dizer que você não estará meditando realmente. Por um momento, simplesmente prossiga dialogando com seu símbolo de sabedoria divina da maneira que lhe ocorrer, abandonando temporariamente qualquer julgamento.

Às vezes, as pessoas vêem-se bloqueadas e dizem que seus guias não respondem às suas perguntas. Se isso lhe acontecer, diga simplesmente a si mesmo: "Se meu guia *tivesse* falado, o que ele teria dito?". Faça de conta que o quer que lhe ocorrer é a resposta do guia, tendo em mente que ela terá de refletir uma atitude de amor incondicional para com todos. Então continue o diálogo, respondendo como se o que você imaginou tivesse realmente sido dito.

Conforme já mencionamos, nosso eu superior nem sempre comunica-se na forma de uma voz. Muitas vezes, simplesmente nos ocorre uma idéia e cabe a nós colocá-la em palavras. É perfeitamente apropriado colocar palavras na boca de seu guia, porque nosso poder superior muitas vezes nos inspira idéias, intuições e imaginações.

Ao prosseguir com a prática, seus diálogos com seu poder superior parecerão mais naturais e espontâneos. Embora no início você possa achar que recebeu somente informações que já sabia, aos poucos você relaxará e permitirá que seu poder superior penetre em sua mente consciente. Quando isso ocorrer, você se surpreenderá com os resultados!

Não permita que o ego deprecie a orientação que receber

Enquanto você pratica para tornar-se um fazedor de milagres, provavelmente perceberá que há ocasiões em que seu poder superior o incita a dizer ou fazer algo que faz pouco sentido. Por exemplo: com o conhecimento que temos agora, é óbvio que "Saia da estrada" era um bom conselho, mas o ego de Mel não tinha condições de saber disso.

Bem, não estou sugerindo que você simplesmente ignore o senso comum ou arrisque sua saúde ou economias com algo que pode não provir da orientação divina. Especialmente no início, você poderá ter dificuldades para saber se uma determinada mensagem provém realmente de seu eu superior. Você é responsável pelo julgamento que fizer nesse como em todos os outros casos. Seu poder superior não o conduzirá ao erro, mas o ego adora fazer-se de Deus e sempre o conduzirá ao erro.

Nada é mais fácil do que enganar-se a si mesmo; pois acreditamos prontamente no que desejamos.

— Demóstenes

Temos somente que olhar para a história do fanatismo religioso para constatar que as pessoas muito facilmente enganam a si mesmas quanto ao que Deus as aconselha a fazer. Existem ainda pessoas no mundo que praticam o genocídio em nome de Deus, e em nossa própria sociedade há indivíduos que parecem sinceramente acreditar que Jesus Cristo pede que eles odeiem e persigam as pessoas de outras religiões, raças e orientações sexuais. O ego cria deuses à sua própria imagem e somente o tempo e a prática possibilitarão que você distinga de maneira confiável a voz que fala por Deus das muitas outras vozes do medo e da raiva, pelas quais o ego procura justificar seus ressentimentos e manter a separação.

No entanto, se permitirmos que o ego faça o juízo final de todas as instigações interiores, estaremos limitando a ajuda que podemos receber. Isso ocorre porque a mente racional é geralmente tão confusa com respeito a saber qual é realmente nosso problema que ela não consegue reconhecer uma solução inspirada, muito menos criá-la. Tomemos como exemplo minha interação com uma paciente que chamarei de Susan, que ocorreu no início de minha prática como psicoterapeuta.

Susan

Fazia vários anos que a filha de Susan quase tinha morrido de um violento choque elétrico. A menina de dois anos parou de respirar e um vizinho prontificara-se a iniciar imediatamente a respiração boca-a-boca, mas Susan, em pânico, teve medo de que as tentativas amadorísticas de prestar primeiros socorros piorassem as coisas. Ela insistiu que esperassem pela chegada da ambulância. Quando eles chegaram, conseguiram ressuscitar a menina, mas a essa altura ela já tinha sofrido danos cerebrais irreversíveis em conseqüência da prolongada falta de oxigênio. A filha de Susan passara a ser o que comumente se chama de "vegetal", incapaz de reconhecer qualquer pessoa, de comunicar-se ou de realizar as funções mais elementares por conta própria.

Eu sabia que aquela mãe amorosa deveria estar profundamente atormentada pela sua decisão desastrosa de não aceitar a respiração boca-a-boca, e eu estava decidida a tocar muito de leve nessa área enquanto não tivéssemos estabelecido uma boa relação terapêutica. Parecia importantíssimo não dizer nada que sugerisse qualquer julgamento pessoal meu sobre o comportamento dela, de maneira que fiquei muito aborrecida em uma sessão quando uma frase passou a martelar com insistência em minha mente o quanto era grave o erro que Susan tinha cometido. A frase na verdade não tinha nenhum sentido literal que eu pudesse perceber, mas dizia respeito à responsabilidade de Susan pela deficiência da filha e me parecia insensível e ofensiva.

Embora aquela frase continuasse ressoando em minha mente, eu fiz questão de não articulá-la. "Posso não ser uma terapeuta muito experiente", pensei, "mas graças a Deus sei que não devo dizer tal coisa!"

Infelizmente, a partir daquele momento, a sessão começou a declinar. Não que tenha acontecido alguma coisa em particular. Ela apena não fluía. Meu trabalho anterior com Susan tinha-se caracterizado por uma vívida troca de idéias, mas de repente nenhuma de nós tinha o que dizer. Em psicoterapia, há silêncios positivos e negativos, mas naquele em que tínhamos caído foi o pior que eu já vi.

Enquanto o embaraço se arrastava, meu ego procurava em vão alguma forma de retomar o diálogo. Fortalecia-se em mim a certeza de que no final da sessão Susan daria uma desculpa educada para não voltar, e eu fiquei consternada ao constatar que ficaria aliviada com tal decisão. Qualquer coisa seria melhor do que a sensação estéril de inutilidade que subitamente tinha tomado conta de nossa relação.

E por todo o tempo aquela frase infeliz continuava a ecoar em minha cabeça. Como eu poderia pensar em qualquer coisa para dizer com aquela voz infernal azucrinando minha cabeça? Por fim, desesperada para romper com o silêncio e não me importando mais com o que fizesse, eu deixei escapar as palavras que estavam me perturbando.

Para surpresa minha, Susan não pareceu ficar ofendida com meu comentário. Pelo contrário, ela assumiu uma expressão pensativa e deu início a um novo diálogo. A sessão recuperou energia e ela começou a abrir-se realmente. Concluímos em um clima muito otimista e nosso trabalho terapêutico subseqüente foi envolvente e produtivo.

Algumas semanas depois, Susan perguntou timidamente: "Carolyn, você lembra daquela sessão em que tivemos aquele longo silêncio?".

Respondi que me lembrava, e ambas rimos do quanto ele tinha sido constrangedor. E então Susan foi adiante: "E lembra de quando você disse...?".

E repetiu aquela frase estúpida palavra por palavra. A frase continuava a não fazer sentido. De fato, fiquei muito surpresa por ela lembrar-se tão precisamente de uma seqüência de palavras sem sentido nenhum.

"Ai, ai, ai!", pensei. "Lá vem ela. Ela ficou ofendida e vai me dizer o quanto eu fui insensível. Bem, acho que eu mereço isso."

Mas então Susan prosseguiu: "Sabe, quando você disse aquilo — foi aí que eu percebi que você realmente compreendia o que estava acontecendo e que eu podia lhe dizer tudo. Eu estava pronta para abandonar a terapia, porque achava que nunca conseguiria dizer a alguém como realmente me sentia com respeito ao acidente de minha filha. Parecia simplesmente impossível. E então você disse aquilo e eu percebi que poderia falar sobre o fato com você porque você já sabia e assim mesmo não me desprezava. Venho pensando nisso há semanas e tinha que lhe dizer o quanto significou para mim o fato de você ter dito aquilo".

Eu fiquei quebrando a cabeça com aquela frase e ela continuava a não fazer sentido para mim. Mesmo depois de tudo o que acabei sabendo a respeito de Susan, nunca consegui entender o que aquelas palavras significaram exatamente para ela. Fiquei somente muito grata por "algo" ter-me incitado a expressá-las.

Eis um caso em que meu poder superior me deu a chave que libertaria os pensamentos mais secretos de minha paciente, mas meu ego não estava em condições de perceber seu valor e a rejeitaria sem usá-la. Examine cuidadosamente a orientação que receber e esteja atento para a possibilidade de ela significar mais do que parece inicialmente.

E, finalmente, não se embarace com a idéia de que você não é suficientemente "desenvolvido no espírito" para ouvir a voz de Deus. Seu poder superior está pronto para estabelecer contato com você e a única maneira de fracassar é não tentar. Cada momento dedicado à prática meditativa tem um alcance maior do que tudo o que você possa imaginar, por isso, não se deixe persuadir pelo ego de que não vale a pena tentar. Milagres não merecem o esforço? Vamos lá!

A seqüela

Seria uma lástima concluir este capítulo sem relatar algo que ocorreu quando este livro estava quase concluído.

Arnie

Por várias semanas, meu marido vinha atravessando uma espécie de "noite escura da alma". Parecia haver tanta negatividade nele que ele chegou a questionar sua capacidade de ajudar qualquer pessoa. Ele se sentia um fracassado e uma fraude. Como poderia ele pretender ajudar os outros quando sua própria consciência era tão imperfeita?

Algumas das aflições mais intensas de Arnie diziam respeito a sua dificuldade para ouvir a voz de Deus quando meditava. Ele sabia que a ouvia facilmente quando se tratava de obter orientações para seus pacientes, mas, como para a maioria das pessoas, ouvi-la para si mesmo era mais difícil.

Certo dia, quando estávamos discutindo o problema, mencionei este capítulo e sugeri que ele desse uma olhada nele para ver se o ajudava a aprender a meditar. Depois de tentar, Arnie me disse que tinha conseguido estabelecer um diálogo com o símbolo de Deus em sua mente, mas que ele não achava de modo algum que tivesse sido realmente seu poder superior que tinha respondido às suas perguntas. Até ali, a voz interior só lhe tinha oferecido lugares-comuns consoladores. Ele sabia que o que lhe era dito era verdadeiro em termos gerais, mas era esse o problema. Se a voz estava lhe dizendo coisas com as quais ele já concordava, provavelmente era a voz do ego mascarada de Deus. Se sua voz interior o surpreendesse com algo que ele ainda não sabia, talvez então ele pudesse confiar nela.

Frisei que a meditação geralmente começa dessa maneira e instei-o a aceitar as generalidades filosóficas consoladoras que ele estava ouvindo como provenientes de seu poder superior. Dessa maneira, ele ficaria mais relaxado e à vontade com o processo. Só aos poucos ele seria capaz de abrir sua mente de maneira a permitir que entrassem informações que contradiriam as visões de seu ego.

Naquela mesma tarde, Arnie decidiu falar das dificuldades que estava enfrentando com os membros de um grupo de psicoterapia espiritual que ele dirige para pessoas com doenças potencialmente fatais. Ele coordena esse grupo uma vez por semana há sete anos, mas aquela era a primeira vez em que ele colocava uma questão pessoal. De alguma maneira, parecia-lhe importante que seus pacientes soubessem o quanto o terapeuta deles era imperfeito.

Os membros do grupo responderam à vulnerabilidade de Arnie com grande amor e apoio. De fato, chegou a ocorrer uma total inversão de papéis quando seus pacientes procuraram orientar e consolar afetuosamente o meu marido. Harry, por exemplo, é um ex-ator que participa do grupo desde o início. Ele se empenhou particularmente em fazer com que Arnie entendesse que suas falhas e erros eram simplesmente humanos e não significavam nada no plano global das coisas.

Arnie disse que quando Harry falava com ele, aquele homem que parecia fraco e doente irradiava uma luz de dentro de si. Como a maioria dos atores teatrais, Harry é um orador fantástico, mas naquele dia ele parecia especialmente inspirado. As palavras brotavam dele na forma de uma torrente de sabedoria e eloqüência.

Arnie ficou comovido com a generosidade de Harry e profundamente impressionado com sua brilhante compreensão dos princípios metafísicos que eles usavam no grupo. Ele ansiava por poder sentir sinceramente as coisas que estava ouvindo. Mas uma voz destrutiva do ego continuava insistindo que o perdão não seria nada fácil para ele. Os erros dos outros poderiam ser facilmente desculpados, mas ele temia ser submetido a um padrão superior.

Em certo momento, a discussão passou para a questão de ouvir a voz do Deus interior, e Arnie falou da dificuldade que estava encontrando para meditar. Como tinha lido este capítulo algumas horas antes, ele ainda estava presente em sua memória. Ele decidiu usar um de meus exemplos para argumentar que uma coisa são as trivialidades e outra bem diferente a verdadeira orientação.

Arnie mencionou meu livro e prosseguiu dizendo que certa vez eu tinha perguntado a Jesus: "Se posso fazer milagres, não poderia também impedir a guerra do Golfo Pérsico?".

"E o que vocês acham que Jesus respondeu?", ele perguntou ao grupo.

Harry não vacilou em responder ao desafio. "Eu acho que ele diria: 'Por que você quer fazer isso?'"

Essa resposta fez Arnie sentir um calafrio. Eram as palavras exatas com as quais Jesus tinha me respondido! Harry prosseguiu expondo meu pensamento e, enquanto ele o fazia, a mente de Arnie ficou inteiramente tomada de perplexidade. Eram exatamente as mesmas palavras que eu tinha recebido como resposta.

Quando Harry parou de falar, Arnie exclamou: "É isso aí!".

"Você quer dizer que o que eu disse está parecido com a resposta que Carolyn recebeu?", Harry perguntou surpreso.

"Não é apenas parecido com o que Carolyn ouviu", Arnie respondeu, "mas é exatamente igual. Você simplesmente repetiu o que ela ouviu, palavra por palavra!"

Arnie ficou profundamente impressionado com aquela experiência. Obviamente essas respostas idênticas devem ter provindo da mesma fonte. E isso significava que, talvez, a mensagem confortadora de perdão que Harry lhe tinha transmitido, bem como os sentimentos similares expressos em sua própria meditação, fossem provenientes dessa mesma fonte. Talvez o que ele tinha considerado como "lugares-comuns" tivesse sido na realidade a resposta de Deus a seu pedido de orientação.

23

Teste a Sua Capacidade
de Fazer Milagres

A vida é a arte de tirar conclusões satisfatórias de premissas insatisfatórias.

— Samuel Butler

Em última análise, você tem duas opções. Você pode considerar os milagres como simplesmente outro assunto interessante que a ciência ainda não desvendou e arquivar este livro na prateleira sob a letra M (de milagres, Miller ou maluquice, conforme preferir). Ou você pode assumir por conta própria a tarefa de descobrir se a graça divina existe, propondo alguns de seus próprios problemas para o seu poder superior resolver. Essa última opção requer de você que se torne um cientista amador, criando experimentos próprios que o levarão a verificar a existência de milagres à sua própria maneira.

Uma boa maneira de iniciar sua investigação é fazendo uma pesquisa informal, exatamente como eu fiz. Pergunte entre seus conhecidos para saber se alguém que você conhece acredita que tenha passado por um milagre e, se a resposta for positiva, pergunte o que ocorreu. Embora as pessoas muitas vezes hesitem em trazer à baila o assunto dos milagres, muitas relatarão de boa vontade um caso extraordinário quando souberem que não serão consideradas ridículas. Acho que você ficará agradavelmente surpreso ao constatar como é comum que uma situação negativa acabe bem quando a pessoa envolvida entra em estado de meditação e segue a inspiração do momento.

Experimentos pessoais

Então chega a hora de programar os experimentos pessoais. O que isso significa realmente é que você vai tentar *fazer* algo diferente, para ver se as coisas funcionam diferentemente em conseqüência. Comece com uma situação na qual você é tentado a colocar-se como vítima e tente, em vez de assumir essa atitude, colocar-se numa atitude de predisposição para o milagre.

Você poderá usar todas as suas experiências anteriores em que sua atitude não foi de predisposição para o milagre, para comparar com o resultado da situação atual.

A atitude de predisposição para o milagre implica comportar-se como alguém que não tem medo, que é bem-intencionado, inocente e, finalmente, invulnerável. Por mais negras que sejam as perspectivas, o fazedor de milagres procura manter-se calmo e encontrar uma avaliação menos condenatória para classificar a situação. Ele procura orientação dentro de si e a segue, bem como a qualquer impulso de amor e ação construtiva, por mais estranho e inapropriado que isso possa parecer ao ego.

Por exemplo, se você considerasse uma pessoa hostil como simplesmente medrosa e confusa, como você procederia para passar para ela tal consideração? Se você soubesse que uma situação de perigo ocorrendo à sua frente fosse apenas um produto de sua imaginação, o que você pensaria ou faria? Se você soubesse que aquela cobrança de impostos, processo jurídico ou doença não seria "nada de mais" se você fizesse o melhor possível, mas se recusasse a ceder às preocupações, ressentimentos ou culpas, como você procederia?

Permitam-me ilustrar essa idéia de experimento informal particular com um que realizei em aula.

Tiffany

Minhas aulas de teorias da personalidade no curso de mestrado eram constantemente interrompidas por uma estudante particularmente agressiva. Tiffany era uma mulher brilhante de vinte e tantos anos, mas parecia convencida de que eu estava tentando impor algo aos alunos e que era seu papel liderar a oposição a essa opressão.

Qualquer que fosse o assunto, eu sempre podia contar com Tiffany para contrariar acaloradamente o que eu tinha acabado de dizer. Se eu dissesse que era dia, ela insistiria bravamente que era noite. Se eu apontasse para os aspectos positivos de uma determinada abordagem, ela a "punha a nu" como uma bela porcaria. Ela denunciava publicamente a minha "ignorância imperdoável" e meus "pontos de vista reacionários" várias vezes em cada aula.

Aqueles confrontos verbais constantes causaram-me um certo desgaste emocional. Em primeiro lugar, porque era uma luta para manter a discussão na linha diante dos contínuos esforços de Tiffany para subvertê-la. E, naturalmente, não era nada agradável ser tratada com hostilidade e desrespeito. No plano do ego, eu me sentia insultada por sua atitude e considerava-me sua vítima inocente. Eu sabia que poderia usar minha autoridade legítima como professora para insistir que Tiffany se comportasse de uma maneira mais apropriada "ou senão...", mas algo me impedia de levar a cabo essa solução óbvia.

Tiffany certamente acreditava que seus comentários destrutivos refletissem o pensamento de todos. Eu via que ela esperava que os outros alunos se juntassem a ela e que interpretava o fato de isso não acontecer como evidência do grau em que tinham sido intimidados e doutrinados. Porém, eu sabia que muitos dos colegas não suportavam mais seu comportamento.

Alguns alunos vinham à minha sala após as aulas para me dizer que não compactuavam com as atitudes dela. Uma mulher de idade chegou a ameaçar que na próxima vez que Tiffany me tratasse com aquele tom, ela iria arrastá-la para o corredor e dar-lhe uns tapas! Vários ofereceram-se para falar em particular com Tiffany e chamá-la à razão, mas acabamos convindo que isso apenas a levaria a sentir-se agredida e na defensiva. Sugeri que eles deixassem o problema comigo.

Seguindo a orientação de meu interior, adotei uma política muito tolerável, permitindo que Tiffany expressasse totalmente seus pontos de vista desdenhosos. Quando ela acabava de fazer suas denúncias, eu dizia algo neutro como: "Bem, você levantou alguns pontos interessantes, Tiffany, e tenho certeza de que todo mundo vai pensar no que você disse"— E prosseguia com a aula. Tentava tratá-la amigavelmente, para evitar o confronto direto e mostrar-lhe que ela tinha todo o direito de discordar de mim.

Entretanto, essa abordagem parecia não estar dando nenhum resultado. Os ataques verbais não diminuíram nem em freqüência nem em intensidade. Eu não consegui deixar de sentir que estava fazendo algo de errado, de maneira que novamente levei a questão ao meu poder superior enquanto meditava.

"O que você acha que eu devo fazer com Tiffany?", perguntei. "Ela parece ter tanta raiva de mim. Estou fazendo algo que provoque isso?"

"O que você está fazendo está certo", Jesus respondeu. "Este problema é dela com a autoridade. Tiffany vê você como alguém que tem poder e ela acredita que a maneira mais rápida de ela própria conseguir algum poder é tirando o seu. Na mente dela, se ela conseguir destruir você diante da classe, todo mundo vai admirá-la e considerá-la líder. Ela inconscientemente vê os estudantes como seguidores seus, e ela quer ganhá-los para si derrotando você num 'duelo'.

"Se ela conseguisse fazer com que você contra-atacasse, ela poderia usar essa resposta repressiva como pretexto para sua própria hostilidade, mas como você não se defende e nem mesmo reconhece que foi agredida, ela fica confusa; isso pode acabar levando-a a ver o que está fazendo."

Contudo, essa explicação não me satisfez. Eu não conseguia deixar de achar que estava cometendo algum erro.

"Mas, veja", eu disse. "Se estou realmente fazendo tudo cem por cento certo, por que não está funcionando? Tenho que estar fazendo algo errado. Se não estou sendo defensiva com Tiffany, por que ela não está percebendo que não sou sua inimiga e não pára de me atacar? Se meus motivos são inocentes o bastante, ela não deveria perceber que não estou tentando agredi-la?"

"Bem", ele observou com razão, "eles me crucificaram também, não é?"

Essa afirmação suave percorreu-me como uma corrente elétrica. É claro! Que estupidez a minha achar que a verdade sempre prevaleceria a curto prazo! Nem mesmo um mestre espiritual da estatura de Jesus conseguiu fazer com que as pessoas entendessem o que elas não estavam dispostas a entender. O que me fez pensar que minha atitude de predisposição para o milagre fosse capaz de transformar instantaneamente todo o problema de Tiffany com a autoridade? Afinal, ela também tinha livre-arbítrio. Se ela escolhera construir uma "realidade" na qual era vitimizada pela autoridade, era livre para fazer isso. Tudo o que eu podia fazer era continuar frustrando sua expectativa de contra-ataque. Era problema dela a conclusão que tirasse disso.

Esse diálogo aliviou o sentimento persistente de erro que eu vinha sentindo com respeito àquelas irrupções. A partir de então, tudo ficou muito mais claro em minha mente. Eu orava para que ela fosse iluminada e fazia a minha parte da melhor maneira possível. Dependia dela se e quando ela fosse parar de projetar seus insultos em mim.

O curso terminou sem nenhum sinal de melhora em sua atitude. Eu sabia que teria que exercer uma vigilância extraordinária para impedir que a hostilidade aberta de Tiffany influenciasse minha avaliação acadêmica de sua atenção em aula. Confesso que senti um enorme alívio ao saber que não teria mais que suportar aquela aluna problemática.

Certo dia, entre um trimestre e outro, quando estava trabalhando em minha sala, Tiffany entrou chorando e perguntou se podia falar comigo. Ela disse que estava enrascada com um problema pessoal e eu era a única pessoa com quem se sentia à vontade para falar dele. Ela precisava de um conselho e não havia mais ninguém em toda a faculdade em quem ela pudesse realmente confiar — ninguém que a compreendia como eu. Fiquei pasmada ao descobrir que ela agora me considerava como uma amiga e aliada!

Outra evidência dessa sua transformação interior veio logo depois. Quando o trimestre seguinte começou, Tiffany inscreveu-se em um curso optativo que eu daria, que ela poderia ter facilmente evitado ou feito com outro professor. Até hoje lembro-me divertida das expressões dos estudantes que tinham feito parte da turma de teorias da personalidade no trimestre anterior. Muitos deles não ocultaram seu espanto ao ver Tiffany entrar. Alguns cutucaram seus vizinhos para chamar a atenção deles e, em seguida, viraram suas cabeças na direção de Tiffany, trocando entre si olhares divertidos e boquiabertos de incredulidade.

As pessoas que tinham testemunhado sua atuação anterior mal podiam acreditar na mudança positiva de Tiffany. Dali em diante, ela sempre comportou-se de maneira amigável e apoiou-me nas aulas. Além do mais, logo pude perceber que a transformação interior não tinha parado nela. Vários estudantes comentaram comigo que tinham aprendido uma lição muito profunda sobre o poder da atitude de não-defesa pela observação de como eu lidara com o conflito com Tiffany. Alguns disseram que já tinham colocado a nova técnica em prática e conseguido transformar um relacionamento difícil em sua própria vida. Constatei com atraso que aquele conflito tinha sido uma importante experiência de aprendizado para todos os presentes. O que meu ego tinha visto como uma imposição injustificada acabou revelando-se uma oportunidade inestimável de descobrir a importância da predisposição mental para o milagre ao ensiná-la a outros.

E então?

Então, algumas pessoas argumentarão que experimentos particulares e espontâneos como o mencionado estão longe de ser uma rigorosa pesquisa científica e que não "provam" nada. Concordo que não são iguais às pesquisas normais, mas não são tão diferentes. É exatamente assim que funciona a mente investigadora, testando informalmente intuições sobre o que está ocorrendo antes de investir tempo e dinheiro em experimentos laboratoriais dirigidos de perto. A rigorosa investigação científica é na verdade um dos últimos passos no longo processo do pensamento científico — *passo que é necessário para convencer os outros daquilo que o cientista acredita que já sabe.*

Quanto ao que a pesquisa informal "prova", isso depende de seu critério de provas. Você quer publicar o resultado para benefício da comunidade científica ou simplesmente descobrir se um determinada estratégia funciona seguramente para você? As pessoas perspicazes envolvem-se constantemente em experimentos pessoais para ver o que funciona melhor. Por que você seria diferente?

Por exemplo, ninguém lhe censuraria se você fizesse uma experiência doméstica com um novo aspirador de pó e concluísse que ele é mais eficaz. Então você seria considerado simplesmente um "consumidor prudente". Tudo o que estou sugerindo é que você experimente a predisposição mental para o milagre da mesma maneira que poderia experimentar um eletrodoméstico.

Siga simplesmente as instruções de uso de maneira conscienciosa e verifique se ela funciona conforme o anúncio. Não é preciso esperar por uma situação de vida ou morte. Todos nós temos problemas e conflitos interpessoais. Comece pelas pequenas coisas e, se obtiver resultados positivos, você terá mais confiança para abordar as grandes questões.

Manter a calma

Ao tentar avaliar os resultados de seus experimentos pessoais, convém lembrar que se você quer resolver um problema, terá que saber com clareza qual é o problema. A visão espiritualista geral que discutimos considera sempre que a *perda da paz* é seu verdadeiro problema. Desse ponto de vista, é o pensamento conflitante que causa conflitos em sua ilusão física, não o contrário.

Quando você opta por restabelecer a paz em sua mente, você resolveu seu problema e, enquanto você escolher permanecer em paz, os milagres o protegerão. No entanto, você tem livre-arbítrio, e a decisão de abandonar ou não a paz é sua. Afinal, de quem é a mente que não está em paz? É *sua* e *você* é responsável pelo que acontece com ela. Você não tem que "ir pro inferno" cada vez que alguém lhe manda!

Haverá sempre uma forte tentação de ceder espaço às emoções negativas, uma vez que ceder a elas causa uma sensação boa no momento. Por exemplo, a autora e orientadora espiritual Marianne Williamson refere-se acertadamente à raiva como "um barato de quinze minutos".[50] Realmente, não há nada como um pouco de autopiedade ou indignação justificada para tonificar o sistema. No entanto, se a visão espiritualista é correta, não existem "boas razões" para ficar com raiva ou medo. Em vez de ceder às emoções negativas, as pessoas predispostas ao milagre usam as percepções perturbadoras como pistas para lembrar-se e reafirmar que estão sob a proteção divina.

A peregrina da paz

Consideremos outro exemplo do livro da Peregrina da Paz.

Houve uma ocasião em que senti que estava realmente lutando contra a natureza. Eu tinha experiência de atravessar tempestades de poeira que às vezes sopravam com tanta força que eu mal conseguia caminhar, enquanto outras vezes a poeira era tão densa que eu mal conseguia enxergar e podia apenas orientar-me pela margem da estrada. Um policial parou a meu lado, abriu a porta do carro e gritou: "Entra aí, mulher, antes que você morra!". Eu respondi que estava fazendo uma peregrinação e que não aceitava caronas (naquela ocasião). Disse-lhe também que Deus me protegia e que não havia nada a temer. Naquele instante, o vento parou, a poeira assentou e o sol irrompeu por entre as nuvens. Continuei caminhando. Mas o mais maravilhoso era que eu sentia que tinha me elevado espiritualmente acima da agrura.[47]

É assim que funcionam os milagres de livramento. Se você acredita que o medo e a raiva são justificados — que algo fora de você tem o poder de agredi-lo —, essa percepção de vulnerabilidade aterrorizante é o inferno. Aceitando-a, você estará se condenando a permanecer no inferno enquanto não mudar de atitude. No momento em que você reconhece que a causa do medo ou raiva *não pode* ser real porque Deus não a criou, a percepção do inferno dissolve-se e você sente-se no céu, um estado mental alternativo no qual tudo a seu redor leva à paz e ao amor.

Como criamos o mundo que vemos através de nossos pensamentos, as pessoas sensatas procuram ver o melhor em tudo e em todos. Se você não decidiu "ser grato em todas as situações", você não reconhecerá as graças que recebeu e, não reconhecendo-as, não as levará ao pleno florescimento. Lembre-se que os milagres começam como possibilidades remotas na ordem complexa das coisas. Eles existem somente em potencial até você torná-los reais por acreditar neles.

Quando você aprende a permanecer em paz em todas as situações, você é iluminado e transmite a boa nova de que o medo e a raiva não são reais a todas as mentes com as quais você entra em contato. Até que isso ocorra, provavelmente você ficará oscilando entre o céu e o inferno, dando um mergulho gelado na negatividade em um momento e, em seguida, emergindo à luz do Sol pela lembrança de que o sofrimento é opcional. Como as pessoas que relataram seus livramentos milagrosos, você poderá não ser sempre suficientemente sensato para permanecer fora do inferno, mas se conseguir manter o juízo, poderá pelo menos sair rapidamente dele.

Por que Deus às vezes parece nos trair

O amor sempre responde pois é incapaz de negar um pedido de ajuda ou de não ouvir os gritos de dor que chegam até ele de todas as partes deste estranho mundo que criastes mas não desejais.

— A Course in Miracles

Mas se o Amor Divino é realmente seguro, por que tantas pessoas que expressam total confiança em Deus parecem não ser ajudadas? A seguinte piada sobre um sacerdote que fica preso numa inundação serve para ilustrar a questão.

O sacerdote

Quando as águas de uma grande enchente começam a subir, um ônibus pára diante da igreja para evacuar a todos. O sacerdote, entretanto, recusa-se a ir embora com os outros, proclamando solenemente: "Deus me salvará!".

Quando a enchente cobriu o primeiro andar de sua igreja, algumas pessoas passaram por ali em um barco. "Venha, padre!", elas chamaram, mas o sacerdote recusou novamente a ajuda, afirmando: "Deus me salvará!".

Por fim, o sacerdote empoleira-se no telhado da igreja, agarrando-se no campanário enquanto as águas sobem a seu redor. Um helicóptero sobrevoa e faz descer uma escada, mas ele a afasta com sinais, reafirmando: "Deus me salvará!". Alguns instantes depois, ele é carregado pelas águas e perece na inundação.

A alma indignada do sacerdote afogado vai diretamente para o céu. Esbarrando furiosamente com São Pedro no portão, ele exige uma entrevista pessoal com Deus. Ao ser encaminhado à presença divina, o sacerdote começa a insultar o Criador.

"Fui um homem bom durante toda a minha vida! Realizei suas obras na terra por quarenta anos! Eu confiei inteiramente em você até o momento da minha morte, e mesmo assim você me deixou morrer! Que universo é este que você rege daqui?"

"E então, o que você quer de mim?", Deus encolheu os ombros. "Eu lhe enviei um ônibus, um barco e um helicóptero!"

É fácil ver alguém como esse sacerdote e achar que Deus o traiu, quando a verdade é que ele não aceitou a ajuda que lhe foi oferecida. Como vimos muitas e muitas vezes, escutar e seguir a orientação interior é fator vital em muitos casos de livramento. Os espectadores não têm como saber se os outros estão seguindo à risca o que sua orientação interior está sugerindo.

Se Dennis, cercado por duas gangues naquele estacionamento subterrâneo, não tivesse obedecido ao impulso de fingir-se de bebê diante do líder da gangue e chamar-lhe "Papai", será que ele teria escapado? Se Brian não tivesse parodiado o papel de um perigoso atirador, será que os prisioneiros teriam decidido render-se? E Mel teria sobrevivido se não tivesse saído da estrada?

Todos esses indivíduos poderiam ter sido mortos se não tivessem seguido a orientação interior. Por mais lamentáveis que fossem suas mortes, quem poderia adivinhar que uma solução viável para seus problemas lhes tinha sido oferecida e que eles a tinham rejeitado? É ótimo pedir proteção, mas a pessoa tem que também prestar atenção, agir conscientemente e aproveitar a ajuda enviada. Como diz de maneira tão eloqüente o provérbio árabe: "Tenha fé em Deus, mas amarre seu camelo!".

As soluções milagrosas nem sempre podem ser apropriadas

A atitude de predisposição para o milagre alivia sempre o sofrimento, porque ela representa a decisão de não sofrer. Entretanto, a predisposição mental para o milagre pode ou não mudar as condições que parecem ser a *razão* do sofrimento. Os problemas muitas vezes servem a algum propósito em nossa vida, e seria um erro livrarmo-nos deles antes de aprender as lições que eles nos oferecem.

Por exemplo, se você tivesse uma deficiência, o milagre poderia ajudá-lo curando o problema físico. Mas poderia também mostrar-lhe como considerar suas limitações físicas como uma experiência de aprendizagem. Talvez o sentido de sua vida envolva enfrentar os desafios de uma deficiência e seu crescimento e satisfação máximos resultem da aceitação de sua condição, aproveitando-a da melhor maneira possível. O caso da Miss America demonstra-nos o poder milagroso de cura de Deus, mas o mesmo — de uma maneira diferente, mas não menos profunda — ocorre com Helen Keller.

Você poderia ser um ator

Talvez por viver tão perto de Hollywood, eu gosto de pensar em termos de cinema. A vida de toda pessoa é como um filme. Quando permitimos que ele seja escrito e dirigido pelo ego, ele toma a forma de um melodrama barato.

Na produção do ego, todas as nossas aspirações acabam em fracasso e a esperança só entra para aumentar o impacto dramático da decepção final. Para usar a metáfora teatral de Shakespeare, a vida (tal como interpretada pelo ego) é "uma história contada por um louco — cheia de som e furor, mas sem significado nenhum". Cada um de nós é apenas "um ator medíocre que passa seu tempo pavoneando-se e lamuriando-se no palco e é logo esquecido".

Contudo, como todos nós tendemos a ser atores, nosso poder superior propõe-se a dirigir-nos em um tipo bem diferente de produção. Trata-se de uma improvisação na qual todos os atores trabalham juntos espontaneamente para criar uma trama divertida, interessante, pitoresca e inspirada. Nela, cada um de nós pode sonhar o papel que mais gostaria de fazer. Cada um é a estrela de seu próprio roteiro, bem como o ator coadjuvante nas cenas que os outros criam para si.

Os casos de livramento que vimos oferecem um vislumbre do que é possível quando o ego é dispensado e Deus é convidado a entrar como consultor. Com uma edição inspirada, as cenas trágicas podem ser transformadas em aventuras emocionantes, temperadas com humor e romantismo. A justiça e a compaixão triunfa e os finais felizes estão garantidos. Se é preciso alguns milagres para conduzir a trama a esse final feliz, o que nos impede de introduzi-los? O filme é uma improvisação, não é mesmo?

Aplausos ou vaias?

Se sua vida fosse um filme, você pagaria para assistir a esse filme? Você é uma estrela ou apenas um "figurante" na produção de outrem? Seu filme merece um Oscar ou só presta para ser reciclado em rolos de celulóide?

Se você não está gostando da maneira como sua vida está se configurando, pode tentar escutar as sugestões de seu poder superior. É bem possível que a Onisciência Divina consiga pensar em algo que seu ego não levou em consideração. Quem sabe se, com alguma ajuda especializada, o "abacaxi" que você vem representando não assuma as feições de um sucesso cinematográfico.

A verdade é que de qualquer maneira você vai acabar participando da produção de Deus. Portanto, o que você está esperando? Por um milagre?

Notas

1. C.S. Lewis, *Miracles: How God Intervenes in Nature and Human Affairs* (N.Y.: Macmillan, 1947). [Nota do Editor: Nas referências subseqüentes à mesma fonte serão usados os mesmos números de nota.]
2. B.F. Skinner, *Beyond Freedom and Dignity* (N.Y.: Alfred A. Knopf, 1971).
3. James Hansen, citado em Brendan O'Regan, "Healing, Remission and Miracles Cures", *Noetic Sciences Collection: 1980-1990 Ten Years of Consciousness Research* (Sausalito, CA: Institute of Noetic Science, 1991).
4. Paul Ferrini, "An Interview with Larry Dossey", *Miracle Magazine*, Outono de 1994, pp. 30-33, 54-61.
5. Sophy Burnham, *A Book of Angels* (N.Y.: Ballantine Books, 1990), pp. 199-202.
6. Bernie Siegel, *Love, Medicine and Miracles: Lessons Learned About Self-Healing From a Surgeon's Experience With Exceptional Patients* (N.Y.: Harper & Row, 1986).
7. Marc Barash, "A Psychology of the Miraculous", *Psychology Today*, Março/Abril 1994, pp. 54-80.
8. Brendam O'Regan and Caryle Hirschberg, *Spontaneous Remission: An Annotated Bibliography* (Sausalito, CA: Institute of Noetic Sciences, 1993).
9. Brendan O'Regan, *Noetic Sciences Collection: 1980-1990 Ten Years of Consciousness Research* (Sausalito, CA: Institute of Noetic Sciences, 1991).
10. Gerald Jampolsky, *Teach Only Love: The Seven Principles of Attitudinal Healing* (N.Y.: Bantam, 1983).
11. Shakti Gawain, *Creative Visualization* (Mill Valley, CA: New World Library, 1978). [*Visualização Criativa*, publicado pela Editora Pensamento, São Paulo, 1990.]
12. Pesquisa Gallup, *Religion in America: 1990* (Princeton: Princeton Religion Research Center, 1990).
13. Brian Weiss, *Through Time Into Healing* (N.Y.: Simon and Schuster, 1992).
14. Ian Stevenson, *Twenty Cases Suggestive of Reincarnation* (N.Y.: American Society for Psychical Research, 1966).
15. R.G. Jahn e B.J. Dunne, *Margins of Reality: The Role of Consciousness in the Physical World* (N.Y. Harcourt, Brace, Jovanovich, 1987).
16. S. Dowling, *Journal of the Royal Society of Medicine*, Agosto de 1984, citado em Brendan O'Regan, "Healing, Remission and Miracle Cures", *Noetic Sciences Collection: 1980-1990 Ten Years of Consciousness Research* (Sausalito, CA: Institute of Noetic Sciences, 1991).
17. "Official Report of the Lourdes Medical Commission", citado em Brendan O'Regan, "Healing, Remission and Miracles Cures", *Noetic Sciences Collection: 1980-1990 Ten Years of Consciousness Research* (Sausalito, CA: Institute of Noetic Sciences, 1991).
18. James Randi, *Flim-Flam! Psychics, ESP, Unicorns and Other Delusions* (Buffalo, N.Y.: Prometheus Books, 1987).

19. Raymond Moody, *Life After Life* (N.Y.: Bantam, 1976).

20. Michael Polanyi, *Personal Knowledge: Toward a Post-Critical Philosophy* (Chicago: University of Chicago Press, 1958).

21. Anônimo, *A Course in Miracles* (Tiburon: Foundation for Inner Peace, 1975).

22. Richard Feynman, *Surely You're Joking, Mr. Feynman: Adventures of a Curious Character* (N.Y.: Bantam, 1985).

23. Abraham Maslow, *Religions, Values and Peak-Experiences* (N.Y.: Viking Press, 1964).

24. Jeffrey Mishlove, "Intuition: The Source of True Knowing", *Noetic Sciences Review* 29 (1994), pg. 31-36.

25. O. Jahn, *W. A. Mozart* (Leipzig: 1856-1859), Vol. III, pg. 423-25, citado em Pitirim Sorokin, *Social and Cultural Dynamics*, Vol. 4 (Londres: Bedminster Press, 1962).

26. Friedrich Nietzsche, *Werke* (Taschenausgabe), Vol. VII, pg. XXIV e seguintes, citado em Pitirim Sorokin, *Social and Cultural Dynamics*, Vol. 4 (Londres: Bedminster Press, 1962).

27. Sheila Rossi, informação pessoal, 1982.

28. Citado em Jeffrey Mishlove, *The Roots of Consciousness* (N.Y.: Random House, 1975).

29. Pitirim Sorokin, *Social and Cultural Dynamics,* Vol. 4 (Londres: Bedminster Press, 1962), pp. 746-64.

30. Fritjof Capra, *The Tao of Physics* (N.Y.: Bantam Books, 1975). [*O Tao da Física*, Editora Cultrix, São Paulo, 1980.]

31. Norman Friedman, *Bridging Science and Spirit* (St. Louis: Living Lake Books, 1994).

32. Roger Sperry, "Psychology's Mentalist Paradigm and the Religion/Science Tension", *American Psychologist 43* (8) (1988), pp. 607-13.

33. John Archibald Wheeler, "Law Without Law", em *Quantum Theory and Measurement*, editado por John Archibald Wheeler e Wojciech Hubert Zurek (Princeton: Princeton University Press, 1983), pp. 192-94.

34. Freeman Dyson, "Theology and the Origins of Life", palestra e discussão no Centro de Teologia e Ciências Naturais, Berkeley, Califórnia, Novembro de 1982.

35. James Jeans, citado em Paramahansa Yogananda, *Autobiography of a Yogi* (Los Angeles: Self-Realization Fellowship, 1983).

36. David Bohm, "A Conversation with David Bohm", entrevistado por Renée Weber em *ReVision* 4 (1981).

37. Paramahansa Yogananda, *Autobiography of a Yogi* (Los Angeles: Self-Realization Fellowship, 1983), pp. 113-21.

38. Serge King, *Mastering Your Hidden Self: A Guide to the Huna Way* (Wheaton: Theosophical Publishing House, 1985).

39. G. I. Gurdjieff, citado por P. D. Ouspensky, *In Search of the Miraculous* (N.Y.: Harcourt, Brace & World, 1949).

40. Jacquelyn Small, *Transformers: The Therapists of the Future* (Marina del Rey, CA: DeVorss, 1972), pág. 20.

41. Dan Millman, *Way of the Peaceful Warrior* (Tiburon: H. J. Kramer, 1980). [*O Caminho do Guerreiro Pacífico*, publicado pela Editora Pensamento, São Paulo, 1993.]

42. Terry Dobson, reproduzido em Ram Dass e Paul Gorman, *How Can I Help? Stories and Reflections on Service* (N.Y.: Alfred A. Knopf, 1985), pp. 167-71.

43. Norman Cousins, *Anatomy of an Illness as Perceived by the Patient* (N.Y.: Norton, 1980).

44. J. McDougall, *Theaters of the Body* (N.Y.: Norton, 1989).

45. Norman Cousins, *Head First: The Biology of Hope and the Healing Power of the Human Spirit* (N.Y.: Penguin, 1989).

46. Elisabeth Kübler-Ross, *On Death and Dying* (N.Y.: Macmillan, 1969).

47. Peace Pilgrim (Peregrina da Paz) *Peace Pilgrim: Her Life and Work in Her Own Words* (Santa Fé: Ocean Tree, 1992).
48. Alice Miller, *For Your Own Good: Hidden Cruelty in Child-Rearing and the Roots of Violence* (N.Y.: Farrar Straus, 1983).
49. Herbert Benson, *The Mind-Body Effect* (N.Y.: Simon & Schuster, 1979).
50. Marianne Williamson, *A Return to Love: Reflections on the Principles of A Course in Miracles* (N.Y.: Harper Collins, 1992).

Posfácio da Autora

Como você com certeza já percebeu, eu gosto de histórias interessantes. Se você quiser relatar-me os resultados de seus experimentos pessoais, eu terei muito prazer em lê-los e, talvez, incluí-los em algum futuro livro. Meu endereço para contato é o seguinte:

Carolyn Miller, Ph.D.
P.O. Box 641401
Los Angeles, Ca 90064

Sobre a Autora

Carolyn Miller é doutora em psicologia experimental com especialização em neurofisiologia das motivações e emoções. É também psicóloga clínica licenciada com consultório na região oeste de Los Angeles. Ao longo de quinze anos como professora em cursos da graduação e pós-graduação, a dra. Miller colaborou na formação de centenas de psicoterapeutas, orientou inúmeras dissertações e teses e supervisionou dezenas de estagiários em clínicas. Publicou também muitos artigos especializados e foi co-autora de um livro sobre a psicologia do humor.

Além de seu trabalho como psicóloga, Carolyn Miller dedica-se ao estudo e ensino da espiritualidade comprometida com a transformação da consciência planetária. Juntamente com seu marido, Arnold Weiss, Ph.D., ela é diretora-fundadora da Fundação e Instituto para Estudos de *A Course in Miracles*, com sede em Los Angeles, uma entidade sem fins lucrativos dedicada à psicoterapia e à educação espirituais. A dra. Miller é amplamente reconhecida como especialista em milagres; suas palestras, aulas e *workshops* vívidos e envolventes ajudam os participantes a realizar seus potenciais milagrosos.

VISUALIZAÇÃO CRIATIVA

SHAKTI GAWAIN

Best-Seller internacional, com mais de meio milhão de exemplares vendidos, *Visualização Criativa* contém meditações, exercícios e técnicas que podem passar a fazer parte da sua rotina diária, para aumentar seu domínio pessoal sobre a vida.

Este livro ensina a usar sua imaginação criativa natural de uma maneira cada vez mais consciente, como uma técnica capaz de criar aquilo que cada um deseja: amor, realização pessoal, alegria, relacionamentos gratificantes, trabalho compensador, expressão própria, saúde, vitalidade, beleza, prosperidade, harmonia, paz interior...

O método aqui apresentado por Shakti Gawain tem sido usado com sucesso nas áreas da saúde, da educação, dos negócios, bem como no atletismo e nas artes criativas.

Mágico, no sentido mais elevado e mais realista do termo, o método aqui apresentado pela autora envolve a compreensão dos princípios naturais que governam as forças do Universo e ensina como utilizá-los para mudar radical e positivamente o seu modo de viver.

EDITORA PENSAMENTO